세움
문학
02

정본
正本

《빙점》해동

소설《빙점》최고의 해설서

세움 문학 02

氷点 解凍

《빙점》 해동

정본
正本

소설 《빙점》 최고의 해설서

권요섭 옮김

모리시타 다쓰에 지음

SEUM
LITERA
TURE

세움북스

〈견본림(見本林), 여름〉
루리코와 사이시 쓰치오,
두 사람은 만나 비에이 강으로 갔다.

차례

미우라 아야코와 한국

미우라 아야코(결혼 전까지 홋타 아야코)는 1922년 홋카이도(北海道) 아사히카와(旭川)시에서 태어나 1939년 봄, 중학교 졸업과 동시에 만 16세로 초등학교 교사가 되었습니다. 이미 중일 전쟁이 시작되었고 2년 후에는 태평양 전쟁이 시작되려는 시대였습니다. 16세였던 홋타 아야코는 그 당시 대부분의 모든 일본인과 같은 생각을 할 수밖에 없었습니다. 그녀는 아무런 의심도 없이 어린 학생들에게 이 전쟁은 성전(聖戰)이라고 가르쳤고, "여러분들은 나라와 천황 폐하를 위해 전쟁에 나가 목숨을 바쳐야 해요. 그것이 일본인으로서 가장 훌륭한 것이에요."라고 가르쳤던 군국 교사였습니다.

그러나 1945년 8월, 일본이 무조건 항복하고 패전합니다. 그래서 GHQ(General Head Quarters, 연합국 최고 사령관 총사령부)가 일본을 지배하고 문부성(한국의 교육부에 해당−역자 주)의 지령에 따라 교과서의 군국주의적인 문장 모두를 학생들의 손으로, 먹물로 지워 말소시켜야만 했습니다. 홋타 아야코는 자기가 가르쳤던 것이 보편적인 진실이 아님을 알게 되었습니다. 시대가 변하면 모두 부정되고 마는 것을 위해 목숨을 걸도록 가르쳤던 자신을 되돌아보았을 때, 사실은 나라가 전쟁을 계속하기 위해서 아이들을 도구로 만들려고 했던 그것을 교육시키는 일에, 말하자면 자신이 '앞잡이'였음을 알게 되었습니다.

아무것도 믿을 수 없는 허무감과 죄책감으로 교사를 계속할 수 없었고, 결국 당시 죽음의 병이라고 하는 결핵에 이어 척추 카리에스(결핵성 척추염, pinal caries)에 걸려 13년간 투병 생활을 합니다. 그 도중에 어릴 적 동네 선배이고 크리스천이었던 마에카와 다다시(前川正)의 목숨 건 사랑에 이끌려 신앙을 갖게 되었습니다. 마에카와가 병으로 세상을 떠난 후에 나타난 미우라 미쓰요(三浦光世)에게 힘을 얻고, 1959년 만 37세에 완치된 후 미우라 미쓰요와 결혼하여 미우라 아야코가 되었습니다. 5년 후인 1964년 소설 《빙점》으로 작가 데뷔 이후 1999년 소천할 때까지 35년간에 걸쳐 계속해서 하나님의 사랑을 전하는 기독교 전도 문학 작품을 썼습니다.

1980년대 전반에 쓴 《파란 가시》에서는, 한국에 매춘 여행을 가는 일본의 대기업 투어에 대해서, '또다시 이웃 나라를 유린해 가는가?'라며 전쟁 시대와 똑같은 행태를 비판하고, 6.25 전쟁의 근저에는 일본의 점령이 근본 원흉으로 존재한다고 말하고 있습니다. 그리고 등장인물을 통해 전쟁 중에 일본이 했던 일들에 관한 역사를 배우게 합니다.

미우라 아야코는 생전, "한국이나 중국에 가게 된다면, 저는 그 나라를 발바닥으로 밟고 걸어갈 수가 없습니다. 무릎을 꿇고 얼굴을 땅에 대고 기어갈 수밖에 없습니다."라고 말했습니다. 실제로 미우라의 집을 방문하는 한국과 중국에서 온 방문객들에게 먼저 머리를 땅에 대고 엎드려, "이전에 당신 나라에 대해 일본이 했던 침략과 폭력의 죄를 용서해 주시기 바랍니다."라고 용서를 빌고 난 후에야 이야기를 하는 사람이었습니다.

야스쿠니 신사 문제나 역사 교과서 문제 등의 시사 문제에도 적극적으로 발언하고, 전쟁에는 절대 반대의 입장을 선명하게 표현하였으며, 비밀보호법의 전신인 '스파이방지법'이 나왔을 때도 확실하게 반대 의견을 표했습니다. 또한 유언이라고도 할 수 있는 마지막 소설 《총구》에서는 전쟁 시대를 묘사하며 치안유지법의 폭력성과 전쟁 쪽으로 쏠려 가는 일본의 문제를 날카롭게 추궁합니다. 한국인 청년 '김준명'을 주인공의 한 사람으로 등장시켜 작품 속에서 민족과 나라의 적의(敵意-총구)를 이기고 평화를 만드는 '위대한 참인간'으로 그리고 있습니다. 이 항일 의용군 대장 김준명과 주인공인 일본인 기타모리 류타(北森竜太)의 누나 미치요(美千代)의 연애, 또 김준명에게 구출되어 일본에 무사히 귀국하는 류타가 한반도와 일본 사이의 해협을 지날 때 선상에서 맞는 아침의 아름다운 정경에는, 동아시아의 평화에 대한 미우라 아야코의 마지막 기도가 담겨 있습니다. 연극으로도 만들어진《총구》는 한국에서도 상연되었습니다. 이때 남편 미우라 미쓰요는 이미 소천한 아내를 대신하여 극단과 함께 한국을 방문했습니다.《총구》라는 소설 때문에 우익 세력으로부터 위협도 받았지만 미우라 부부는 굴하지 않았습니다. 미우라 아야코는 이미 자신과 일본의 전쟁에 대한 책임을 참회하며 평화를 위해 계속 집필해 온 작가였습니다.

이번에 저의 졸저《빙점 해동》이 한국의 여러분들에게 소개되는 것이 무엇보다도 기쁘고 감사합니다. 이 책을 통해 미우라 아야코의 마음을 많은 분들이 알게 되기 바라고, 미우라 문학이 쓰임을 받아 미우라 아야코가 기도하며 추구했던 진정한 평화와 우정과 하나님 나라가 한국과 일본 사이에 그리고 동아시아에 실현되기를 기도할 뿐입니다.

번역의 수고를 담당해 준 권요섭 선교사와 출판을 수락해 주신 세움북스에게 진심으로 감사드립니다.

모리시타 다쓰에

미우라 아야코(三浦綾子) 문학 최고 전문가가 안내하는

《빙점》완전 이해 길라잡이 결정판

'미우라 아야코' 여사는 한국에서도 매우 지명도가 높은 작가입니다. 연구자들의 조사 결과에 따르면, 1945년 광복 이후 2005년까지 60년간 한국에서 가장 많이 번역되고 소개된 일본 작가가 미우라 아야코 여사로, 무려 146개 작품이 306회나 번역되었다고 합니다. 그중에서도 1964년 일본의 대표 언론사인 〈아사히(朝日) 신문〉의 1천만 엔 현상 소설 공모 당선작《빙점(氷點)》은 후속작인《속·빙점》을 포함하여 40회나 번역되었고, 오랜 기간 베스트셀러를 기록한 후 스테디셀러로 꾸준히 읽히고 있다고 합니다 (강우원용,《일본 문학 번역 60년 현황과 분석》, 소명출판, 2008).

널리 알려진 대로 미우라 아야코 여사는 독실한 크리스천입니다. 그는 작품을 쓰는 동기를 기독교의 선교, 즉 기독교적 세계관 아래서 궁극적으로는 하나님과 예수 그리스도의 사랑으로 말미암은 인간의 구원 이야기를 담아내는 데 두고 있습니다. 이를테면 호교(護敎) 문학이라고 할 수 있는 그의 작품들이 한·일 양국에서 베스트셀러로 그리고 스테디셀러로 읽히는 이유는, 기독교 교리를 뼈대로 하면서도 인간의 원죄와 욕망, 갈등, 배신, 회개, 용서와 화해 등 보편적 인간성과 정서 및 삶의 양태를 치밀한 구성으로 소설화함으로써 순수 문학적인 문학성과 대중 문학적인 흥미를 함께 향수하게 하기 때문으로 분석되고 있습니다. 대중적 흡인력을 가진 스토리를 통해 인간의 본성과 신앙을 성찰하게 하고, 자연스레 믿음, 소망, 사랑이라는 기독교적 희망의 메시지를 전함으로써, 크리스천은 물론이고 일반인들에게도 재미와 감동, 자극과 교훈을 주고 있는 것입니다.

소설 《빙점》은 미우라 아야코 여사의 데뷔작이자 대표작으로 위와 같은 작가의 문학적 지향점이 잘 드러나 있는 작품이며, 작가 자신이 '하나님께서 쓰게 하신 작품'이라고 술회하고 있는 작품입니다. 《빙점 해동(解凍)》은 안정된 대학교수 직을 버리고 평생을 미우라 아야코 문학 연구에 목숨을 거는 모험을 하게 된 모리시타 다쓰에(森下辰衛) 씨가 《빙점》을 분해하고 분석하는 해설서입니다. 동시에 작가이자 믿음과 삶을 일치시키려는 실천적 크리스천으로서의 인간 미우라 아야코와 그의 문학에 대한, 친절하면서도 깊이 있는 안내서이기도 합니다.

이 책을 읽으면서 《전과(全科)》라는 오래전 학창 시절의 학습 참고서를 떠올렸습니다. 숙제를 하거나 부족한 학습을 보충할 때, 그 책은 너무나도 세심하게 잘 편집된 최고로 멋진 참고서였습니다. 먼 옛날에 읽었던 《빙점》의 이야기를 회상하면서, 그때도 이 책을 《전과》처럼 함께 읽었더라면 하는 아쉬움이 일었습니다. 그랬더라면 신앙적 관점에서뿐만 아니라 문학적 측면에서도 이 소설을 '백 배 더 즐길' 수 있지 않았을까 하는 생각이 들었기 때문입니다.

그간 미우라 아야코 여사의 저서를 여러 권 읽었지만, 어느 것 하나 감동으로 머리가 숙여지지 않은 책이 없었습니다. 그의 숱한 어록 중에 "하나님은 쓸데없는 일을 하지 않으신다"는 말은, 지금도 제가 어려운 상황에 맞닥뜨릴 때마다 성경 말씀과 함께 되새겨 보며 다시 힘을 얻곤 하는 말입니다. 이 책에서 언급된 미우라 아야코 여사와 미쓰요(光世) 선생 부부의

'작은 예수'로 살아가는 모습, 그리고 소설 속에서 실제 주인공들의 모델이 된 분들의 이야기 등을 통해 '크리스천'으로 그리고 '믿음'으로 산다는 것이 어떤 것인지를 다시 깨닫게 되는 도전과 감동이 있었습니다.

미우라 아야코 여사 부부뿐만 아니라, 이 책의 저자인 모리시타 다쓰에 씨가 먼 남쪽 규슈(九州)의 후쿠오카(福岡)에 있는 대학의 교수로서 지위와 명예, 안정된 생활을 버리고 선교를 위해 북단에 있는 홋카이도 아사히카와(旭川)로 이주하여 미우라 아야코 문학 연구에 평생을 바칠 각오를 하는 장면에서 그리고 하나님의 인도를 느꼈음에도 불구하고 학업 과정에 있는 어린 네 자녀 등 여러 생각으로 망설이고 있을 때, 상의한 바가 없음에도 부인이 먼저 "사람은 누구나 죽어요. 하지만 하나님께서 기뻐하시는 길을 간 후에 죽는 것과 그렇지 않은 길에서 죽는 것과는 크나큰 차이가 있어요. 굶어 죽어야 한다면 함께 죽읍시다"라고 하는 부분에서도 큰 감동을 받았습니다. '죽으면 죽으리라'의 신앙. 비록 인구의 1%에도 못 미치는 소수지만 미우라 아야코 여사 부부나 저자와 같은 진실한 크리스천들이 있는 일본 기독교와 나 자신을 포함하여 '외화내빈(外華內貧)'인 작금의 우리 한국 기독교의 모습이 겹쳐져 보였기 때문입니다.

미우라 아야코 여사가 소설 《빙점》의 주인공과 등장인물들을 통해 말하려고 했던 것처럼, 인간은 누구나 '원죄'와 어쩔 수 없는 '한계' 탓에 얼어붙을 수밖에 없는 '빙점'을 지닌 존재들인데, '그럼에도 불구하고 사랑하는 일을 계속함'으로써 궁극적으로 그 '빙점'이 '해동'될 수 있습니다. 특별히 일찍이 경험하지 못한 코로나 바이러스 감염증 대유행으로 온 세계가 위축되고, 개개인이 '얼어붙어' 있으며 한·일 간 역시 여러 사정으로 '얼어붙어' 있는 이 시기에 역자가 '옮긴이의 말'에서 언급한 것처럼, 이 책을 통해 선교 문학, 양육 문학, 화해 문학, 평화 문학인 미우라 아야코의 문학과 신앙에 대한 새로운 이해와 공감의 지평이 넓어짐으로써 세계와 공동체와 개인의 모든 '빙점'이 '해동'되고, 새로운 소망으로 회생하는 축복이 있기를 기대하고 기원해 봅니다.

선교사로서 영혼 구원을 위한 목회와 섬김의 다망한 사역에도 불구하고, 미우라 아야코 문학과 신앙의 세계에 깊이 매료되어 자신의 학업적 연구 테마로 삼을 뿐 아니라, 한국에서의 미우라 아야코 독서회를 통해 다각적인 선교와 전도 활동에 진력하는 권요섭 선교사님으로 말미암아 탁월한 저서가 한국어로 번역 출판됨을 큰 기쁨으로 생각하며, 한국의 크리스천들과 일반 독자들에게 이 책이 널리 읽히기를 바랍니다. 더 나아가 《빙점》을 비롯하여 삶과 문학의 영원 무궁한 원천으로서의 《성경》에 수맥(水脈)을 연결하고 있는 미우라 아야코 여사의 '재미'와 '감동'을 아우른 여러 저서를 통해, 한·일 양국의 독자들이 하나님의 풍성한 은혜를 더욱더 받아 누리게 되시길 축원합니다.

끝으로, 5년 전 아사히카와에서 열린 동북아 기독교 작가 회의 때 《빙점》에 대한 기조 강연을 한 저자가 이 책의 일본어 원본 면지에 자신의 서명과 함께 저에게 적어 준 글귀로, 이 귀한 저서를 손에 들게 되실 독자들을 축복하고 싶습니다.

"희망이란 '그럼에도 불구하고' 사랑하는 것." _ 모리시타 다쓰에

권택명
(시인, 한 · 일 문학 번역가, 동북아 기독교 작가 회의 총무)

미우라 문학은 문명사적 기적이다

일본 문명을 분석한 책《국화와 칼》(*the Chrysanthemum and the Sword*)은 일본인의 이중성을 압축한다. 가을에 피어나는 국화를 좋아하는 일본인들, 그들은 마음속에 무서운 '칼'을 품고 있다. 문화 인류학자인 저자 루스 베네딕트(Ruth Fulton Benedict)는 태평양 전쟁을 수행하는 데 도움을 주기 위해 이 책을 썼다. 그런데 미우라 아야코의《빙점》은 더 깊이 들어간다. 일본 교사 출신 작가는 '국화와 칼'로 은폐된 일본인의 민낯인 '원죄'를 오롯이 드러낸다.

미우라 아야코는 나의 첫사랑이다. 1973년,《길은 여기에》를 읽으며 사랑에 눈을 떴다. 아야코가 발견한 길을 가고, 이 질그릇에 보화를 담고, 빛 가운데 걸으며, 눈처럼 순수한 사랑을 하고 싶었다. 이 세상에 미우라 아야코 같은 사람이 있다는 사실을 알고 난 후, 세상 공기에 생기가 돌고 마음이 따뜻해지는 경험을 하였다. 이런 사람이 있을까! 미우라 부부는 이웃에서 경쟁하던 '야스이(安井) 상점'을 먼저 생각했다. "저쪽 가게 주인은 아이들이 많아, 가게가 잘되지 않으면 안 돼. 우리 가게 손님이 오면 말해야 해. '죄송하지만 그 물품은 여기 없으니 저쪽 가게에서 찾아보세요.'"

젊은 교사 홋타 아야코는 성전(聖戰)을 믿었다. 학생들에게 천황 폐하를 위해 전쟁터에 나가 목숨을 바치라고 가르쳤다. 이것이 일본의 가미카

제(神風) 정신이다. 그 철옹성 같던 일본 정신은 원폭 투하와 함께 잿더미가 되었다. 맥아더 군정이 시작되면서 미우라 아야코는 냉혹한 역사적 진실과 마주했다. 어린 학생들을 부추겨 전쟁터로 보냈던 자신의 죄를 마주했다. 여러 제자는 전쟁터에서 돌아오지 못했다. 마음이 얼어붙었다. 허무와 허탈은 중병으로 나타났다. 키에르케고르(Søren Aabye Kierkegaard)가 말했다. "절망은 죽음에 이르는 병이다." 길이 없었다. 죽음의 여정이 시작되었다. 마에카와 다다시를 통해 병상에서 아가페를 만났다. 그 사랑 안에 생명의 길이 있었다. 빛이 있었다.

미우라 아야코를 더 깊이 만나고 싶었다. 나는 이 책을 번역한 권요섭 선교사와 함께, 아사히카와에 있는 미우라 아야코 기념 문학관을 찾아가 모리시타 다쓰에 대표를 직접 만났다. 그는 나 한 사람을 위해 미우라 아야코 성지들을 안내하면서 자세한 해설을 들려주었다. 나는 그의 강의와 설교를 들었다. 지금까지 내가 만나 본 어느 학자보다 탁월한 통찰과 깊이로 아야코의 메시지를 해설했다. 아사히카와 교외의 슌코다이(春光台) 언덕에 올랐다. 시내를 한눈에 내려다볼 수 있었다. 그곳에 《길은 여기에》 기념비가 있었다. 시오카리 고개를 방문하고, 다쓰에 대표와 함께 작은 식당에서 우동을 먹었다. 미우라 부부가 묻혀 있는 묘지도 방문했다. 다쓰에 대표는 미우라 문학이 가진 복음 메시지를 발굴하는 특별한 사명감을 가진 학자이다. 다쓰에 대표를 통해, 나는 《빙점》 속에 숨겨진 메시지를 선명하게 읽을 수 있었다. 미우라 문학을 전공하는 권요섭 선교사는 아야코의 원문 작품을 음미하며 연구하고 있다. 그는 문장을 번역하지 않고 다쓰에 대표와 함께 아야코의 영혼을 번역한다. 일본 현지에서, 오랫동안 다쓰에 대표와 함께 '미우라 아야코 독서회'를 인도하며 손발을 맞추었다. 둘은 환상의 콤비다.

다쓰에 교수는 청순했던 요코의 유서, 도야마루호 사건에서 자신의 구명복을 다른 사람에게 건네고 죽어간 선교사, 나쓰에, 사이시 쓰치오와 루리코 이야기를 집요하게 파고든다. 결국, 아야코의 《빙점》은 더 깊은 인간 내면, '그라운드 제로'로 파고든다. 원죄가 '빙점'을 만든다. 《빙점》의 주인공 요코는 어둠 속에서 위험한 죽음의 길을 방황해야만 했다. 자신의 죄를 깨달을 때까지, 이 죽음의 곡예는 계속된다. 죄의 '빙점'은 가정, 사회, 국가 권력에도 작용한다. 《빙점》은 일본 문명사 최초로 인간 내면의 모든 문제가 '원죄' 문제에 있음을 감동적으로 설득하였다. 이것이 미우라 문학의 문명사적 기적이다. 아야코의 《빙점》은 오늘도 절규한다. "제가 죄인입니다. 저를 용서해 주세요."

《빙점 해동》을 읽고, 나는 고백했다. "주여, 제가 죄인입니다. 저를 용서해 주세요. 어둠 속에서 빛을 보게 하시고, 얼음장 같은 마음을 녹여 주세요. 생명을 주는 사랑, 그 은혜의 길로 인도해 주세요. 저를 은혜의 도구로 써 주세요." 다쓰에 대표와 함께 아가페 복음 안에서 인간이 인간으로서 인간답게 살아가는 황홀하고 행복한 세상을 꿈꾸며, 이 책을 온 맘 다해 추천한다.

임윤택
(미국 윌리엄캐리 국제대학교 교수, 글로벌리더십센터 원장)

"바람 한 점 없다(風は全くない)"라는 짧은 문장으로 시작하는《빙점》은 끝날 때 바람 불어 눈보라 칠 듯한 모양으로 끝납니다. 바람은 히브리어로 '루아흐'(רוח, ruach)라고 하는데 절대자의 호흡, 숨결을 뜻합니다. 따라서 바람 부는 풍경은 절대자의 숨결이 불어오는 순간일 것입니다. 바람 한 점 없는 첫 장면에서 바람이 몰아치는 마지막 문장 사이에 일어나는 이야기에 매료된 나는, 주인공 쓰지구치 병원장의 저택이었음직한 미우라 아야코 문학관을 찾아갔습니다. 거기서 미우라 아야코 문학을 온몸으로 알리는 모리시타 다쓰에 교수를 만났습니다.

주인공 '쓰지구치(辻口)'라는 이름에서 '쓰지(辻)'는 십자가(十) 길로 가는(辶)을, '구치(口)'는 그 길의 입구를 뜻하는데, 이 이름은 십자가의 길을 향해 가는 구도자의 삶을 상징해서 미우라 아야코 선생님이 만들었다는 설명을 들었습니다. 모리시타 교수의 안내로 다음 날까지 문학 답사를 했습니다. 그리고 다른 문학 행사에서 번역자 권요섭 선생을 만나 며칠을 함께 지냈습니다. 이제는 권 선생의 문자만 봐도 반갑습니다. 한국에서 두 분과 만나 국밥을 나눴습니다.

미우라 아야코 선생처럼, 무릎을 꿇고 강의하던 모리시타 교수, 옆에서 부드럽게 통역하는 권 선생 사이에서 몇천 년 전 한 젊은이의 모습이 떠올

랐습니다. 미우라 아야코 문학을 알리는 두 사람의 마음이 담긴 이 책을
기쁘고 담담하게 권할 수밖에 없습니다.

김응교
(시인, 문학평론가, 숙명여대 교수)

폐결핵과 척추 질병 등으로 병상에 누워 천장만 바라보며 살았던 미우라
아야코(1922–1999). 직장암, 척추 카리에스 등 여러 질병으로 고통당하던
그녀는 '움직이는 종합 병원'이었습니다. 그러나 하나님을 인격적으로 만
난 후, 《빙점》을 통해 일약 일본 최고의 작가로 등단했습니다. 그녀의 나
이 마흔두 살 때입니다. 작품의 바탕에 기독교 정신을 두었기에 평론가들
은 '호교문학(護敎文學)'이라 부르며 높이 평가하지 않으려 했으나, 미우라
아야코는 작품으로 '복음'을 전하려는 자신의 뜻을 굽히지 않고 90여 권의
소설을 남깁니다. 많은 이의 사랑을 받은 그녀의 작품들은 번역본을 제외
하고도 약 5천만 부나 출간되었다고 합니다. 그녀는 세상을 떠나기 전 이
런 유언을 남깁니다. "질병으로 인해 제가 잃은 것은 건강뿐이었습니다.
저는 건강 대신 '예수님'과 '영원한 생명'을 얻었습니다."

이번에 세움북스에서 출간한 《빙점 해동》은 교수로서의 지위와 명예,
좋은 급여와 안정을 포기하고 미우라 문학관 특별 연구원으로 헌신한 모
리시타 다쓰에의 역작입니다. 그는 《빙점》의 최대 공약수 테마가 '인간이
인간으로서 사는 것의 어려움과 훌륭함'이라고 역설했습니다. 저자에 따

르면, 미우라 아야코가 《빙점》에서 전하는 메시지는 "인간다운 인간으로 회복되기 위해 성경의 복음이 필요하다."입니다. '원죄'가 주제인 이 작품은 '산다는 것은 무엇인가?', '인간이란 어떤 존재인가?', '사랑한다는 것은 무엇인가?'와 같은 질문을 던지고 있습니다. 또한 사랑이 없는 곳이 바로 '지옥'임을 보여 주며, '그 지옥을 벗어나는 길이 어디에 있는가?', 미우라 아야코는 그 지옥(어둠)을 벗어나기 위해 '용서'가 필요하다고 말합니다. 원죄의 수렁에서 구원하는 것은 하나님의 사랑입니다. 죄 많고 초라한 인생을 빛으로 인도하는 것도 이타적 사랑입니다. '그럼에도 불구하고 사랑하는' 사람만이 세상에 빛을 가져옵니다. 저자는 미우라 아야코 자신이 작가로서 그러한 삶을 살았음을 증언합니다. 현재 〈미우라 아야코 독서회〉는 전 세계 100여 곳에서 활동하고 있습니다. 이 책을 통해 미우라 아야코의 작품에 대한 붐(boom)이 다시 일어나기를 기대합니다.

송광택
(출판평론가, 한국교회독서문화연구회 대표)

《빙점》은 1965년 출간 이후 지금까지도 여전히 읽히는 미우라 아야코의 대표작입니다. 작가가 "전도하기 위해 썼다"고 공공연히 밝혔음에도 일본과 한국에서 영화와 드라마로써 여러 차례 제작될 정도로 대중적 인기를 끌었습니다. 미우라 아야코는 해방 이후 한국어로 가장 많은 작품이 번역·출간된 일본 작가로서, 무라카미 하루키를 앞섰을 정도입니다(〈동아일보〉 2008년 7월 23일). 작가 이름을 딴 '미우라 아야코 독서회'가 일본 국내외 100여 곳에 이를 만큼, 여전히 많은 독자가 그의 작품을 읽고서 공감하고 향유합니다. 만화가 이현세는 한 인터뷰에서 자신에게는《빙점》이 "그 어떤 멘토보다 더 큰 멘토"라고 밝혔습니다(문화웹진 〈채널예스〉 인터뷰, 2014년). 방송인으로 활동하는 일본인 사유리 씨도 미우라 아야코의 소설과 에세이를 즐겨 읽는다면서,《빙점》을 통해 인생에는 슬픈 일이든 힘든 일이든 결코 무의미하거나 무가치한 일은 없다는 생각이 들었다고 말한 바 있습니다(〈채널예스〉 인터뷰, 2015년). 미우라 아야코 애독자로 자처하는 저에게도 인간 존재의 약함과 악함, 인간 본연의 죄성을 거듭 사색하게 한 작품이《빙점》이었습니다.

그런 점에서《빙점 해동》은 그의 작품 세계를 다시금 새롭게 여행하도록 해 준 예기치 못한 선물 같은 책입니다. 미우라 아야코 전문 연구자가 쓴 이 책은《빙점》의 집필 배경과 함께 주요 등장 인물을 중심으로 '죄의 문제와 구원'에 관한 서사를 촘촘히 해설합니다. 작품 내용뿐 아니라 작품의 배경이 되는 여러 장소와 공간을 답사해 온 오랜 연구와 이를 성실하게 해설해 나가는《빙점 해동》은, 미우라 아야코의 작품 세계와 함께 신앙 작가로서 미우라 아야코를 이해하는 기본 안내서로도 유용하고 유익해 보입니다.《빙점 해동》마지막 장을 덮자마자, 자연스레 서가로 가서 먼지 묻은《빙점》을 꺼내 들었습니다.

옥명호
(잉클링즈 대표)

소설 《빙점》 줄거리

1. 꺽~진흙 구두

1946년 7월 21일, 가미카와(上川) 신사의 여름 축제일 오후, 아사히카와 시외 가구라초의 견본림 옆에 있는 쓰지구치 병원장 저택의 응접실에서 쓰지구치 게이조의 아내 나쓰에가 집으로 방문한 쓰지구치 병원의 젊은 안과 의사 무라이 야스오를 만나고 있었다. 나쓰에에게 구애하고 있는 무라이, 그것을 거부하면서도 감미로운 죄의 유혹을 즐기고 있던 나쓰에는 응접실에 들어온 세 살짜리 딸 루리코에게 밖에 나가서 놀라고 말한다. "선생님 미워! 엄마도 미워! 아무도 루리코랑 안 놀아 주고." 등을 홱 돌리고 뛰쳐나간 루리코는 우연히 지나가던 처음 보는 남자 사이시 쓰치오를 따라가 비에이 강가에서 목이 졸려 살해당하고 만다. 사이시는 근처에 사는 일용직 노동자였는데 아내가 어린 아기를 남겨두고 죽은 이후로 아기 울음소리에 신경 쇠약이 되어 있었다. 사이시는 체포된 후 유치장에서 목을 매어 죽는다. 사건 후 나쓰에의 남편 쓰지구치 게이조는, 나쓰에와 무라이가 루리코를 죽인 것이나 다름없다고 생각하고, "원수를 사랑하라"는 성경 말씀을 실천하려는 위선과 아내에 대한 배신감에, 자기 딸을 죽인 범인 사이시 쓰치오가 남기고 간 아기를 데려다 키우려 한다. 친구인 산부인과 의사 다카기에게 부탁해서 사이시 쓰치오의 딸을 유아원에서 받아 아내에게는 내막을 알리지 않고 키우게 함으로 복수한다.

II. 호수 ~ 태풍

나쓰에는 그 아기를 요코라 이름 짓고 예뻐하는데 게이조는 요코를 호적에 올리는 것을 망설이고 요코를 품에 안지도 않는다. 요코가 건강하게 자라 초등학교 1학년이 된 12월 어느 날, 나쓰에는 게이조의 일기장에 끼워져 있는 메모 쪽지에서 요코가 루리코를 죽인 사이시의 딸인 것을 알고 충격을 받고, 때마침 학교에서 귀가한 요코의 목을 조른다. "요코 짱! 엄마랑 같이 죽자." 철저히 믿고 있었던 엄마에게 목을 졸린 요코는, 집을 나가 나쓰에의 친구인 일본 무용 선생 후지오 다쓰코를 찾아가면서 태어나서 처음으로 외로움을 알게 된다. 드디어 나쓰에의 요코에 대한 음습한 괴롭힘이 시작된다. 학예회에서 입을 흰 옷을 만들어 주지 않아 요코 혼자만 빨간 옷을 입고 춤을 추게도 한다. 한편 나쓰에는 결핵이 치유된 무라이 야스오와 재회하고 게이조를 배신하기 위해 게이조의 교토 여행에 동반하기로 한 계획을 직전에 취소하는데, 그날 게이조가 타고 가던 세이칸 연락선 도야마루호가 태풍으로 좌초 전복된다. 침몰하는 배 안에서 게이조는 구명복 끈이 끊어져 울고 있는 여성에게 자신의 구명복을 건네고 죽어 간 선교사의 모습을 눈앞에서 보고 깊은 충격을 받는다.

III. 눈벌레 ~ 답사

게이조는 기적적으로 생환해서 새롭게 살기를 원했으나 여전히 나쓰에를 믿지 못하는 번뇌 가운데 성경을 읽기 시작한다. 나쓰에가 급식비를 주지 않아 곤란했던 요코는 4학년이 되어 우유 배달을 시작하는데, 어느 눈보라 치는 날, 몰래 엿듣게 된 우유 보급소 부부의 대화에서 자신이 쓰지구치 가에 입양된 아이였다는 것을 알게 된다. 한편 청년기에 접어든 도오루는 요코를 이성으로 의식하기 시작한다. 그것을 눈치챈 나쓰에는 결국 요코의 일로 게이조와 다투던 중 요코 출생의 비밀을 알고 있었다며 게이조를 추궁한다. 비밀이 알려진 것에 놀라면서도 게이조는 무라이와의 관계를 지적하고 응수해 두 사람은 격렬하게 언쟁한다. 그런데 도오루는 그것을 엿듣고 요코와 부모의 비밀에 큰 충격을 받아 대학을 졸업하면 요코와 결혼하겠다고 선언하며 방문에 '무단 입실 금지'라고 붙이고 고교 입시 답안을 백지로 제출한다. 부모를 징벌하여 요코에게 사과했다고 생각한 도오루는, 다음 해 고교에 들어가고 홋카이도대학 의과 대학에 진학한다. 1년 후, 요코는 중학교 졸업식에서 답사를 하게 되는데, 요코가 단에 올라 펼쳐 본 답사는 나쓰에에 의해 백지로 바뀌어 있었다.

IV. 지시마 낙엽송 ~ 문(扉)

요코는 도오루가 데려온 홋카이도대학 같은 방 친구 기타하라 구니오와 만나 '서로 둘도 없이 소중한 존재'로 사랑하기 원하는 바람을 갖게 된다. 두 사람 사이를 벌어지게 하려는 나쓰에의 심술궂은 말에 현혹되어, 요코는 기타하라를 오해하기도 하지만 결국 두 사람은 사랑을 확인해 간다. 그러나 자신이 입양되었다는 것을 요코가 초등학교 때부터 자각하고 있었다는 것을 알게 된 도오루는, 오빠이면서 동시에 연인이 되기를 원하여 요코에게 프로포즈한다. 크리스마스 이브 때 도오루는 요코에게 선물할 반지를 사서 귀가하는데, 그때 마침 기타하라도 요코를 찾아온다. 요코가 기다리고 있었던 사람은 기타하라였음을 알게 된 도오루는 메모를 남기고 지가사키의 할아버지 집으로 여행을 떠난다. 나쓰에는 아름답게 성장한 요코를 질투하고 기타하라의 마음을 훔치려 하지만, 엄마라는 존재를 신성시하는 기타하라에게 거절당하고 굴욕을 느낀다. 해가 바뀌어 1965년 1월 14일, 나쓰에는 자신만 괴로운 것은 불공평하다, 요코도 괴로워야 한다고 생각하고 기타하라 앞에서 요코의 비밀을 폭로한다.

V. 유서 ~ 자살시도

요코는 그때까지 엄마에게 아무리 매정하게 당해도 자신만 바르게 살아가면 그것으로 괜찮다고 생각하며, 더럽혀지지 않고 비뚤어지지 않겠다는 생각으로 밝게 살아왔다. 그러나 자신은 순진무구하다는 마음의 지주가 "너는 살인범의 딸이다"라는 말로 붕괴된다. 요코는 자기라고 하는 존재가 이 가족에게, 서로 미워하고 비판하게 하는 고통의 원흉이었음을 아는 것과 함께 핏속에 흐르는 죄를 자각하며 일거에 살아갈 지주를 잃고 깊은 외로움 안에서 마음이 얼어 가는 것을 느낀다. 요코는 '용서할 권위가 있는 존재'를 구하면서도 찾지 못하고, '죽어서 죄를 없앨 수 있다면…' 하고 루리코가 살해당했던 강변에서 수면제를 복용하고 눈 위에 쓰러진다. '어쩐지 불길한 예감' 때문에 아사히카와에 돌아온 도오루가 요코의 유서를 찾는다. 강가에서 발견된 요코는 이미 위세척을 하고 캄퍼(kamfer: 강심제) 주사를 맞은 상태였다.

게이조가 열심히 치료를 하지만 요코는 창백한 얼굴로 계속 잠들어 있다. 그때 달려온 다카기는 요코가 사이시의 딸이 아니고 홋카이도대학의 학생이었던 나카가와 미쓰오가 하숙집 딸인 미쓰이 게이코와 불륜을 저질러 태어나게 된 아이였다는 사실을 고백한다. 게이조는 계속 혼수상태인 요코 앞에서 처음으로 자기들이 하나님 앞에 서게 될 것을 몰랐다고 생각한다. 사흘째 되는 날, 주사 바늘에 찔린 요코가 반응을 보인다. 게이조가 맥을 짚어 보니 미약하지만 정확하게 맥박이 뛰고 있었다.

0.
미우라 아야코를 읽는 열쇠
《길은 여기에》가 말하는 것

〈아사히카와 로쿠조교회〉
1959년 5월, 미우라 부부는 여기에서 결혼식을 올렸다.

'길이 없는' 홋타 아야코

미우라 아야코, 결혼 전 이름 홋타(堀田) 아야코는 1922년 홋카이도(北海道) 아사히카와(旭川)에서 태어났다. 사람들, 특히 어린이를 좋아했던 아야코는 1939년 만 16세 11개월에 탄광 마을 우타시나이(歌志内) 가모이(神威) 초등학교의 교사가 된다. 그러나 시대는 벌써 중일 전쟁이 시작된 지 2년, 태평양 전쟁 전야였다. 아야코는 어떤 의심도 없이 아이들에게 "여러분들은 나라를 위해, 천황 폐하를 위해 전쟁에 나가야 합니다"라고 가르쳤다. 그러나 1945년 8월 패전, GHQ(연합국 최고 사령관 총사령부)의 지령으로 학생들의 교과서를 먹물로 칠해 지워야만 했다. 결사적으로 가르쳤던 교과서의 내용이 더 이상 이 세상에 존재해서는 안 되는 말이었음을 알게 되었을 때, 순수했던 아야코의 마음은 찢어졌다. 잘못된 것을 가르쳐서 아이들을 전쟁에 내보내고, 결국 아이들의 마음에 먹물을 칠하는 것밖에 할 수 없었던가? 그녀는 할 말을 잃었다. 교과서에 먹물을 칠하게 한 것, 그것은 아야코에게는 자기의 인생에 먹물을 칠하는 것이었다. 아야코는 치유받기 어려운 공허함과 죄책감을 안고 교사직을 그만둔다.

믿을 대상이 없는 생활, 허무감 안에서 그녀의 마음은 황폐해져 간다. 두 사람과 구두로 약혼하고, 먼저 약혼 예물(結納)[1]을 가지고 오는 사람과

---

1   약혼의 표시로 양가에서 금품을 교환함. 또는 그 의식이나 금품. 납폐(納幣). 납채(納采). 출처: 프라

결혼하려고 생각했던 아야코는 마침 약혼 예물이 들어오는 날에 갑자기 쓰러져, 당시에는 죽음의 병이라고 여겼던 폐결핵 · 척추 카리에스에 걸려 투병 생활을 시작한다. 그러나 그런 자기 자신에게 "꼴 좋다. 드디어 나도 폐병에 걸렸다."라고 말할 정도로 그녀는 마음이 깨져 있었다. 더 이상 자신을 사랑할 수 없었다.

자서전 《길은 여기에》의 첫머리에 "내가 곧 길이요, 진리요, 생명이니 예수 그리스도(요한복음 14장 6절)"라고 써 있는데, 그때 그녀에게는 더 이상 걸어가야 할 길이 없고, 믿을 만한 진리도 없었다. 그리고 몸과 마음의 생명도 사라지고 있었다. 그러나 자서전 제목이 《길은 여기에》[2]이다. 그런 그녀에게도 살아갈 길이 있었다. 더 이상 그런 것은 없을 거라고 생각했던 상황에서 길을 찾았다는 것만이 아니다. 없다고 생각했던 때에도 몰랐을 뿐 이미 길은 있었다. 그러므로 '당신에게도 길은 있다'라는 메시지가 이 자서전의 중심에 있다.

나는 대학에서 가르칠 때 길을 잃어버리고 믿을 것이 없는 사람들, 특히 젊은이들이 미우라 아야코의 작품을 읽기 바라는 마음으로 매년 《빙점》, 《시오카리 고개》, 《길은 여기에》 중에서 한 권을 읽고 감상문을 써 내라는 과제를 냈다. 학생들은 과제가 주어지면 먼저 이 세 작품의 책 두께를 비교하기 때문에, 가장 얇은 《길은 여기에》를 선택하는 학생들이 많았다. 이런 감상문이 꽤 많았다.

《길은 여기에》를 읽었습니다. 감동했습니다. 애인 마에카와 다다시(前川正) 씨, 그런 대단한 사랑의 사람이 이 세상에 정말 있단 말인가요? 결혼한 미우라 미

임사전.

2   일본어 원제목은 『道ありき』로 '길은 있었다'로 번역한다. 해설하면 "처음부터 길은 준비되어 있었다" 는 뜻이다(모리시타 다쓰에).

쓰요(三浦光世) 씨, 그렇게 온화하고 성실한 분이 이 세상에 정말 있단 말인가요? 처음 약혼자 니시나카 이치로(西中一郎) 씨, 삿포로 의대 부속 병원에 입원했을 때에 도와주셨던 니시무라 규조(西村久藏) 선생도, 어쩌면 그렇게 훌륭한 사람들인지요! 아야코 씨는 어째서 그렇게 남자 운이 좋을까요? 그에 비해 왜 저는 남자 운이 나쁠까요? 교수님, 가르쳐 주세요.

나는 당시 '너의 남자 운 따위, 나에게 묻지 말아 줘.'라고 생각했다. 하지만 지금은 대답해 줄 수 있다. 그것은 '남자 운'이 아니고, '목숨 걸고서 진짜만을 추구했는가?'라는 것이다. 아야코나 요코와 같이 외곬로 진짜를 추구하며, 진짜가 아닌 것은 필요 없다고 진심으로 생각했는가 하는 것이다. 반대로 말하면, 그만큼 홋타 아야코의 상처는 깊었고, 진짜가 아니면 채울 수 없을 정도로 가슴의 공동(空洞)이 깊었던 것이다.

《길은 여기에》는 미우라 아야코의 전부가 들어 있다고 해도 과언이 아니다. 이 작품은 다른 많은 작품을 독해할 수 있는 미우라 문학의 열쇠가 되는 작품이다. 《빙점》을 풀어가는 데 멀리 돌아가는 것 같지만 먼저 여기서부터 들어가 보자.

"나에게 업히세요"

1948년 12월 27일, 아사히카와시 10조(条) 11초메(丁目) 결핵 요양소 백운장(白雲莊)에 입소해 있던 아야코에게 한 청년이 찾아왔다. 마에카와 다다시, 17년 전에 1년간 아야코의 옆집에 살았던 소꿉친구로 28세의 크리스천이었다. 마에카와는 홋카이도대학의 우수한 의대생이었다. 그도 역시 결핵에 걸려 휴학 중이었는데 자기 생명이 그리 오래 남지 않았음을 알고 있었다. 소꿉친구 아야코가 결핵 요양 중인데도 술도 마시고 담배도 피

우며 될 대로 되라는 불량한 태도로 요양하고 있다는 소식을 듣고 뭔가 할
수 있는 일이 없을까 하고 찾아온 것이다. 그런데 아야코는 마에카와를 그
리 반기지 않는 것처럼 보였다.

"나는 크리스천 따위의 인종이 제일 싫어요. 위선자잖아요. 나는 죽어도 크리
스천 따위는 되지 않을 테니 돌아가 줘요."

그러나 마에카와는 악쓰고 있는 아야코 안에 '믿을 만한 진짜를 원한다.
진정한 사랑이 있다면 갖고 싶다. 하나님이 정말로 있다면 나와서 나에게
뭔가 해 보라'고 말하는, 몹시 목말라하는 영혼이 있음을 놓치지 않았다.
그날부터 마에카와는 아야코에게 편지를 쓰기 시작했다. 그때부터 5년 정
도의 기간 동안 천 수백 통의 편지를 썼고, 아야코도 수백 통을 써서 모두
2천 통 정도의 편지를 주고받았다고 알려져 있다.
　그런 마에카와 다다시를 떨쳐 버리고, 1949년 6월 초, 아야코는 샤리(斜
里)로 외출했다. 아야코는 당시 약혼자였던 니시나카 이치로(西中一郎)가
살던 샤리를 방문해, 약혼 예물을 반납하고 약혼을 파기한 후에 자살하려
고 마음속으로 결심했었다. 니시나카 이치로의 집에 도착하자 그는 깜짝
놀라며 아야코를 맞이했다.

"오랫동안 심려를 끼쳐서 미안해요. 약혼 예물(納采金)을 돌려주려고 왔어요."
둘이서 스나야마(砂山)에 올랐을 때 내가 말했다. 그는 조각 같이 아름다운
옆 얼굴을, 바닷바람에 쐬이며 침묵하고 있었다. 그러나 잠시 후에 조용히
말했다.
　"나는, 아야 짱('씨'의 애칭)과 결혼할 생각으로, 그 비용으로 생각하고서 10만

엔을 모았어. 아야 짱과 결혼할 수 없다면, 이 돈은 더 이상 필요 없어. 약혼 예물도, 그 10만 엔도 아야 짱에게 줄 테니 가지고 가지 않겠어?"

그는 그렇게 말하고 계속 바다 쪽을 바라보고 있었다. 니시나카 이치로의 성실함이 다시 가슴에 다가와 대단한 사람이라고 생각했다.

"저쪽에 보이는 것이 시레토코(知床)야. 갈매기가 날고 있지."

그렇게 말할 때, 그의 뺨에 눈물 한 줄기가 주르륵 흘렀다.

_《길은 여기에》 9

니시나카 이치로는 '나는 3년을 기다렸다'라든가 '월급을 한 푼도 남김없이 그대로 보낸 달도 있었잖아'라며 추궁하지도 않았다. 그는 '아사히카와까지 몇 번이나 문병을 갔는지 모른다'라든가 '아야 짱은 남자 친구가 많이 있는 것 같은데, 나는 여자 친구 한 명도 만들지 않았다'라고 말하지도 않았다. 아야코가 어떤 기분으로 약혼 파기를 위해 왔는지를 고통스러울 만큼 잘 알고 있는 사람이었다.

밤 12시를 알리는 시계 종소리가 끝났을 때, 아야코는 니시나카의 집 현관문을 열고 혼자서 나갔다. 검은 바다를 향해서 언덕길을 서둘러 내려가다 하이힐 신은 발이 경석에 미끄러졌다. 비틀거리며 바다에 들어가던 그때, 누군가 아야코의 어깨를 붙잡았다. 그는 바로 니시나카 이치로였다. 눈치채고 뒤쫓아 온 것이다. 그는 아무 말도 하지 않고 등을 내밀었다. 아야코는 순순히 등에 업혀 "밤바다가 보고 싶었어요."라고 말했다. 니시나카는 그녀를 업은 채 스나야마에 올라 거기에 함께 앉았다. "바다라면 여기서도 보여요."라고 말하며 칠흑같이 캄캄해서 보이지도 않는 바다를 한동안 함께 응시해 주었다. 날씨가 좋지 않은 빛이 없는 밤이어서 아무것도 보이지 않고 파도 소리만 들렸다. 그리고 다음 날 아침, 아무 말도 없이

다시 만날 사람처럼 샤리역에서 손을 흔들고 헤어졌다. 그런 그의 뺨에는 눈물의 흔적이 있었다.

《길은 여기에》에는 '이 사람의 등에 업혔을 때 이상하게 내 몸에서 사신 (死神)이 떠난 것 같았다.'라고 적혀 있다. 아야코의 인생에서 가장 위험했던 순간, 캄캄한 바다에서 그녀를 구한 사람. 모든 것을 알고 있었지만 아무것도 말하지 않고, 주고 또 주고, 그녀의 목숨을 지키고, 그리고 소리 내지 않고 한 줄기 눈물을 흘리며 보내 준 사람. 니시나카의 사랑은 어머니 같은, 탕자의 어머니 같은 사랑이 아닐까? 그는 크리스천이 아니다. 그러나 하나님 사랑의 한쪽 측면을 보여 주고 있다. 그때에는 그녀가 알아채지 못했을지도 모른다. 그러나 6개월 전, 마에카와 다다시의 등 뒤에 있었을지도 모르는 하나님을 향해 "하나님, 만약 계신다면 나를 어떻게 좀 해 봐요!"라고 소리쳤던 아야코의 영혼의 외침, 그 외침에 대한 대답이 거기에 이미 와 있었다. 걸어갈 수 없는 사람을 업고 걸어가 주신 분이 계신다. '네가 괴로워서 죽어 버리려 했던 밤에, 더 이상 걸어갈 수 없는 캄캄한 파도 속에서 나는 너를 업고 걸어간 사람이다.' 내 등에 업히라고 말을 걸어 준 존재가 이미 다가와 있었다. 아야코는 《길은 여기에》를 쓰며 그 섭리를 깊이 깨닫고 있었다.

자기 발을 돌로 버려찍고 있는 마에카와의 등 뒤에서 본 빛

샤리의 바다에서 자살을 시도하고 아사히카와로 돌아온 아야코를 마에카와 다다시가 기다리고 있었다. 마에카와는 자살을 시도했다는 아야코의 말에 충격을 받았고, 아사히카와 교외의 슌코다이(春光台) 언덕으로 그녀를 데리고 갔다. 그 언덕에서는 아사히카와 시내가 한눈에 내려다보이고, 정면에는 대설산(大雪山)이 높이 솟아 있다. 좀 더 진지하게 요양하도

록, 새로운 삶의 목적을 찾을 수 있도록 충고하는 마에카와에게 아야코가
말했다.

"진지하다는 게 대체 뭐냐고요? 전쟁 중에 그렇게 진지하게 살아온 결과는 뭐
고요? 상처 받은 것밖에 없잖아요."

그리고 아야코는 담배에 불을 붙였다.

"아야 짱 안 돼요! 아야 짱, 그런 식으로 살다가는 정말 죽고 말아요!"

그는 외치듯이 말했다. 깊은 한숨이 그의 입에서 새어 나왔다. 그리고 무슨
생각을 했는지 곁에 있는 작은 돌을 줍더니 갑자기 자기 발을 힘껏 내려찍기
시작했다. 나는 깜짝 놀라 그것을 말리려고 하자 그는 내 손을 꽉 잡고 말했다.

"아야 짱, 나는 지금까지 아야 짱이 용기를 가지고 살아 주기를 얼마나 간절
히 기도해 왔는지 몰라요. 아야 짱을 살리기 위해서라면 내 생명도 아깝지 않
다고 생각할 정도였어요. 하지만 믿음이 약한 나로서는 당신을 구할 만한 힘
이 없다는 것을 깨달았어요. 그래서 힘없는 나를 벌주기 위해서 나에게 채찍
질을 하고 있는 거예요." (중략)

자신을 책망하며 자기 몸을 돌로 치는 모습 뒤에서, 나는 전에 알지 못했던
빛을 본 것 같았다. 그의 뒤에 있는 희한한 빛은 무엇일까, 나는 생각했다. '그
것은 어쩌면 기독교이지 않을까'라고 생각하며, 나를 여자로서가 아닌 인간으
로서, 인격으로서 사랑해 준 그가 믿는 그리스도를 내 나름대로 찾아보고 싶
다고 생각했다.

_ 《길은 여기에》 11

어둠 속에 웅크리고 있던 한 여인의 영혼 안에 한 줄기의 빛이 비춰었다.
그녀의 인생은 방향 전환을 시작했고 재생의 이야기가 시작되었다. 마에

카와의 신중하고 열정적인 사랑에 직면했을 때, 자기 삶의 방식이 빗나가 있었다는 것을 아야코는 처음으로 깨달았다. 나중에 아야코는 "원죄의 사상으로 인도해 준 돌아가신 당신의 격렬한 눈동자를 그리워한다"라고 단가(短歌)를 지어 노래했는데, 정말 원죄의 본래 뜻은 '빗나감'이다. 진짜를 만나 처음으로, 그 진짜 빛에 비추어서 처음으로, 똑바르다고 생각하고 있던 자신이 사실은 구부러져 있음을 알게 되었다.

"이 언덕 위에서 자신과 자기 몸을 돌로 찍었던 마에카와 다다시의 나를 향한 사랑만은 믿지 않으면 안 된다고 생각했다. 만약 믿지 못한다면 그것은 나라고 하는 인간은 진짜 끝장이라는 느낌이 들었다."라고 《길은 여기에》에 쓴 것을 보면, 정말로 인간으로서 끝을 향해 달려가는 위험한 상태에 있던 그녀를, 마에카와는 그의 열정적인 사랑으로 멈추게 했음을 알 수 있다.

아야코는 '무언가를 믿는다는 건 싫다. 더 이상 상처 받고 싶지 않다. 믿는다는 것은 바보 같은 짓이다.'라고 생각하고 있었지만, 이제는 '바보라도 좋다. 이 사람을 믿고 따라가 볼까?'라고 생각하게 되어 마에카와에게서 받은 성경을 읽기 시작했다.

그런 그녀의 마음에 처음으로 인상에 남았던 것은 구약 성경의 '전도서' 였다. 전도서는 '헛되고 헛되다. 세상 모든 것이, 모든 인생이 헛되다.'라고까지 말하고 있는 성경이다. 그녀는 당시 자기 마음에 꼭 맞았던 그 말씀에 끌리게 되었다. 마침내 이 '전도서'를 끝까지 다 읽었을 때, 그녀는 한 구절의 말씀을 만났다. 모든 것이 허무하기 때문에 "너는 청년의 때에 너의 창조주를 기억하라"(전 12:1)라는 구절이다.

아야코의 구도(求道)는 신중해지고 있었다. 마에카와 다다시의 사랑은 부성적인 사랑이었다. 그대로 받아들이고 그대로 용서하는 것이 모성적인 사랑이라면, 그의 사랑은 본연의 모습으로 사랑하는 사랑, 때로는 "그러면 안 되지 않는가!"라고 다그치는 사랑, 《시오카리 고개》의 주인공 나가노 노부오(永野信夫)가 자기 몸을 던져 역주하는 객차를 막았던 것처럼, 멸망해 가는 영혼을 어떻게 해서든지 자기 몸으로라도 멈추려 했던 사랑이었다.

> 객차는 섬뜩하게 삐걱거리며, 노부오 위에 올라타서,
> 마침내 완전히 정지했다.
>
> _《시오카리 고개》 '고개'

이것은 소설 《시오카리 고개》의 매우 중요한 사건의 핵심을 묘사하는 문장이다. 나가노 노부오의 희생의 의미, 그것은 많은 승객이 죽음을 향해 폭주하는 것을 '마침내 완전히 정지'시키는 것이다. 그 누구도 믿을 수 없는 일이 일어났다. 객차는 '완전히 정지'했다. 이것은 한편으로 이 소설의 주제인 '희생적 사랑'의 의미인 그리스도의 십자가의 능력을 말하고 있는 것이며, 한편으로는 홋타 아야코의 고백이기도 했다.

전쟁이 끝날 때까지 앞을 향해 달려갔던 그녀의 인생. 시대의 사량(四両) 편성 열차의 맨 끝 객차로 16세에 군국 교사가 되었던 홋타 아야코는 '천황(天皇)의 국민을 육성'하는 일이야말로 가장 위대한 사명이라고 믿고 있었다. 그러나 1945년 8월 15일이라는 고개에서 그녀의 객차는 연결이 끊어졌다. 그녀는 생각지도 못한 방향으로 폭주하기 시작했다. 다른 열차는 시대의 고개 저편에 멈춰 평화와 민주주의를 말하기 시작했지만, 그녀는 그렇게 할 수가 없었다. 이대로 폭주해 간다면 죽을지도 모르지만 차라리 죽는 편이 낫다고 생각했다. 그런데 뜻밖에도 파멸로 전락해 가는 절망

적인 폭주, 스스로는 멈추게 할 수 없었던 폭주가 믿을 수 없게도 완전히 멈춰 버렸다. '그대로였다면, 폭주하고 있는 내 열차의 레일 위에 몸을 던져 멈추게 해 주었던 그가 없었더라면, 나는 파멸하고 말았을 것이다.' 그것이 실제 느낌이었다. 이것이 아야코가 일생 동안 몇 번이고 변주시켜 가며 마에카와 다다시를 계속 이야기했던 이유다.

《시오카리 고개》에는 나가노 노부오의 직장 동료로 미호리 미네키치(三堀峰吉)라는 남자가 등장한다. 본성은 소심하고 온화하며 약간 심약한데, 술과 여자로 노부오를 유혹한다. 이 미호리가 우발적으로 동료의 월급봉투를 훔치게 되어 한 차례 직장을 그만두게 되는데, 노부오의 중재로 다시 철도 회사에서 일하게 된다. 시오카리 고개에서 사고가 난 날, 사고가 난 그 열차에 타고 있었던 미호리는 노부오가 선로에 뛰어들어 죽는 것을 보게 된다. 그리고 그날, 미호리의 인격은 완전히 바뀌었다고 《시오카리 고개》는 말하고 있다. 그런데 이 미호리가 홋타 아야코인 것이다. '미호리(三堀)'의 '미(三)'는 '미우라(三浦)'에서, '호리(堀)'는 '홋타(堀田)'에서 한 글자씩 따서 합성한 것이었다. 그리고 '미네(峰)'는 고개이다. 폭주한 고개, '절체절명'이었던 그 시절, 그러나 거기에 '키치(吉-운이 좋거나 상서롭다는 뜻)'가 인생 최대 축복의 주춧돌이었다. 왜냐하면 거기서 진짜 사랑을 만났기 때문이다. '미호리 미네키치'는 그런 이름이었다.

《시오카리 고개》의 모델이 된 실재 인물 나가노 마사오(長野政雄)는 만 28세에 순직했지만, 작가는 그것을 알고도 주인공 나가노 노부오를 33세에 죽는 것으로 바꿔 썼다. 그것은 아마, 1954년 마에카와 다다시가 죽었을 때 만 33세였고, 마에카와 다다시의 등 뒤에서, 크리스천 마에카와를 그렇게 살게 한 예수 그리스도가 십자가에서 돌아가실 때 33세였다고 들었기 때문일 것이다. 아야코가 《길은 여기에》에서 슌코다이에서의 일을 이야기한 부분, 즉 '이 언덕 위에서 자신의 몸을 돌로 찍던 마에카와 다다시의 나를 향한 사랑'이라는 표현에는 '골고다 언덕 위에서 자신의 몸을 십자가에 못 박았던 그리스도의 나를 향한 사랑'이라는 말이 숨겨져 있다. 2014년 6월, 이 슌코다이 언덕에《길은 여기에》기념비가 건립되었다.

심령이 가난한 자는 복이 있나니

아야코는 1952년 7월 5일, 삿포로 의대 병원의 깁스베드에서 병상 세례를 받았다. 그로부터 2년이 지나지 않은 1954년 5월 2일, 폐결핵을 앓고 있던 마에카와 다다시가 죽게 된다. 갑작스런 비보(悲報)에 뿜어져 나오는 분노의 감정. 이윽고 소리 높여 우는 아야코. 그러나 깁스베드에 반듯이 누워 있었기에 그녀의 눈물은 뺨을 타고 흘러내리는 것이 아니라, 옆으로 흘러 귀로 들어갔다고 한다.

> 아내와 같이 생각해서 나를 품에 안아 주던 그대여 그대여 돌아와 주오.
> 저 하늘나라에서….
>
> _ 미우라 아야코

다음 해 미우라 미쓰요가 갑자기 나타날 때까지, 말하자면 사랑하는 사람을 떠나보낸 통곡의 1년은 마에카와 다다시를 애도하는 만가(挽歌)를 읊으며 상(喪)을 치르는 시간이었다. 그러나 이 시간은 그녀의 인생에서 가장 거룩한 시간이기도 했다.

특히 1954년 크리스마스는 아야코 인생에서 특별한 시간이 되었다. 그녀의 세 평 남짓한 병실 침대 옆에는 의자가 하나 있었다. 그것은 마에카와 다다시가 1년 전까지 앉아 있던 자리였다. 거기에서 문학과 신앙을 함께 나누고 서로 기도했었다. 그리고 반 년쯤 지난 후 미우라 미쓰요가 앉게 될 의자, 거기에 그들은 없었지만, "아무도 앉아 있지 않은 그 의자에 틀림없이 예수 그리스도가 앉아 계셨다. 지금 생각해도 그해와 같이 풍성하게 채워진 크리스마스는 없었던 것 같다. 건강도, 연인도, 스승도 잃어버린 나에게 생각지도 못한 깊고 흡족한 기쁨이 있었다."라고 적혀 있다.

심령이 가난한 자는 복이 있나니, 천국이 그들의 것임이요.

_ 마태복음 5장 3절

필자는 나이에 어울리게 보인 경우가 별로 없다. 30대였던 십수 년 전에 어떤 장소에서 조사(調査)를 하고 있는데, 아버지뻘 되는 나이의 사람으로부터 "모리시타 씨는 종전(終戰-제2차 세계 대전이 끝난 것을 말함) 때에 어디에 계셨습니까?"라는 질문을 받아 곤란한 적이 있었다. 이 비극은 25세 때에 시작되었다. 어느 날, 누군가에게 "모리시타 군, 정수리가 훤해지고 있네요."라고 지적받고서야 알아차릴 정도로 무심했다. 이마가 조금씩 넓어지고 있다는 자각은 있었지만, 정수리부터 오는 줄은 생각지도 못했다. '청천벽력'이 아닌 '정수리의 벽력'이었다.

그때까지 곤란할 정도로 머리카락이 많았던 나에게 대머리는 믿을 수 없는 것이었다. '늙는다'와 그다음에 있는 '죽음', 그리고 '사랑받기 어려운 존재가 된다'는 것에 압박받아 거울을 보는 것이 싫었고 조바심과 악몽에도 시달렸다. 그리고 반드시 패할 줄 알고 있는 싸움에 나가는 병사와 같은 기분이 되었다. 특히 여성들에게 사랑받으려고 지금까지 그렇게 고생했는데, 이제는 다 소용없다는 생각도 들었다. 우연히 심야 라디오 방송에서 '여성에게 물었습니다. 당신이 좋아하는 남성 타입은?'이라는 앙케트 결과가 발표되는 것을 들은 적이 있는데, 뚱뚱한 사람이 좋다는 사람도, 다리가 짧은 사람이 좋다는 사람도 있었지만, 대머리가 좋다고 하는 사람은 0%였다. '희망이 없지 않은가!' 큰 충격이었다. 잠시 괴로워하며 뒹굴던 끝에 나는 하늘을 향해 이렇게 외쳤다.

"모두 벗겨져라! 전 세계 남자들은, 모두 벗겨져라!"

이때 나는 정말 벗겨져 있었다고 생각한다. 인생의 외면이 벗겨진 것이다. 치렁치렁했을 때는 숨길 수 있었는데, 숨길 수 없게 된 진짜 나. 내면도 자신이 없는, 죽음과 늙음에 대한 해결책을 갖지 못한, 반항적인, 진정 처음부터 비참했던 나였다. 허무했다. 그리고 사람을 저주했던 내가 벌거숭이가 되어 버렸다. 그러나 이것이 중요하다. 성경을 읽으면 예수 그리스도도 십자가 위에서 외치고 있다.

"엘리 엘리 라마 사박다니!(나의 하나님 나의 하나님 어찌하여 나를 버리셨나이까)"

내 경우는 "나의 머리카락님 나의 머리카락님 어찌하여 나를 버리셨나이까!"[3]인데, 인간은 이렇게 외쳐도 괜찮다. 아우성치거나 울거나 해도 괜찮다. 그러기 위해서 그리스도가 본을 보여 주셨다. '건강도, 연인도, 스승도 잃어버린' 홋타 아야코도 외쳤을 것이다. 그 외치는 모습이 진정한 가난함이다. 인생에서 가장 중요한 만남이라는 것은 그럴 때밖에 없다. 사람이든 말이든 세상 진리든, 아니면 사명이든 만남이라는 사건으로 우리 마음에 들어 올 때가 거룩한 시간인 것이다.

호시노 도미히로(星野富弘)라는 사람도 《시오카리 고개》를 읽고 충격을 받았고, 《길은 여기에》를 읽고 희망을 갖게 되었으며, 성경을 읽고 신앙

---

3 일본어로 하나님에 해당하는 神(가미)와 머리카락에 해당하는 髮(가미)는 동일한 발음이다.

을 갖게 되었다. 2004년, 시오카리 고개를 방문하여 거기서 본 들국화를 그리면서 그는 그림에 "그 사람처럼 되고 싶어서 그 사람 뒤를 좇아갔더니 그 사람 앞에 그리스도가 있었다."라고 써 넣었다. 그는 '개나리' 그림을 그리고 거기에 이런 시를 써 넣었다.

나는 상처를 가지고 있다
그러나 그 상처에서
당신의 상냥함이 스며 온다

_ 시집 '바람 여행'

호시노 도미히로는 23세에 중학교 체육 교사가 되지만, 2개월 만에 큰 부상을 입고 목 아래 전부를 움직일 수 없는 몸이 되어 버렸다. 그는 몇 번이나 사경을 헤매면서 자기의 인생이 두 동강 나 있는 것을 인정하지 않으면 안 되었다. '언젠가 낫지 않을까'라고 생각하고 싶었으나 그 희망은 완전히 꺾여 갔다. 이 시의 첫 행 '나는 상처를 가지고 있다'라고 말할 수 있기까지 그는 어떤 지옥을 지나왔을까? 그러나 그는 거기서 '당신의 상냥함'을 만나게 되었다. '농사꾼 여자'라고 멸시당하던 어머니의 상냥함, 친구들과 가족과 병원에서 만났던 많은 사람들의 친절함, 결혼해 준 마사코(昌子)의 고운 마음씨, 정말 싫었던 시골의 다정함, 그리고 그것들의 배후에 있는 대문자 '당신'의 상냥함을 그는 만났다. 그때에, 그는 드디어 "나는 상처를 가지고 있다."라고 말할 수 있게 되었다. "상처를 통해서만 만날 수 있었던 '당신의 상냥함'을 생각하면, 이 상처는 당신을 만나기 위해 내 인생에 당신이 열어 주신 문이었네요."라고 하나님께 감사의 말을 하고 있는 것이다.

미우라 아야코는 1988년 5월, 군마현(群馬県)에 있는 호시노 도미히로를 방문해 하루를 함께 지내며 이야기를 나누었다. 그 단 한 번의 만남과 대담이 기록된 《은빛 발자국》의 본문 앞 페이지에는 명자나무 꽃이 그려져 있고 거기에 호시노 도미히로는 성경 시편 119편 말씀을 적었다.

나는 당신의 말씀을 즐거워하고 있습니다.
고난당한 것은 나에게 있어서 행복이었습니다.

"사랑하는가?" 미우라 미쓰요의 방문

마에카와 다다시가 죽고 1년 1개월 후인 1955년 6월 18일 토요일 오후, 운명처럼 미우라 미쓰요가 홋타 아야코를 문병한다. 두 사람이 함께 속해 있는 동인지(同人誌) 〈이치지쿠(무화과)〉의 책임자인 스가와라 유타카(菅原豊)가 병의 경과가 좋지 않은 아야코를 걱정해서 미우라 미쓰요에게 병문안을 의뢰했던 것이다. 〈이치지쿠〉는 결핵 요양 환자와 사형수들을 위한 동인지로, 늘 죽음과 대치하며 살아가야 하는 사람들이 서로 격려하고 서로 알아가기 위해 만든 것이었다. 스가와라 유타카는 그때 미우라 미쓰요를 여자라고 생각해서 병문안을 의뢰한 것 같은데, 미우라 미쓰요는 스가와라에게서 온 엽서를 주머니에 넣어 두고 얼마 동안 망설였다고 한다.

1955년 6월 18일, 아야코의 어머니 홋타 기사(堀田キサ)가 "아야코, 〈이치지쿠〉의 동인 미우라 미쓰요 씨라는 분이 찾아왔는데."라고 전해 주었을 때 아야코는 놀랐다. 그녀는 미우라 미쓰요라는 이름을 〈이치지쿠〉를 통해서 알고 있었는데, 사형수들의 소식을 잘 알고 있는 것 같아서 미우라 미쓰요도 사형수가 틀림없을 것이라고 생각했었다. 그리고 '미쓰요(光世)

라는 이름이면 크리스천 가정에서 태어난 게 틀림없을 텐데 어떻게 사형수가 될 만한 일을 저질렀을까?'라고 생각했었다. 가벼운 발걸음으로 L자형으로 구부러진 복도를 지나 그 사람이 다가왔다. 그리고 문을 열고 병실에 나타난 사람, 흰색에 가까운 그레이 양복을 입고 서 있는 미우라 미쓰요를 보았을 때, 아야코는 눈을 의심했다. 죽은 마에카와 다다시와 너무나도 닮았기 때문이다.

미우라 미쓰요는 한 달에 한 번 홋타 아야코를 문병했고, 세 번째 문병 때에는 "내 생명을 드려도 좋으니, 홋타 아야코를 낫게 해 주십시오."라고 기도했다. 아야코는 크게 감동했다. 아야코는 미우라 미쓰요가 마에카와 다다시와 너무나 닮았기 때문에 당황하면서도 미우라 미쓰요에게 마음이 끌리고 있었다. 그리고 두 사람 사이에서 조용히 사랑이 자라 갔다.

1년 정도 지난 어느 여름날 아침에, 미우라 미쓰요는 아야코가 죽는 꿈을 꾸고 깜짝 놀라 눈을 떴다. 그때 그는 아야코의 병을 낫게 해 달라고 간절히 기도했다. 한 시간도 더 넘게 기도하고 있는데, "사랑하는가?"라는 신비한 소리를 들었다. '사랑하는가?'란 과연 무슨 뜻일까? 그녀와 결혼하겠다는 각오를 묻는 것일까? 그는 기도했다.

> 만약 결혼을 전제로 교제하는 것이 하나님의 뜻이라면, 제발 그 사랑을 주십시오. 저에게는 그런 사랑이 없습니다.
>
> _ 미우라 미쓰요, 《아내와 함께 살아간다》

이 기도가 멋지다고 생각한다. 이미 충분히 좋아했겠지만 그것만으로는 안 되고, 진정 일생을 함께 살아갈 만한 사랑이 자기에게는 없다고 깨달은 미우라 미쓰요는 겸손하게 사랑을 주시도록 기도했던 것이다. 그리고 미우라 미쓰요는 바로 아야코에게 사랑의 편지를 썼다. 아야코는 답했다.

"그렇지만 나는 이처럼 앓고 있는 환자예요. 사랑해 주셔도 결혼은 할 수 없어요."

그는 즉시 말했다.

"낫거든 결혼합시다. 당신이 낫지 않는다면 나도 독신으로 지내겠어요."

얼마나 고마운 말인가. 나는 너무나 감동했다. 그러나 꼭 한 가지, 역시 정직하게 말해 두지 않으면 안 될 것이 있었다.

"미우라 씨, 나는 다다시 씨의 일을 잊을 수 없을 것 같아요." (중략)

미우라 미쓰요는 그런 나에게 말했다.

"당신이 다다시 씨의 일을 잊어버리지 않는 것이 중요해요. 그 사람을 잊어서는 안 돼요. 당신은 그분의 인도로 크리스천이 되었어요. 우리는 마에카와 씨로 인해서 맺어진 것입니다. 아야코 씨, 마에카와 씨가 기뻐할 만한 우리 두 사람이 되자고요."

_《길은 여기에》52

믿을 수 없을 정도의 대화, 미리 준비해 둔 것이라고 의심하게 할 정도의 대사이다. 이렇게 미우라 미쓰요는 마에카와 다다시를 잊을 수 없다는 홋타 아야코를 오히려 존중해서 아내로 맞았다. 이를테면 마에카와 다다시까지도 맞이한 것이다. 이것은 비유가 아니다. 미우라 미쓰요는 늘 양복 가슴에 가죽으로 된 얇은 사진 지갑을 넣어 다녔고, 거기에는 부부 사진과 함께 마에카와 다다시의 사진 한 장이 들어 있었다. 아내와 아내의 옛 연인의 사진을 몸에 지니고 다니는 사람이 과연 세상에 또 있을까? 연인 사이라고 의심하고 싶어질 것이다.

그러나 미우라 미쓰요는 들으면 들을수록 마에카와 다다시를 존경하지 않을 수 없었다. 그리고 그 마에카와 다다시처럼 아야코를 사랑하며 살아가기를 원했던 것이다. 미우라 부부의 집 2층 방, 집필하고 기도하며 밤에는 부부가 잠을 자는 가장 중요한 방의 한 모서리에 작은 선반이 있었다. 거기에는 마에카와 다다시의 사진과 수술할 때 절제했던 마에카와 다다시의 갈비뼈와 아야코 앞으로 써 보낸 유서가 줄곧 놓여 있었는데, 그 방에서 미우라 부부는 40년 간을 그와 함께 살았던 것이다. 그리고 아야코가 소천한 후에도 그것들은 계속 거기에 있었다.

결혼이란 무엇인가? 서로가 상대방 안에 시작된 하나님의 사역을 기뻐하고 존경하여 서로를 받아들이며 함께 걸어가는 것이 아닌가! 요셉과 마리아가 결혼했을 때 요셉은 마리아 안에 이미 믿을 수 없는 전대미문의 하나님의 사역이 시작된 것을 알게 되었다. 믿을 수 없는 것이었는데도 그것을 믿고 기뻐하며 존중하여 받아들였고, 그 하나님의 사역이 이루어지도록 협력했다. 그것이 요셉의 결혼이었다. 훗타 아야코와 미우라 미쓰요의 결혼도 같은 형태였다.

미우라 미쓰요가 훗타 아야코를 마에카와 다다시와 함께 맞아들였을 때, 훗타 아야코에게는 《길은 여기에》의 전 단계인 《태양은 다시 지지 않고》를 쓸 수 있는 기반이 생겼다. 남편이 "이전 남자에 대해서는 잊어라"고 했다면 《길은 여기에》는 쓸 수 없었을 것이다. 부부에게 중요한 것은 맛있는 음식을 만들어 준다든지, 해외 여행을 데리고 간다든지 하는 것이 아니다. 그 사람 안에 계획되어 있는 하나님의 사역이 성취되도록 각자에게 주어져 있는 길, 그 사명이 이루어지도록 서로 협력하는 것이 아닐까! 이 부부를 보면 그것을 알 수 있다.

"나에게는 그 사랑이 없습니다. 그 사랑을 주십시오."라고 했던 기도의 첫 번째 기도 응답이 여기에 있다. 그 사람의 인생 전체를, 자기를 만나기 오래전의 과거에서부터 이해하고 긍정하여 받아들이고, 앞길을 가리키며 함께 걷고자 하는 반려자다운 사랑이 여기에 있다.

각자에게 주어진 길이 있다

전쟁이 끝났을 때, 아사히카와에 있던 세 명의 젊은 결핵 환자. 한 사람은 마에카와 다다시, 다른 한 사람은 미우라 미쓰요, 그리고 마지막은 홋타 아야코. 마에카와는 홋카이도 대학 의학부 학생이었는데 결핵에 걸려 자신의 인생이 그리 오래 남지 않았음을 알았을 때, 소꿉친구인 홋타 아야코의 소문을 들었다. 하나님은 그녀를 사랑하고 구원하도록 그를 부르셨다. 1948년 말에 마에카와는 결핵 요양소에 있는 홋타 아야코를 찾아가, 그때부터 그의 삶에 남아 있는 5년 반의 시간을 홋타 아야코를 위해 쏟아붓는다. 마에카와는 요한복음 13장 1절 "예수께서 자기가 세상을 떠나 아버지께로 돌아가실 때가 이른 줄 아시고 세상에 있는 자기 사람들을 사랑하시되 끝까지 사랑하시니라"는 말씀에 자극받아 마음이 움직였다. 끝까지 사랑하는 것이 인간에게 가능한가라고 물으면서, 또 재촉을 받으면서 그 길을 걸었다.

아야코가 세례를 받을 때, 아야코의 긴 요양 때문에 아야코의 아버지가 지고 있던 빚을 그는 자기가 지려고 생각했다. 마에카와는 아야코를 사랑하기 때문에 속히 나아서 의사가 되어야겠다고 생각했다. 그는 부모에게는 비밀로 하고 아사히카와에서 삿포로로 나와 갈비뼈를 여덟 대나 절제하는 위험한 수술을 감행했다. 경과가 양호했던 것은 잠깐이었고, 결국은 각혈이 시작되었다. 1953년 11월 16일, 마에카와는 자기의 갈비뼈가 들어 있는 상자를 가지고 아사히카와시 9조 12초메에 있는 홋타 가(家)를 방문했다. 그리고 그 상자를 아야코에게 건네고 악수한 후 창문을 열어 그날 내리기 시작한 첫눈을 함께 보고 귀가했다. 이 세상에서 두 사람이 실제로 마주한 최후의 시간이 되었다.

6개월 후 마에카와는 죽었다. 아야코는 갈비뼈가 든 상자를 품고 울었다. 관(棺)과 같은 깁스베드에 묶여 있었던 아야코는 상가에도, 장례식장에도 가는 것이 허락되지 않았다. 아야코는 통곡하면서 자기가 그 남자의 갈비뼈에서 생겨난 사람임을 알게 되었을 것이다. 남자가 여자를 어떻게 사랑해야만 하는가, 여자가 남자의 사랑을 어떻게 받아들이고 살아가야만 하는가, 아담의 갈비뼈에서 하와가 만들어졌다는 '창세기'의 불가사의한 이야기의 의미까지 가르쳐 주고 있다. 그래서 그 여자는 결국 5년 후에 그 갈비뼈를 품고, 그 갈비뼈까지도 사랑하고 받아들여 준 또 다른 한 사람의 남자와 결혼하게 된다.

마에카와가 죽고 한 달 후에 아야코에게 방문했던 마에카와의 어머니가 건네준 유서에는 다음과 같이 기록되어 있다.

아야 짱

서로 힘을 다해 성실한 우정으로 사귀어 온 것을 진심으로 감사해요. 아야 짱은 진정한 의미로 내 첫 사람이자 마지막 사람이었어요.

아야 짱, 아야 짱은 내가 죽더라도 살기를 포기하거나 소극적이 되지 않겠다고 틀림없이 약속해 주었지요! 만일 이 약속에 대하여 불성실하다면 내가 아야 짱을 잘못 보았다는 결론이 됩니다. 그런 아야 짱은 아니겠지요!

한 번 말한 것, 반복하는 것을 피하려고 했지만 나는 결코 아야 짱의 마지막 사람이기를 원하지 않았다는 것, 이것이 다시 말하고 싶은 것이에요. 산다는 것은 괴롭고 또 불가사의로 가득 차 있어요. 묘한 약속에 매여서 부자연스러운 아야 짱이 된다면 그건 가장 슬픈 일이에요.

아야 짱과의 일, 내 입으로는 누구에게도 자세히 말한 적은 없어요. 그동안 받은 아야 짱의 편지 묶음, 그리고 내 일기(아야 짱에 관해 쓴 것), 단가(短歌) 원고를 드립니다. 이것으로 내가 아야 짱을 어떻게 생각하고 있었는지, 또 두 사람 사이에 형태로 남을 구체적인 물건이 다른 사람에게는 전혀 없게 됩니다. 즉 소문 이외에는 남에게 속박받을 증거가 전혀 없어요. 즉 완전히 '백지'가 되어 나로부터 '자유'가 된 것입니다. 소각된 때에는, 아야 짱이 나에게 한 말은 지상에 흔적을 남기지 않는다는 것. 아무것에도 속박되지 않고 자유입니다.

이것이 내 마지막 선물.

만약을 위해 일찌감치.

1954년 2월 12일 저녁

다다시

_《길은 여기에》 43

여기서 마에카와가 무엇보다도 강조하고 있는 것은 생존이라는 약속의 확인과 당신은 나에게서 자유라는 것, 그리고 중요한 예언은 "산다라는 것은 괴롭고, 또 불가사의로 가득합니다."라는 말이다. 머지않아 아야코는 슬픔의 1년 뒤에 미우라 미쓰요를 만나 당황해하면서도 그를 사랑하게 되는데, 마에카와는 그것을 벌써 예견이라도 한 것처럼 앞질러서 미리 허락하고 위로하고 믿고 축복하며 아야코를 보내 주었다.

마에카와가 죽고 1년 후에 나타난 미우라 미쓰요는 훗다 아야코를 지원하고 기도하며 "당신은 병이 나아서 큰일을 할 사람입니다."라고 격려했다. 훗타 아야코의 투병 기간은 모두 13년, 그 가운데 7년간은 깁스베드에서였다. 청춘 시절의 후반 13년을 병에게 빼앗기고 37세에 낫게 된 훗타 아야코는, 미우라 미쓰요와 결혼해서 미우라 아야코가 되었다.

마에카와 다다시가 죽고 5년 후인 1959년 5월 24일, 아사히카와 로쿠조(旭川六条)교회에서 홋타 아야코는 미우라 미쓰요와 결혼했다. 교회당에 가득 찬 하객들의 박수를 받으며, 그녀는 '다다시 씨, 고마워요. 나, 오늘 미우라 씨와 결혼했어요.'라고 마음속으로 이야기했다. 그때 그녀는 13년의 투병 후 기적적으로 치유되어 설 수 있게 된 그 다리로 결혼 서약을 맺은 강단을 내려갔다. 그리고 자기와 같은 연수인 13년간 투병하다 죽어 간 마에카와 다다시를 생각하며, 오늘 이 결혼도 마에카와 다다시의 기도의 손 안에 있었던 것임을 깨달았다. 그녀는 이날을 위해 그가 자기를 미리 허락하고 축복하고 기도해 주었던 것을 알게 된다. 조금은 제자이기도 하고 연인이었던 그녀는 이렇게 그의 사랑의 깊이를 알게 된 것이다.

미우라 아야코는 결혼하고 몇 년 후 처녀작 《빙점》을 써서 42세에 작가가 되었고, 77세로 소천하기까지 평생 하나님의 사랑을 전하고 고난 중에 있는 사람들을 격려하기 위해 작품을 썼다. 아야코가 건초염[4]으로 펜을 들 수 없게 되자 미쓰요는 아내를 위해 20년 이상 근무해 온 직장인 영림국(営林局:지방 산림 관리청)을 그만두고 구술 필기를 시작했다.

어떤 사람은 작가로서의 사명이 주어져 30년 이상 소설 쓰는 일을 한다. 또 어떤 사람은 병약한 아내를 돕고 아내를 지원하는 일에 부름을 받는다. 미우라 미쓰요는 많은 질병을 앓고 있는 아내를 헌신적으로 간병했고, 상처(喪妻)한 후에도 미우라 아야코 기념 문학관 요직을 맡아, 아내와 함께 걸어온 인생을 말하는 것으로써 아내의 유지(遺志)를 잇는 일을 행했다. 그러나 어떤 사람에게는 단지 몇 년간, 반항적이며 허무감에 빠진 한

---

4 힘줄을 싸고 있는 막에 생기는 염증.

여인을 사랑하는 일만 주어졌다. 저마다의 일이 다르고 주어진 길이 다르다. 마에카와 다다시는 죽기 몇 년 전 아야코에게 말했다.

> "아야 짱, 인간은 말이지 각자 각자에게 주어진 길이 있어요. (중략) … 나는 하나님을 믿고 있기 때문에. 나에게 주어진 길이 최선의 길이라고 생각하고 감사하고 있어요."
>
> _《길은 여기에》 23

여기에 희망이 있다. 한 사람 한 사람에게 길이 있고 일이 있다는 것이다. 어떤 상황에도 아직 그 사람밖에는 할 수 없는 사명이, 그 사람만의 길이 준비되어 있을지도 모른다. 사람이 해야 할 것은 그 길을 찾을 수 있도록 구하는 것이다.

몇 년 전, 지인에게 전화가 왔는데 아버지가 말기암으로 남은 시간이 1개월로 선고되었다는 것이다. 뭐라고 위로할 방법도 없었는데 그가 침묵을 깨고 이렇게 말했다.

"그런데 우리 아버지는, 지금 매우 활기차십니다."

귀를 의심하고 있는 나에게 그는 이런 이야기를 했다. 암 병동에 있으면 연이어 환자가 들어오는데, 수술하기로 결정되면 그것을 좀처럼 받아들이지 못한다고 한다. 그때가 그의 아버지가 나설 차례다.

"나는 벌써 전신에 암이 전이되어 수술도 못 받아요. 당신은 아직 수술이 가능하잖아요. 아직 수술받을 수 있을 때에 받는 게 어때요?"

그렇게 말하면, 망설이던 사람이 결심한다. 그것으로 아버지는, '아직 나에게도 할 일이 있다!'라고 말한다는 것이다.

'인간이란 어쩌면 그렇게 대단한 존재인지'라고 나는 생각했다. 말기암에 걸려도 자기가 해야 할 일을 알고 있으면, 즉 사명이 있으면 활기차게 살아갈 수 있는 것이다. 자기 사명을 모르는 것처럼 비참한 것은 없다. 근본을 모르기 때문에 하는 것마다 빗나가고, 약간의 실패에도 좌절하고 절망하게 된다. "자기가 자기를 모르는 것, 그것이 절망이다."라고 키에르케고르는 말했는데, 정말 패전 후의 홋타 아야코도, 《빙점》의 주인공 요코(陽子)도, 자기가 살아가야 할 방향을 모르고 어둠 속에서 위험한 죽음의 영역을 방황해야만 했던 것이다.

미우라 아야코는 만년에 "나에게는 아직 죽는 것이라는 소중한 일이 남아 있다."라고 반복해서 말했는데, 이것을 들었을 때의 충격을 잊을 수 없다. 죽는 것도 일이라 여기는 것은 참으로 당당하게 인생길을 걷는 방법이다. 아무것도 할 수 없어 마지못해 끌려가는 것이 죽음이라고 생각했는데, 그렇지 않은 것이다. 자기를 태어나게 하고 살아가게 하고 소설 쓰는 일을 주신 하나님이 "최후에도 한 가지, 너에게 있어서 중요한 일을 주지. 그것은 '죽는 것'이라는 일이다. 네가 분명히 그 일을 할지 어떨지, 내가 보고 있으니까!"라고 말씀하시는 소리라도 들었던 것일까? 그런 하나님과의 신뢰 관계, 삶의 처음부터 끝까지가 모두 그분의 팔에 안겨 있다는 실감이 없다면 이렇게까지 말할 수 없으리라.

기적은 있다

미우라 아야코가 《빙점》을 신문에 연재하고 있을 때 쓰던 노트를 몇 년 전에 보고 놀랐다. 거기에는 몇 번이고 '주여, 쓰게 해 주옵소서. 주여, 쓰게 해 주옵소서'라고 휘갈겨 쓰여 있었다. 그녀는 왜 이렇게까지 격렬하게 부르짖어 구했던 것일까? 작가로서 걸음을 시작한 바로 직후, 쓰는 것에 익숙하지 않아 불안했을까? 물론 그런 면도 있었겠지만 그것만이 아니다.

아마도 하나님의 계획된 사역에 맞는 작품을 쓰지 못하는 것을 두려워해서 부르짖었을 것이다. '주여 쓰게 해 주옵소서'는 '주여 많은 사람들에게 살아갈 용기와 희망을 주는, 당신의 사랑을 전하는 것을 쓸 수 있게 해 주십시오. 저의 능력이 아니라 당신의 힘으로. 당신의 힘에 의해서만 그것을 쓸 수 있기 때문입니다.'라는 의미일 것이다. 확실히 아야코는 '쓴다'는 일을 하나님에게서 받은 사명으로 자각하고 있었다.

이것을 본 나는 '됐다!'라고 생각했다. 미우라 아야코도 외쳤다. 미우라 아야코가 30년에 걸쳐 쓴 100권 가까운 책들, 그것들도 모두 이 기도에 대한 응답이었던 것이다! 미우라 아야코의 하나님과 우리의 하나님이 같다면, 우리가 외칠 때 똑같이 응답해 주시지 않을 리가 없다. 확실히 기적은 있다. 이것이 미우라 아야코의 자서전이 말하는 하나의 메시지이다. 갈급해하는 영혼으로 하나님께 구한다면, 시비조로 덤비는 태도도 좋다. 진심으로 구한다면, 하나님은 길을 밝혀 주신다. 기적은 있다. 그것은 홋타 아야코만의 특별한 이야기가 아니다. 모든 사람에게 가능한 이야기다.

1956년 6월, 홋타 아야코를 문병했던 노인 한 사람이 있었다. 그는 동양 제일의 세탁소 회사인 백양사(白洋舍)를 창설한 80세의 노인 이가라시 겐지(五十嵐建治)였다. 나중에 미우라 아야코는 이 이가라시 겐지의 일생을 《저녁이 되고 아침이 되니》라는 가슴 뛰게 하는 전기 소설로 쓴다. 이때 그는 이미 사업을 아들에게 맡기고, 자기는 순회 방문 전도자와 같은 일을 하고 있었다. 이 이가라시가 아사히카와에 살고 있던 무명의 결핵 환자에 지나지 않는 홋타 아야코를 찾아왔다. 이때 이가라시는 구약 성경의 '요나서'를 펼쳐 "하나님은 구비해 주시는 분이시다."라고 위로하며 기도했었다. 그러나 그때 그는 홋타 아야코의 병상(病狀)을 보고, 솔직히 '불쌍하지만 이 아가씨는 남은 생이 그리 길지 않을 것 같구나'라고 생각했다고 한다. 그리고 그것은 홋타 아야코 쪽에서도 마찬가지여서 '나는 이제 곧 죽을 것이 틀림없다'라고 생각하고 있었다. 이 장면을 상상해 보면, '만약 거기에 미래를 아는 사람이 있었다면, 우스꽝스러워서 웃음을 터뜨리지 않았을까?'라는 생각이 든다.

곧 죽을 것 같던 결핵 환자가 나중에 작가가 되어 자신을 문병했던 노인의 전기 소설을 쓰게 될 줄 누가 상상이나 했겠는가!《길은 여기에》를 쓰고 있을 때, 미우라 아야코는 하나님의 눈빛을 거기에서 보고 있었다고 생각한다. 하나님은 우리를 옆에서 보시면서 얼마나 재미있으셨을까? 지금도 '나다'라고 하면서 보고 웃고 계시지 않을까? 홋타 아야코보다도, 이가라시 겐지보다도, 인생을 살아가고 있는 나보다도 현명하신 하나님이 계신다. 좌절과 절망과 죽음의 병과 자살 미수, 둘도 없이 소중한 연인의 죽음과 자신의 병에 따른 부모의 채무 등 …. 그리고 하나님에 대한 반항조차도 쓰임받으며, 한 사람을 그 후의 사명을 위해 연단하고 길러서 성장시킨 현명하신 하나님이 계시다는 것. 이것을 인식하면서 자서전을 썼다. 자기에게는 이제 걸어갈 길이 없다고 생각하며 전혀 눈치채지 못했을 때에도 이미 길은 발 아래에 있었다고, 그녀의 자서전은 외치고 있다.

고난 중에 있을 때 사람들은 "너 같은 놈, 이제 어차피 안 돼!", "너의 인생에 이제 좋은 건 아무것도 남지 않았어", "살아 있어 봤자 소용없어. 가족과 사람들에게 폐만 끼치는 거 아냐?"라는 조롱의 소리를 듣게 된다. 그리고 많은 경우 그 소리는 타인에게서가 아니라 자기 자신에게서 듣기도 한다. 홋타 아야코도 깁스베드 안에서 매일매일 이 소리를 듣기도 하고 하기도 했을 것이다. 더 이상 사랑할 수 있는 것이 아무것도 남아 있지 않다는 사막과 같은 느낌, 이제 죽어 버리라는 조롱에 가득 찬 유혹, 홋타 아야코 자신이 그것을 체험하고 그것과 싸웠던 것이다. 그러므로 그녀의 자서전은 "살아갈 방도가 없다고 생각되는 고난의 날에는 이 홋타 아야코의 생애를 상기해 보세요. 그래도 길이 있으니까, 길이 있다고 나중에 반드시 알게 될 날이 올 것이기에."라고 말하고 있는 것이다. 신약 성경의 '사도행전'이라는 곳에 이런 구절이 있다.

보라 멸시하는 사람들아 너희는 놀라고 멸망하라 내가 너희 때를 당하여 한 일을 행할 것이니 사람이 너희에게 일러 줄지라도 도무지 믿지 못할 일이라 하였느니라.

_ 사도행전 13장 41절

사람을 절망과 죽음으로 떨어뜨리는 조롱의 소리를 멸하시고 도저히 믿을 수 없는 일을 행하시는 하나님이 계신다. 미우라 아야코의 인생이 그것을 증명하고 있다. 그러므로 그녀의 자서전은 하나님을 신뢰하며 자기 인생길을 있는 힘을 다해 살아가도 괜찮다고 격려하고 있다. 미우라 아야코가 작가로서 가장 전하고 싶었던 핵심이 여기에 있다. 그리고 그것은 《빙점》이전에 《길은 여기에》의 축약판이라고도 할 수 있는 《태양은 다시 지지 않고》를 먼저 썼다는 것으로도 증명되지만, 진정 《빙점》의 최대 테마 또한 이 '절망의 어둠으로부터의 구원'에 있다.

1.
《빙점》은 이렇게 태어났다

〈쓰지구치 가의 모델이 된 후지타 댁〉
홋타 아야코는 여기에서 열리는 하이쿠(俳句) 모임에 참석했다.

손을 뻗으면

1959년, 행복했던 결혼과 신혼집을 회상하며 미쓰요는 이런 단가(短歌)를 지었다.

손을 뻗으면 천정이 닿는 단칸방 우리들이 처음으로 사는 집

신장 결핵에 이어 방광 결핵의 극심한 통증으로 누워서 잘 수 없었던 밤, 괴로운 나머지 옆 책장에 있던 어머니의 성경에 손을 뻗어 읽기 시작했던 24세의 미우라 미쓰요. 그때 온화하고 적극적이었던 형 겐에쓰(健悦)는 자기 동생을 위해서 교회의 목사를 불러와 주었다. 그때 했던 월 2회 성경 공부를 통해 미우라 미쓰요는 그리스도를 알게 되었다. 이런 단가도 있다.

괴로움을 만나도 좋다 신장 하나 떼어 내고 그리스도를 알고 오늘이 있으니

미우라 미쓰요는 병고 중에 어머니의 성경이 있는 하늘 쪽으로 손을 뻗었다. 그리고 홋타 아야코도 반듯이 누워 있던 침대에서 하늘을 향해 기도의 손을 뻗고 있었다. 연인도, 건강도, 스승도 잃은 그녀에게 더 이상 희

망 같은 것은 없었다. 그들은 각각 기도의 손을 하늘로 향해 뻗었고 그 기도는 하늘에 닿았다. 그것은 응답이었다. 그 응답이 여기에 있다. 한 칸의 방만 있는 작은 집, 그러나 두 사람 저마다의 기도가 하나의 열매가 된 그 집, 하나의 그릇으로, 하나의 마음이 되어 살게 된 집, '우리'로 살기 시작한 집. 그것은 하나님의 사랑과 긍휼을 간증하는 것이었다. 그런 까닭으로 이 집에서 시작한 이 부부는 이 처음 사랑에 대한 감사와 겸손을 잊지 않고 계속 걸어갔다.

전도하다

결혼 후 건강해진 아야코는 이사를 계기로 잡화점을 시작했다. 이때 《길은 여기에》의 내용을 거의 축약한 형태의 《태양은 다시 지지 않고》를 써서 〈주부의 벗〉이 주최했던 '사랑의 수기' 공모에 하야시타 리쓰코(林田律子)라는 필명으로 응모한다. 이것이 1962년에 1등으로 입선하고 활자화되어 〈주부의 벗〉에 게재되었다. 이 생각지도 못한 큰 반향이 이듬해 그녀에게 《빙점》을 쓰게 하는 큰 용기와 동기가 되었다. 그녀에게는 잡화점을 운영하는 것도, 글을 쓰는 것도 세례를 받을 때 니시무라 규조(西村久蔵) 장로에게서 배운 '크리스천은 전도하는 사람이다.'라고 하는 것의 실천이었다. 《태양은 다시 지지 않고》를 통해 아야코는 활자로 세상에 이야기를 들려주는 것의 중요함과 영향력을 크게 느꼈다.

쓰기 시작하다

1963년 정월 초하루, 아야코는 연초에 찾아간 친정집에서 〈아사히 신문〉 1천만 엔 현상 소설 공모를 보게 된다. 1년 분량의 신문 소설 공모는 완전한 아마추어가 감당할 수 있는 것이 아니었다. "나와는 상관없어."라고 그때는 생각했었다. 그런데 그날 밤, '아내의 부주의로 아이가 살해당한다면 …. 그래! 이것을 발단으로 이야기를 전개해 보자'라며 신문 광고도 잊은 채 구상을 가다듬으며 장편 소설의 줄거리를 만들었다.

다음 날 아침, 남편에게 소설의 줄거리를 말하고, 집필 허락을 받았다. 실제로 며칠 뒤 '요코의 유서'부터 먼저 작품으로 쓰기 시작했다. 이렇게 핵심 부분부터 써 가는 방법은 테마성(性)이 강하고, 기본 구조가 확실한 작품을 만들어 내는 미우라 문학의 방법적 기반이었을지도 모른다. 낮에는 잡화점 주인으로서 일하며 밤마다 쓰기를 계속한 지 1년, 약 1천 장 분량의 장편 소설을 완성하였다. 본격적으로 소설을 쓰는 것은 처음이고 신문 소설도 물론 처음인 아야코였다. 중고 서점에서 발견한 니와 후미오(丹羽文雄)가 쓴 《창작 방법》에서 겨우 16페이지 정도 되는 신문 소설 작법 부분을 반복해서 읽었고, 그 책의 문고판을 항상 휴대하여 쓰는 법을 배워 가며 써 나갔다. '천(千) 장도 처음 1장부터, 1장도 처음 1행부터'라는 마음으로 써 나갔다고 한다. 도저히 무리라고 생각하면서도 "시작하는 첫걸음이 길을 연다."라고 미우라 아야코는 스스로에게 말했다. 미우라 아야코는 늘 그렇게 우리를 초대하고 있다. '자기는 특별하지 않다. 누구나 똑같고 나는 먼저 해서 본을 보여 준 것뿐이다. 당신도 할 수 있다.'고 말이다.

《빙점》이라는 제목

미쓰요는 《덴포쿠(天北) 들판》, 《머나먼 언덕》, 《생명에 새겨진 사랑의 흔적》 등 아야코의 많은 작품에 제목을 붙였다. 《빙점》이라는 제목도 아야코가 소설을 쓰기 시작한 지 얼마 되지 않은 1월 22일, 미쓰요가 생각해 낸 것 같다. 아침에 근무처인 가구라(神楽)의 아사히카와 영림국에 출근할 때, 버스를 갈아타는 시내 4조 8초메의 버스 정류장에서 '오늘도 춥구나. 빙점 이하 몇 도 정도일까? 빙점 이하, 빙점 이하, 빙점, 빙점! 미쓰요는 아야코가 쓰고 있는 소설에서 주인공 소녀가 마음이 얼어 죽게 된다고 하는 것 같은데 빙점이라는 제목은 어떨까!' 하며 '빙점'이라는 제목을 생각해 냈다고 반복해서 말하고 있다. 이렇게 제목이 붙여진 소설을 야야코는 밤에 잉크가 얼 정도의, '빙점'이라는 제목에 너무 어울리는 추운 방에서 써 나갔다. 아야코는 이렇게 쓴 원고를 저녁에 귀가한 남편에게 읽어 보게 하고 감상을 들었다. 단가에 재능이 있던 남편은 때론 엄격하게 평가하기도 했는데, 심지어 썼던 원고를 전부 버린 적도 있었다.

질그릇이 되는 길, 남편과 함께

어느 날, 아야코가 경영하는 잡화점 근처에 새로운 잡화점이 생겼다. 이 가게의 이름은 '야스이(安井) 상점'이다. 강력한 라이벌의 출현이다. 그때 남편은 터무니없는 이야기를 했다.

> "저쪽 가게는 아이들도 많아 가게가 잘되지 않으면 안 돼요. 우리 가게는 망해도 가족은 아야코뿐이잖아. 내 월급으로 먹고살 수 있잖아." (중략)
> "손님이 오면, '죄송하지만 그 물품은 없으니 저쪽 가게에서 찾아보시겠어요?'라고 말하면 되지."
>
> _《이 질그릇에도》 29

남편의 이 말에 천하의 아야코도 어이없어 했지만, 그녀는 그것을 통해서 '원수를 사랑하라'는 것과 '네 이웃을 네 몸과 같이 사랑하라'는 《빙점》의 중요 테마를 사색할 수 있었다. 생활 속에서 사상을 깊게 다져 가고, 소중한 테마를 인식해 간다. 그것이 미우라 아야코였다. 아야코도 마에카와 다다시의 권유로 잠깐 동안 '아라라기파(단가 동호인 그룹)'에 참가하여 단가를 지었던 적이 있었는데, 아라라기파는 '사생(寫生)'을 중요시하는 파였다. 사실을 잘 보는 것과 그 사실 안에 있는 진실을 찾아내는 것, 그것은 미우라 아야코의 기본적인 문학 창작의 결이기도 하다.

소설을 쓰기로 마음먹고 남편에게 허락을 청했을 때, 미쓰요는 이렇게 기도했다고 한다.

> "… 이 소설이 하나님의 뜻에 합한 것이라면, 부디 쓸 수 있게 해 주시기를. 만일 하나님의 이름을 더럽히는 결과가 되는 것이라면 쓸 수 없게 되기를 …."
>
> _《이 질그릇에도》 28

자신이 한낱 질그릇에 지나지 않는다는 자각이 없다면, 이런 기도에 동의하는 것은 불가능하다. 아야코는 이렇게 그릇이 되는 것을 배워 갔다. 나는 질그릇에 지나지 않는다는 자각은 미쓰요의 기도와 신앙이 이끄는 형태로 아야코 안에서 형성되어 갔다.

미우라 미쓰요의 기도와 예견

그런데 소설의 마감일이 다가오는 연말. 매년 어린이 크리스마스 모임 준비를 하지 않으면 안 되는 시기가 되어, 아야코는 이런 말을 꺼냈다.

> "여보, 올해는 크리스마스 모임을 정월이 지나서 하면 어때요? 소설을 제때 끝내지 못하겠어요."

말이 끝나자마자 남편은 대답했다.

"하나님을 기쁘시게 하는 일을 하고 낙선되는 소설이라면 안 써도 좋아."

보통 때는 친절하고 다정하지만, 일단 무슨 일이 있으면 남편은 완고할 정도로 엄격하다.

"하지만 복사를 해 두지 않으면 안 돼요. 낙선해도 원고를 되돌려 주지 않는다고 응모 규정에 적혀 있었거든요."

"여보, 입선이 확실한 원고의 복사가 왜 필요하지?"

_ 《이 질그릇에도》 31

'입선이 확실하다'라는 것은 어떤 의미일까? 남편 미쓰요는 입선을 예견하고 있었다. 5개월 전인 7월의 어느 날 아침이었다. 2층에서 내려온 남편이 갑자기 "아야코, 이 소설은 입선할 거야."라고 말하는 것이다. 왜냐고 묻자, 아침에 성경 말씀이 번쩍 떠올랐다고 말했다.

"무엇이든지 기도하고 구하는 것은 받은 줄로 믿으라. 그리하면 너희에게 그대로 되리라."

"여기 봐, '이미 받은 줄로 믿으라'라고 쓰여 있잖아. 그리고 그렇게 믿으면 그대로 된다. 이 말씀이 떠올랐어. 그러니까 입선한다니까."

_ 《이 질그릇에도》 31

이렇게 해서 어린이 크리스마스 모임도 예정대로 치르고 《빙점》은 마감일인 12월 31일 미명에 완성되어, 현재 아사히카와 그랜드호텔 자리에 있었던 아사히카와 6조 9초메의 아사히카와 우체국 본국에서 그날 소인이 찍혀 도쿄(東京) 유라쿠초(有楽町)의 아사히 신문사에 보내졌다. 그때도 두 사람은 "하나님 앞에서 진심으로 감사를 드리고, 만약 이 작품을 좋다고 여기신다면 세상에 내 주시기를 바랍니다."라고 기도했다.

미우라 미쓰요의 기도는 《빙점》의 완성에, 그리고 작가 아야코에게 매우 중요한 무엇이었다. 아야코를 외국 수종 견본림(見本林)으로 안내하여 그곳이 《빙점》의 무대가 되게 한 것도, 그가 가구라의 영림국에서 근무할 때 점심 휴식 시간에 숲을 방문해서 아직 병상에 있던 홋타 아야코를 위해 '얼른 건강해져서 여기에 함께 올 수 있게 해 주시기를' 간구했던 기도의 응답이기도 했다. 그렇게 해서 견본림으로의 길이 준비되었고, 미우라 아야코라는 작가의 출발까지도 정해졌던 것이다.

또한 미쓰요는 아야코가 밤마다 응모작을 쓰고 있을 때, 아야코를 위해서 적지 않은 시간을 기도했다. 동서고금의 문학 작품 중에 아내가 집필을 하고 그런 아내를 위해 남편이 옆에서 기도하며 작품이 쓰여진 예가 어디에 또 있을까? 이것만으로도 《빙점》은 매우 드문 책이라고 할 수 있다.

나는 《빙점》을 독해하면서 '작가가 여기까지 생각하고 있었단 말인가?' 라고 생각할 때가 자주 있었다. 남편 미우라 미쓰요도 나의 해설에 귀를 기울이면서 "아야코가 거기까지 생각하고 있었단 말인가요?"라고 가끔 물었다. 작가 자신이 의도하지 않은 것까지 써지는 경우가 가끔씩 있다고 는 생각하지만, 이 작품에는 그런 경우가 너무 많다는 인상을 받았다. 그 것은 결국 리얼 타임(실시간)으로 드려진 남편의 기도가 원인이었다고 밖에는 설명할 수 있는 방법이 없다. 아야코 자신도 훗날 《빙점》은 하나님이 써 주신 작품이라고 말하고 있다. 응모 총수 731편 중 몇 번의 심사를 거쳐 1964년 7월 6일에 내정, 7월 10일 〈아사히 신문〉 조간 제1면에 1천만 엔 신문 현상 소설 입선작 《빙점》이 발표되었다.

고쳐 쓰기

그런데 당선이 거의 결정되었을 때, 〈아사히 신문〉은 터무니없는 것을 요청해 왔다. 응모 규정에 있던 1일 분량의 원고 3장 반을 3장으로 줄이도록 요청한 것이다. 이것은 간단한 일이 아니다. 신문 소설은 독자들이 '내일은 어떻게 될까?' 하는 기대감을 갖도록 써 내려가야 하기 때문에 단락을 바꾸면 안 되는데, 분량을 줄이려면 결국 모두 다시 써야 하는 것이다. 그러나 아야코는 그 요청을 곧바로 받아들이고 전편(全編)을 고쳐 쓰기 시작했다.

이 고쳐 쓰기의 의미는 크다. 그것으로 말미암아 미우라 아야코는 작가가 되었다. 응모 원고를 쓰는 시점에 그녀는 무명의 초보자였지만, 원고를 고쳐 쓰는 때는 이미 많은 독자들이 '1천만 엔의 소설'로 기대하고 있는 작품을 쓰는 작가였다. 일본 전역에서 입선 기념 강연회를 할 기회를 받은 미우라 아야코는 어디를 가도 강연장을 가득 메운 청중을 보며 큰 기대를 피부로 느끼게 되었다. 이렇게 해서 많은 독자들이 기다리고 있는 작품을 써 내는 작가(아직 한 작품도 세상에 내지 않은 유명 작가!)로서, 재검토하고 고쳐 쓰는 것을 허락했던 것이다. 이 고쳐 쓰기에서 크게 바뀐 점은 첫머리의 시대 변경 그리고 결말에 요코가 살아날지 어떨지 알 수 없도록 한 것, 도야마루(洞爺丸)호 태풍 사건을 넣은 것 등인데 이 고쳐 쓰기로 말미암아 《빙점》은 틀림없이 훨씬 좋은 작품이 되었다.

이런 사정으로 미우라 아야코 작품에서 이 《빙점》만이 복수(複數)의 원고가 남아 있다. 원고는 ① 초안 원고, ② 응모 원고, ③ 신문 연재용 퇴고 원고의 세 종류로, 이 원고들은 미우라 아야코 기념 문학관에서 복사본을 열람할 수 있다. 《빙점》의 원고는 그 외에도 부분적인 것이지만, 아사히카와 명성(明成)고교의 '세상의 소금'이라는 문고의 소장 원고, 홋카이도 도립 문학관의 소장 원고가 있다. 고쳐 쓴 《빙점》은 1964년 12월 9일부터 다음 해 11월 14일까지 〈아사히 신문〉 조간에 연재되었다. 단행본이 나오자 바로 대형 베스트셀러가 되었고 몇 차례 영상화되었다. 2013년 말 현재 영화 1편, 텔레비전 드라마 8편으로 영상화되었다고 기록되어 있다.

미우라 아야코라는 기적

미우라 아야코의 데뷔는 하나의 기적으로 불린다. 거기에는 몇 가지 이유가 있다. 하나는 문학적인 커리어가 없는 평범한 중년 주부가 갑자기 대형 베스트셀러가 될 작품을 쓴 것, 그리고 두 번째는 근현대 일본 문학에서는 드물게 분명한 종교성을 가지고도 수많은 독자를 확보한 것이다.

그러면 그 기적의 근원에 있었던 것은 무엇이었을까? 그것은 그녀의 인생에서 일어난 놀라운 기적이 가져다 준 테마였는데, 그것으로 말미암아 그녀의 문필가로서의 사명이 결정된 것이다. 초등학교 교사로서 맞은 패전, 교과서 먹칠 사건과 절망, 두 사람과 동시에 결혼을 약속해 버린 것 따위의 황폐함, 약혼 예물이 들어오는 날에 쓰러져 그런 자신을 '꼴 좋다'라고 생각하는 마음, 13년에 걸친 결핵·카리에스로 말미암은 투병 생활, 오호츠크 바다에서의 자살 미수, 그런 가운데 소꿉친구인 크리스천 마에카와 다다시의 인도로 그리스도와의 만남을 통해 다시 일어서고, 미우라 미쓰요와의 만남과 그의 기도로 치유되어 간 그런 인생에서 얻게 된 것, 이미 살펴본 자서전 《길은 여기에》에 그려진 이야기, 그리고 무엇보다도 그 절망과 구원, 어둠과 빛, 외로움과 따뜻한 사랑이야말로 《빙점》의 진정한 테마요, 《빙점》을 쓰게 한 동기였다.

테마의 발견

써 가면서 인간 사회가 왜 이렇게도 행복하기 어려운가, 대체 그 원인이 무엇인가를 생각할 때, 역시 교회에서 가르치고 있는 죄의 문제에 봉착할 수밖에 없었다. 이 죄 문제를 크리스천으로서 호소하지 않으면 안 된다고 생각했다.

_《이 질그릇에도》 31

작품의 핵심인 요코의 유서가 말하고 있는 '외로움 속에서 죽어야만 했던 마음'이야말로, 패전 후에 절망했던 홋타 아야코 자신의 마음이었다. 인생의 목적도, 살아야 한다는 확신도, 사랑하고 사랑받는 마음의 열기도 모두 상실하고 죄책감만 남았던 영혼의 외로움. 이런 요코의 마음을 얼어버리게 했던 '외로움이라는 어두움'의 의미와 그 어두움에 비친 한 줄기 빛, 적어도 그 빛이 비쳐오는 방향만은 지적하지 않으면 안 된다고 미우라 아야코는 생각했다.

그래서 《빙점》도 또 하나의 《길은 여기에》인 셈이다. 아야코는 '죄'를 한 사람 한 사람 인간 마음의 문제이면서 동시에 인간 사회의 문제로 여긴 것을 알 수 있다. 인간을 행복하지 못하게 하는 원인인 '죄'는 개인의 마음에만 있는 것이 아니라, 가정과 사회, 나라에도 있어서 사회 전체를 불행하게 한다고 생각했다. 그러므로 미우라 아야코는 일상을 사는 인간을 묘사하면서도 언제나 사회와 시대 안에 있는 죄, 특히 국가 권력의 죄를 작품에 표현하는 작가가 되어 갔다. 《빙점》에서는 전쟁과 귀환자[5], 다코[6] 노동

---

5 (제2차 세계 대전 후) 국외에서 일본 본토로 돌아온 사람, 귀국자. 출처: 프라임사전.
6 '다코'는 문어라는 뜻의 일본어. 문어가 '문어통'에 한 번 들어가면 빠져나올 수 없는 것처럼 빠져나올 수 없는 열악한 환경에서 일하는 가혹한 노무자를 지칭(제2차 세계 대전 전에, 홋카이도와 사할린의 공사 현장이나 탄광 등 열악한 환경에서 일한 노동자를 일컬음. 출처: 프라임사전). '다코'는 문어라는 뜻의 일본어.

자, 낙태 문제 등을 통해서 그것을 추궁하고 있다.

"요코 짱, 이리 나와!"

1999년 10월 14일, 아사히카와시 가무이(神居)의 장례식장에서 거행된 미우라 아야코의 장례식에서 사회자인 아사히카와 로쿠조교회의 시가 야스스케(芳賀康祐) 목사는 신약 성경 요한복음 11장 28~44절의 말씀으로 설교를 했다. 특히 그는 1991년 교회에서 발행한 《주님과 함께 있습니다》라는 책자에서 미우라 아야코가 가장 마음에 남는 성구로 고른 구절이 "예수께서 눈물을 흘리시더라"(35절)였다고 소개하고, 그것에 근거해서 설교했다. 그 성경 구절은 다음과 같다.

이 말을 하고 돌아가서 가만히 그 자매 마리아를 불러 말하되 선생님이 오셔서 너를 부르신다 하니 마리아가 이 말을 듣고 급히 일어나 예수께 나아가매 예수는 아직 마을로 들어오지 아니하시고 마르다가 맞이했던 곳에 그대로 계시더라 마리아와 함께 집에 있어 위로하던 유대인들은 그가 급히 일어나 나가는 것을 보고 곡하러 무덤에 가는 줄로 생각하고 따라가더니 마리아가 예수 계신 곳에 가서 뵈옵고 그 발 앞에 엎드리어 이르되 주께서 여기 계셨더라면 내 오라버니가 죽지 아니하였겠나이다 하더라 예수께서 그가 우는 것과 또 함께 온 유대인들이 우는 것을 보시고 심령에 비통히 여기시고 불쌍히 여기사 이르시되 그를 어디 두었느냐 이르되 주여 와서 보옵소서 하니 예수께서 눈물을 흘리시더라 이에 유대인들이 말하되 보라 그를 얼마나 사랑하셨는가 하며 그중 어떤 이는 말하되 맹인의 눈을 뜨게 한 이 사람이 그 사람은 죽지 않게 할 수 없었더냐 하더라 이에 예수께서 다시 속으로 비통히 여기시며 무덤에 가시니 무덤이 굴이라 돌로 막았거늘 예수께서 이르시되 돌을 옮겨 놓으라 하시니 그 죽은 자

의 누이 마르다가 이르되 주여 죽은 지가 나흘이 되었으매 벌써 냄새가 나나이
다 예수께서 이르시되 내 말이 네가 믿으면 하나님의 영광을 보리라 하지 아니
하였느냐 하시니 돌을 옮겨 놓으니 예수께서 눈을 들어 우러러보시고 이르시
되 아버지여 내 말을 들으신 것을 감사하나이다 항상 내 말을 들으시는 줄을
내가 알았나이다 그러나 이 말씀하옵는 것은 둘러선 무리를 위함이니 곧 아
버지께서 나를 보내신 것을 그들로 믿게 하려 함이니이다 이 말씀을 하시고
큰 소리로 나사로야 나오라 부르시니 죽은 자가 수족을 베로 동인 채로 나오
는데 그 얼굴은 수건에 싸였더라 예수께서 이르시되 풀어 놓아 다니게 하라
하시니라.

_ 요한복음 11장 28-44절

마르다와 마리아의 형제 나사로가 죽은 것은 바꿀 수 없는 사실이고, 죽은
지 나흘이나 지난 시신은 벌써 무덤에 장사되어 썩어 가고 있었다. 그리
고 마르다와 마리아는 슬프고 마음 아파 푸념을 늘어놓을 수밖에 없었다.
그렇지만 예수는 "나는 부활이요 생명이니 나를 믿는 자는 죽어도 살겠
고"(25절)라고 말하고, "그를 어디 두었느냐?"(34절)라고 묻는다. 사람들은
이제 더는 안 된다고 생각 되면 나름대로 처분해 버린다. 시체는 미라처럼
둘둘 감아서 무덤에 넣고, 고장 나서 수리할 수 없는 기구는 신문지나 테
이프로 둘둘 말아서 쓰레기로 내놓는다.

　여러 인간관계도, 가정과 사회와 학교 등에서의 여러 문제도 '이것은 더
이상 안 돼. 해결도 회복도 불가능해.'라는 생각에 이르면, 둘둘 말아서 어
떤 무덤 구덩이에 던져 넣는 것이다. 절망밖에는 남지 않은 것을 사람들은
더이상 보고 싶어 하지 않으니까. 그러나 예수는 "그를 어디 두었느냐?"(34
절)고 물으신다. 이제 사람들은 마지못해서라도 좋으니 "주여, 와서 봐 주

십시오."라고 말하면 되는 것이다. 예수는 눈물을 흘리시고, 그 절망과 슬픔의 가장 깊은 어두운 곳, 해결 불가능한 문제의 근원을 바라보시며, 죽었던 나사로에게 말을 걸어 불러내고 소생시키신다. 둘둘 말렸던 것을 풀어 주어, 가야 할 곳으로 가게 해 주신다. 미우라 아야코의 마음에 있던 예수는 이런 존재였다.

《빙점》의 주인공 요코는 여섯 살 때 요절한 아야코의 친동생 이름이다. 그리고 이름뿐만 아니라 작가 자신이 말하기는 《빙점》 안에서 유일하게 실제 모델이 있는 인물이다. 아야코의 친동생 요코는 《빙점》의 요코와 판박이였다. 매우 영리하고 괴롭힘을 당해도 고자질하지 않고 혼나 본 적이 없는 아이였다. 1935년, 아야코가 열세 살 때였다. 의사의 오진으로 치료 시기를 놓쳐 버린 요코는, 병원의 침대가 비기를 기다리며 집에 머물던 어느 날 방바닥에 누워서 "언니, 요코 죽어?"라고 물었다. 그때 언니인 미우라 아야코는 가슴이 무너지는 아픔을 경험했다. 그로부터 수십 년이 지나도 동생에 대해 이야기할 때면 늘 눈물을 억제하지 못했다. 어린 나이에 이유도 모른 채 죽어 가야만 했던 동생의 두려움과 쓸쓸함은 미우라 아야코의 마음 깊은 곳에 가라앉아 있는 돌과 같은 것이었다.

여동생이 죽은 후, 깊은 슬픔에 빠진 아야코는 유령이라도 좋으니 요코를 다시 만나고 싶다는 생각에 집 근처 어두운 곳으로 가서 어둠을 향해 "요코 짱, 이리 나와!"라고 소리쳤다. 이런 슬픈 기억 때문에 《빙점》의 주인공에게 요코라는 이름을 붙인 것이다. 그래서 미우라 아야코는 《빙점》의 요코를 죽게 할 수 없었다. 사흘 밤낮의 혼수상태 후, 숨을 다시 쉬게 하고 《속·빙점》에서는 요코가 드디어 하나님의 사랑을 아는 데까지 이르는 것으로 글을 쓴 것이다. 아야코가 어둠을 향해 "요코 짱, 이리 나와!"라고 외치는 모습은, 죽은 지 나흘 지난 무덤 안에 있는 나사로를 향해 "나오너라."라고 불러 살아나게 하신 예수 그리스도의 모습과 매우 비슷하다. 슬픔에 빠져 동생을 부르던 어린 아야코는 그것을 전혀 몰랐을 것이지만.

미우라 아야코 독서회를 운영 중인 오타루(小樽)에 있는 한 교회에 홋타 아야코의 제자가 있었다. 이토 마사오(伊藤勝男) 씨. 우타시나이에서 초등학교를 다녔는데, 1학년 때 그의 담임 선생님이 홋타 아야코였다. 추억이 있느냐고 묻자 바로 이렇게 말해 주었다.

"1학년에 입학한 연초에, 이유는 기억나지 않지만 저는 등교를 못했어요. 며칠 간 학교에 갈 수 없었는데 홋타 선생님이 팥 찹쌀떡을 사 가지고 우리 집에 와 주셨어요. 그리고 홋타 선생님은 그 팥 찹쌀떡을 마루 끝에 두고 안쪽에 있던 저를 향해서 이렇게 말씀하셨어요."

"애야, 이리 나와라. 애야, 학교에 나와라."

나는 이토 씨의 이 말에 놀랐다. 여기에도 "이리 나와라"가 있다. 어둠 속에서 웅크리고 떨고 있는 마음, 나 같은 사람은 더는 가망이 없다고 생각하며 무릎을 껴안고 앉아 있는 영혼을 향해, 혼자서는 나올 수 없는 작은 영혼을 향해, 그녀는 "이리 나와라"라고 부르고 있는 것이다. 나중에 작가가 되고 나서 아야코의 집에서 성경을 배우는 가정 집회가 가끔 열렸는데, 초대 비서였던 미야지마 유코(宮嶋裕子) 씨는 그 일에 대해 이렇게 이야기해 주었다.

"아야코 선생에게 명부를 넘겨받아 사람들을 집회에 참석하도록 연락하는 것이 저의 일이었는데, 때로는 아야코 선생 자신이 직접 전화해서 초대하기도 했습니다. 그때 아야코 선생은 'OO짱, 가정 집회에 나오세요.'라고 말했습니다."

'나오세요', 이 말이 미우라 아야코이다. 외로운 영혼을 그냥 두지 못하는 마음, 언니이고 교사이고 작가인 미우라 아야코의 마음 중심에 있는 열정, 그것이 '나오세요'였던 것이다.

패전 후 결핵 요양소 백운장(白雲莊)에 있을 때, 스스로 자기를 매장하려 했던 아야코에게 마에카와 다다시가 찾아 와, 예수님처럼 그녀의 이름을 불러 주고 빛으로 이끌어 내어 살려 주었다. 마에카와 다다시가 그녀에게 들려준 것은 하나님으로부터의 '나오너라'는 음성이었다. 하나님은 그녀를 살리시고, 여기까지 사용해 주셨다. 하나님은 의미가 없는 것을, 필요 없는 자를 만들고 살려 두시는 우둔한 분이 아니시다. 당신이 살아 있는 한, 당신은 반드시 하나님이 필요로 하는 사람이다. 그러니 스스로 자기 인생을 매장해서는 안 된다. 미우라 아야코의 삶은 지금도 우리에게 이렇게 말하고 있다.

'요한복음'을 읽었을 때, 미우라 아야코는 이런 예수님을 만나고 즉시 좋아하게 된 것이 아닐까. 자기의 경험과 동일한 '나오너라'가 여기에 있고, 살려 주시는 사랑의 힘과 생명의 희망이 여기에 있다. 사랑하는 자를 잃은 슬픔으로 죽음 앞에 패배와 절망으로 일그러진 인간의 비참함에, 눈물을 흘리면서 나사로를 부활시키신 이 예수 그리스도를 미우라 아야코는 평생에 걸쳐 소개하고 싶었던 것이 아닐까라는 생각이 든다.

'너 같은 놈 죽어 버려.'라고 시대와 사회와 사람들에 의해 매장되고 있는 존재, 또는 스스로 자기를 매장하고 있는 사람, 희망이 없어 죽으려고 하는 사람이 생명을 찾기 바란다. 미우라의 문학은 살리는 문학이고 희망을 주는 문학이다. '여기에는 살려 내는 희망이 있어요. 나오세요.'라고 하며 얼어 있는 마음에, 얼어 있는 관계에 다리를 놓아 초대하는 문학. 그것이 미우라 아야코의 일이고 마음이었다. 그 다리는 누구보다도 먼저, 요절한 여동생의 이름을 붙인《빙점》의 요코를 향해 가설한 다리였을 것이다.

2011년 4월, 아사히카와 시내를 흐르는 주베쓰(忠別)강에 빙점교(氷点橋)가 가설되어 아사히카와역에서 미우라 아야코 기념 문학관까지 가는 길이 매우 편해졌다. 《빙점》을 쓴 미우라 아야코의 마음을 곰곰이 생각할 수 있는 장소가 하나 생긴 것이다. 이 다리를 건너가는 지역 사람들의 마음에, 또한 멀리서 방문하여 이 다리 위에 잠시 멈춰 서서 저 멀리 있는 대설(大雪)산을 바라보는 사람들의 마음에, 미우라 아야코가 놓고 싶어 했던 '사랑의 다리'가 놓여지면 좋겠다.

2.
첫머리에서 읽는
'원죄'의 숲 문학

〈견본림, 스트로브 잣나무의 우듬지〉
하늘을 휘젓는 것처럼 흔들린다.

견본림(見本林)

바람이 전혀 없다. 동쪽 하늘에 높이 뜬 뭉게구름이 높은 태양에 빛나고 있고 만들어 붙인 것처럼 움직이지 않는다. 스트로브 잣나무 숲의 그림자가 땅바닥에 짧고 짙게 깔려 있다. 그 그림자가 마치 살아 있기라도 한 듯 거무죽죽한 모습으로 숨 쉬고 있는 것처럼 보인다. 아사히카와시 교외 가구라초의 이 잣나무 숲 바로 옆에 일본식과 양식으로 된 쓰지구치(辻口) 병원장 저택이 조용히 세워져 있었다.

_《빙점》 '적(敵)'

어떤 작품이라도 소설의 첫머리는 중요한데, 《빙점》의 이 문장은 작품의 구조와 주제를 상징적으로 말해 주고 있다. '잣나무 숲'은 현재 미우라 아야코 기념 문학관이 지어져 있는 견본림인데, 이 외국 수종 견본림은 외래종 수목이 일본의 기후와 토질에서 어떻게 성장하는지 실험하기 위해 1898년에 조성된 숲이었다. 이것은 근대 일본이 서구에서 여러 가지 것들을 가지고 들어온 것과 걸음을 같이하고 있다.

나쓰메 소세키(夏目漱石)는 중편 소설 《마음》에서 "자유와 독립과 자아로 가득 찬 현대에 태어난 우리는, 그 희생으로서 모두 이 외로움을 맛보지 않으면 안 되게 되었다."라고 썼다. 소세키는 '자유와 독립과 자아'라는 관념을 '좋은 것'으로 받아들여 온 근대 일본인들의 마음 속 '외로움'을 자신의 작품으로 그려 냈다. 미우라 아야코 역시 근대 일본의 한 고비이며, 또 그녀 자신의 인생의 전환점이기도 했던 '패전' 후에, 일본인의 마음을 실험해 보려 하고 있다. 견본림 바로 옆 쓰지구치 가(家)를 소설의 무대로 설정하여 전후 17여 년의 시대를 배경으로 그 가족과 그들을 둘러싼 인간들의 사랑과 미움, 갈등을 통해 그들의 마음을 실험하고 관찰한다. 즉 쓰지구치 가는 전후 일본의 가족과 일본인 마음의 견본(見本)인 셈이다.

그것은 '일본식(和)과 서양식(洋)으로 이루어진 쓰지구치 병원장 댁'에도 표현되어 있는데, 이 쓰지구치 댁의 모델은 아야코가 패전 어간 2년 정도 출입하던 하이진(俳人)[7] 후지타 교쿠잔(藤田旭山) 씨의 주택이다. 실제로 그런 양식으로 지어진 쇼와(昭和)[8] 초기의 건축물이었는데, 일본적인 것과 서양적인 것이 절충된 주택으로서, 그것은 그 모습 그대로 전후 일본인들이 마주한 시대 상황인 것이다. 도오루(徹)가 노래한 '증성사(証城寺)의 너구리 장단'에 가사를 바꾼 노래인 '컴 컴 에브리바디'(영어 회화 방송의 테마 송) 등도 전형적인 화양 절충의 시대 상황을 반영하고 있다.

《빙점》에서는 쓰지구치 가의 마루에서 견본림이 바로 보이는데, 쓰지구치 가의 모델이 된, 아사히카와 시내 미야시타(宮下) 가에 있는 후지타 댁을 아야코가 방문했을 당시 마루에서 실제로 보인 것은 견본림이 아니고 계명초등학교(啓明小学校)였다. 그 초등학교는 훗타 아야코가 패전한 다음 해 3월에 교직을 그만둘 때까지 몸 담았던 학교다. 아야코는 교직을 그만둔 후에도 갈 곳이 없어 이 초등학교 주위를 서성였다고 한다. 사이시 쓰치오(佐石土雄)와 루리코(ルリ子)가 강으로 가는 길, 자살을 결심한 요코

---

7   (취미나 직업으로) 하이쿠를 짓는 사람. 하이쿠:5,7,5의 3구 17음절로 된 일본 고유의 단시(短詩).
8   서기 1926년 12월 25일~1989년 1월 7일 사이의 일본 연호.

가 걸어간 길, 그 외로움과 방황의 길이 있는 견본림이, 패전 때문에 절망하고 살아갈 곳을 잃어버린 아야코에게는 계명초등학교 주변이었을지도 모른다.

《빙점》 첫머리의 묘사에서 '하늘과 땅과 사람'이라는 구조를 간파할 수 있다. 실제로 견본림의 입구에 서 보면 스트로브 잣나무의 큰 키에 놀라 올려다보지 않을 수 없다. 똑바르고 작은 가지로 하늘을 가리키는 줄기와 저 멀리 꼭대기 부분에서 나뭇가지 끝이 아래로 퍼지는 나무 형태를 가진 스트로브 잣나무는 우리의 눈을 하늘로 향하게 한다.

예로부터 거목과 기둥에는 신령이 머문다고 했는데, 그 심리적 원인은 그것들이 하늘을 가리키고 하늘과 땅을 연결하는 것이라고 생각했기 때문은 아닐까? 서일본(西日本)에 많은 녹나무 거목은 가지들이 옆으로도 퍼져서 나무 형태가 둥글게 자라 간다. 그런 장소에서 토토로 같은 범신론적인 정령의 신에게 마음을 기울이기 쉬운 것처럼, 홋카이도 하늘의 넓이와 가까움 그리고 스트로브 잣나무 같은 직선형의 수목은 사람의 마음을 가장 높은 곳인 하늘과 더불어 신을 향하게 한다.

"험하고 굉장한 실제의 자연이 있고 그것을 오해 없이 받아들일 수 있는 영혼이 있어야 비로소 진짜 예술이 나오는 것이 아닐까 생각한다."('예술과 풍토 홋카이도 편'《언덕 위의 해후》 수록)라고 미우라 아야코 자신은 말하고 있다. 그렇다 혼슈(本州)에 있는 마을 산의 부드러움과는 확연히 다른, 험준함과 섬뜩함 그리고 높은 '신을 품은 자연'이 미우라 아야코 문학의 기반이다. 추위, 눈, 숲과 대지, 대설산과 도카치다케(十勝岳), 사로베쓰 벌판, 노쓰케(野付) 반도, 아바시리(網走)의 유빙(流氷), 도마마에(苫前)의 바다 등 미우라 아야코는 홋카이도의 자연을 험난하면서 무언가의 한계에 인접한 장소로 그리고 있다. 거기에서 인간들은 뿌리로부터 시험을 당해 하늘을 향해 외치지 않으면 안 되는 존재로 묘사된다. 따라서 등장인물들은 소설 속에서 자주 하늘을 바라본다.

미우라 아야코의 일기나 창작 노트에는 '안트로포스: 인간, 위를 향하는 자'라는 메모가 몇 번이나 나오는데, '위를 향한다'는 것은 성공을 추구한다거나 보다 안락한 삶을 추구한다는 의미가 아니다. 영혼을 가진 인간으로서 하늘을 의식하지 않고서는 살아갈 수 없다는 뜻이다. 죄와 고난으로 가득한 지상(地上)의 삶을 살아가야 하는 인간의 가혹한 운명과 그럼에도 불구하고 인간인 것을 상실하지 않고 살아가려는 고귀함, 거기에 미우라 문학의 기본적인 인간관과 세계관이 있다.

원죄의 그림자와 바람(風)

미우라 아야코 기념 문학관에는 여러 종류의 《빙점》 원고가 소장되어 있다. 모든 원고를 비교해 보면, '바람이 전혀 없다'라고 하는 《빙점》의 유명한 첫머리 문구는 초안 원고에 없고 응모 원고의 단계에서 써 넣은 것을 알 수 있다. 이 첫머리는 작품 말미의 '정신이 드니 숲이 바람에 울고 있다. 또 눈보라가 칠지도 모른다.'라는 부분과 대응된다. 언뜻 보면 파도도 바람도 없는 듯 반석 위에 흔들림 없이 밝게 빛나는 인생과 삶인 것 같지만 그 밑바닥에 '시커멓고 섬뜩'한 '그림자'가 꿈틀거리고 있다. 이것이야말로 인간의 실상이다. 즉 이 작품의 가장 중요한 주제인 '죄' 문제를 아야코는 상징적이며 시각적인 표현으로 그려 내고 있다.

미우라 아야코는 결혼 2년째 6월, 남편 미쓰요를 따라서 《빙점》의 무대인 견본림을 방문했다. 자서전 《이 질그릇에도》에 그때의 인상이 적혀 있다.

숲속의 길을 지나서 제방으로 올라간 나는, 저쪽에도 울창하게 우거져 어두운 독일가문비 숲이 이어진 것을 보았다. 그 숲에 한 발 밟고 들어갔을 때, 나는 표현하기 어려운 감동에 휩싸였다. 어두운 숲 안에 불빛이 줄무늬를 만들어 비스듬하게 비치고 그 줄무늬도 어스름한 저편에 불빛이 연기처럼 떠다니고 있었다. 똑바로 뻗어 선 독일가문비의 줄기는 진정 조용히 서 있어서 명화(名画)를 보는 것 같은 분위기였다. 숲속에 들어갈수록 정적이 몸에 다가오는 것 같았다. 아니 정적이라기보다 어쩐지 섬뜩하다고 하는 것이 적절했을지도 모른다. 어디선가 산비둘기가 울었다. 그 소리도 한층 무서움을 느끼게 했다.

"훌륭한 곳이네요. 아름답고 조용하고 그런데도 섬뜩하네요."

_《이 질그릇에도》 28

이 문장에 있는 것처럼, 미우라 아야코는 '아름답고 조용하지만 섬뜩'한 숲의 모습에서 세계와 인간의 아름다움의 밑바탕에 깔려 있는 섬뜩함을 마주한다. 숲을 인간 마음의 상징으로 파악한다. 《빙점》은 일상적인 삶에 쉽게 드러나는 부분을 다루는 이야기가 아니다. 인간의 마음속 깊은 곳까지 들어가는 이야기, 혹은 거기에 숨겨져 있는 무언가를 밝혀 내는 이야기다. 미(美)의 바닥에 있는 '정적'과 '섬뜩'함은 《빙점》 속 많은 인물들이 지닌 마음의 조형을 생각나게 한다.

인격자인 병원장 게이조(啓造)의 마음에도, 아름답고 상냥한 아내이며 엄마인 나쓰에(夏枝)의 마음에도, 순수하며 우수한 청년 도오루(徹)의 마음에도, 또는 도량이 넓고 호탕하며 거리낌이 없어 보이는 다카기 유지로(高木雄二郎)의 마음에도, 그리고 순진무구하게 보이는 요코 안에도 '시커멓고 섬뜩'한 그림자가 꿈틀거려 그 인물의 마음을 어지럽힌다. 예컨대 사랑하는 아내를 향해 무서운 복수를 꾸미고, 자기 귀여운 딸의 목을 조르는 장면처럼 '시커멓고 섬뜩'한 그림자는 스스로 제어할 수 없는 뜻밖의 충동을 일으켜 죄를 짓게 한다.

생각해 보면, 소세키가 《문》과 《마음》 등 몇 편의 작품에서 주목한 것도 '뜻밖의 변모'라는 인간의 기질이었다. 인간의 근본에 있는 죄의 기질. 자기의 죄에 대한 온전한 깨달음을 말하는 것이었다. 《빙점》에서도 그렇다. 오로지 힘을 다해 살아온 요코의 마음에 뜻밖에도 빙점이 있었다. 죄를 자신의 문제로 분명히 인식하고 자살을 시도하여 혼수상태에 빠져 있는 요코의 주변에서 어른들 각자 자기의 죄를 자각하기 시작한다. 예컨대 게이조가 자기를 반성하고 '하나님 앞에 선다는 것을 몰랐다'고 자각했을 때, 처음에는 '전혀 없었'던 바람이 불기 시작한 것이다. 그것은 자기 '죄'를 깨닫는 것이 구원의 길의 시작이라는 것을 잘 보여 주고 있다.

쓰지구치 가(家)

'쓰지구치(辻口)'라는 성(姓)을 생각해 본다. '쓰지(辻)'라는 장소는 길이 나뉘거나 교차하는 곳인데, 가야 할 길을 정하지 못하면 헤매는 곳이다. 자고로 그런 경계의 장소는 위험하다. 낮과 밤 사이의 경계의 시간인 '다소가레도키(해 질 녘)'는 '다소카레(그 사람은 누구일까?)', 즉 그 사람이 누구인지 모르는 시간이라는 의미이고, '오마가도키(逢魔が時: 땅거미 질 때)' 즉 요물을 만나는 시간이라고도 말한다. 경계라고 하는 곳은 헤매고 있으면 요물이 덮쳐 버리는 장소이고, 그 사람의 행동이라고는 생각할 수 없는, 누구의 행동인지 알 수 없는 일들이 일어나는 장소인 것이다. 예를 들어 범인의 아이를 받아들일까 말까 하고 망설이고 있던 어느 날, 게이조는 아내의 목에 있는 키스 자국을 발견하고 그 무서운 계획을 실행해 버린다.

그러나 '쓰지'는 그런 위험과 함께 다른 길, 새로운 세계의 입구가 있는

장소이다. 요코와 도오루가 헤매면서도 성장해 가는 과정 안에는 그런 '쓰
지'가 몇 번인가 있다.

또 '쓰지(辻)'라는 문자는 그 구성 요소를 분석해 보면 '十' 자와 책받침
변(辶)으로 되어 있고, 다시 조합해 보면 '십자가로의 길'을 표현하고 있음
을 알 수 있다. 작가는 확실히 십자가로 말미암은 구원의 길의 입구, 즉
'쓰지구치(辻口)'를 탐구하는 작업을 작품 속의 쓰지구치 가(家)를 통해 실
행하고 있다. 그러면 십자가로 가는 길의 입구는 무엇일까? 그것은 진실
로 죄를 깨닫는 것이다. 죄를 인정하지 않는 사람의 마음에 십자가는 아무
가치도 없기 때문이다.

하늘을 휘젓는 우듬지

견본림의 인상은 《이 질그릇에도》에 다음과 같이 적혀 있다.

숲에 도착하니 키가 높은 스트로브 잣나무가 바람에 흔들리며 나무 끝이 하늘
을 휘젓듯이 움직이고 있었다.

_《이 질그릇에도》 28

이 표현은 《빙점》의 '센코 하나비(線香花火: 선향불꽃)'라는 장에 매우 비슷하
게 나온다.

높은 스트로브 잣나무의 우듬지가 바람에 흔들리고 있었다. 그것은 흔들리고
있다기보다는 몇 그루의 스트로브 잣나무가 빙빙 하늘을 휘젓고 있는 것 같
았다.

이런 숲의 심상적(心象的) 파악은 작품의 첫머리에도 그렇지만《빙점》전체에서 매우 의식적으로 다루어진다.

"높은 태양에 빛나고 만들어 붙인 것처럼 움직이지 않는다."라는 표현은 말하자면 '하늘의 침묵'하는 모습이다. 이 모습에 대항하여 "하늘을 휘젓는 것처럼 움직이는" 스트로브 잣나무의 꼭대기에는, 땅에 살며 자타의 죄 때문에 고민하는 존재들이 그 손을 하늘로 향하여 뻗어 도움을 구하는, 허덕이는 "영혼이 우러러 갈구"하는 모습이 숲의 조형을 취하며 표현되고 있다.

'인간은 어떻게 살아야 하는가?' 또는 '인간은 어떻게 존재해야 하는가?'라고 물을 때, 사람들은 하늘을 우러러본다. 하늘에 구하고, 하늘에 묻고, 하늘에 외치고, 때로는 하늘을 원망하고 탄핵하기도 한다. 예를 들어, 고난으로 가득한 가혹한 생애를 걷다가 결국엔 살인범이 되어 버린 사이시 쓰치오, 그 사이시에게 세 살 때 죽어야만 했던 루리코, 그리고 무거운 출생의 비밀을 짊어지고 있었음을 알게 된 요코는 하늘에게, 신에게 '왜?'라고 묻지 않을 수 없었다. 게이조도 나쓰에도 도오루도 죄를 짓지 않고는 살아갈 수 없는 슬픈 운명을 짊어진 인간이다.《빙점》은 그 죄 탓에 상처 받는 인간, 그리고 그런 영혼들이 하늘을 휘젓는 것같이 번민하고 고뇌하는 이야기라고도 말할 수 있다.

분비나무 지대가 저쪽에 보였다. 모든 나무가 벌거벗고 있는데, 이 나무만은 울창한 암록의 잎 빛깔을 바꾸지 않았다. 똑바른 줄기가 끝없이 펼쳐진 하늘에 닿아 노도 같은 바람 소리를 담고 있었다. 두 남녀는 개미처럼 작게 그 숲에 다가가서 이윽고 그 안으로 삼켜져 버렸다.

이것은 홋카이도의 프로테스탄티즘의 풍토가 낳은 또 하나의 숲 문학, 아리시마 다케오(有島武郎)의 《가인의 후예》 끝부분이다. 하나님을 향한 분노와 같은 내면의 소리를 품고 똑바로 하늘을 찌르려는 예리한 침엽수의 숲. 고난에 신음하면서 하나님을 갈망하는 이 영혼의 표상이 《빙점》의 견본림과 연결되고 있는 것은 확실하다. 그러나 미우라 아야코는 그것을 "하늘을 휘젓는" 것으로 그렸다. 거기에는 일방적으로 '하늘을 찌른다'라는 지상에서만의 관점을 넘어, 인간의 불행으로 말미암아 '휘저어'지는 '하늘'의 마음이, 그것을 슬퍼하고 불쌍히 여기시는 하나님의 슬픔이 암시되어 있다.

내친 김에 언급해 두자면, 가미야 나오코(神谷奈保子) 씨가 '기도의 궤적 – 미우라 아야코가 그린 북쪽 대지의 인간상'(《미우라 아야코 – 생명에의 사랑》)에서 견본림 전체의 구조를 '[집 → 잣나무 숲 → 강변]'이라는 도식으로 그려 냈는데, 이 도식은 소설 세계 안에서 '[인심(人心)의 표층 → 심상(心象) 풍경 → 인심의 심층]'이라는 의미에 대응시켜 이해하는 것이 가능하다'고 했다. 이것을 좀 더 자세히 본다면 스트로브 잣나무 숲은 갈등과 번민으로 점철된 현실의 세계이고, 그 앞에 있는 것은 요코가 《폭풍의 언덕》을 읽는 방황과 만남의 십자로(十字路)다. 숲 너머 제방은 요코가 눈 오는 아침 이 세상과 이별을 고한 현실 세계의 한계 영역이다. 그리고 제방을 내려와서 건너편에 있는 독일가문비나무 숲은 인물들의 마음속 세계, 또는 무의식 세계이다. 거기에서 인물들은 여러 가지 생각을 하고 마음의 밑바닥을 찾아간다. 그리고 마지막, 황량한 죄와 그 결과를 보는 실존적인 세계인 비에이(美瑛)강과 강변…. 작가는 이렇게 견본림을 매우 치밀하게 '영역'으로 분류해 저마다의 기능을 갖게 하고 있다.

원죄 이야기, 아담과 하와

미우라 아야코는 '원죄'를 테마로 이 작품을 쓸 때, 당연히 '창세기'에 있는 아담과 하와의 원죄 이야기를 강하게 의식하며 썼다. 주지하는 바와 같이 아담은 하나님이 지으신 최초의 사람이었지만, 여자의 권유로 "동산 각종 나무의 열매는 네가 임의로 먹되 선악을 알게 하는 나무의 열매는 먹지말라. 네가 먹는 날에는 반드시 죽으리라"는 하나님의 계명을 어겼다. 이때 지상에는 단 하나의 규칙밖에 없었는데, 아담은 그 단 하나의 규칙을 지키지 못했다. 그 아담의 기질이 우리들에게도 있음을 부정할 수가 없다. 그런데 죄를 지은 후에 아담은 하나님의 얼굴을 피하여 숨었다. 하나님은 "네가 어디 있느냐?"라고 부르면서 아담을 찾으신다. 아담이 어디에 있는지 모르시는 것이 아니다. 아담의 마음이 어디에 있는가를 묻고 계신 것이다. "여기 있습니다."라고 하며 하나님 앞으로 되돌아오기를 기대해서 하나님은 묻고 계신 것이다.

그러나 죄를 지은 그들은 하나님 앞에 나오는 것을 두려워했다. 그리고 "왜 먹었는가?"라는 하나님의 책문에 아담은 "하나님이 주신 이 여자" 때문이라고 변명한다. 아이들도 아담과 매우 비슷해서 혼나고 궁지에 몰리면 "이런 나를 낳은 것은 아빠와 엄마다."라고 한다. 그리고 여자도 "이 뱀이 때문에"라고 한다. 그들은 책임을 전가하기만 하고 자기가 잘못했다고는 말하지 않는다. '선악을 알게 하는 나무'를 따 먹고 정말 선악을 알게 되어 그것에 따라 행동할 수 있는 인간이 되었다면 좋았을 텐데 그렇게 되지 못했다. 그들은 나쁜 의미로 '선악을 아는 자'가 되었다. '자기중심'이라는 기준으로 유불리에 따라 좋고 나쁨을 판단하는 자가 된 것이다. 그래서 자신에게 유리한 것들만 모아 항변하고 책임을 전가한다. 그런 제멋대로인 인간은 에덴동산에서 쫓겨나는 수밖에 없었다. 그러나 그들은 즉시 죽지는 않았다. 먹으면 반드시 죽는다고 들었는데 죽지 않았다. 그러나 자식의 죽음, 형 가인이 동생 아벨을 때려 죽이는 끔찍한 사건으로, 죄의 결과인 인간의 죽음을 보게 된다. 그때에 하나님 말씀의 옳음과 자신들의 죄의 결말을 분명히 깨닫게 된다.

쓰지구치 부부의 행보는, 먼저 아내의 죄로부터 비극이 시작되는 것, 서로에게 책임을 전가하는 부부의 모습과 자기중심의 판단에 따라 서로를 심판하는 것, 그리고 루리코의 죽음과 요코의 자살이라는 자식들의 죽음으로 말미암아 죄의 결과가 드러나게 되는 것까지, 이 모든 것이 '창세기의 부부' 아담과 하와의 행보와 완벽하게 겹친다.

하나님 쪽을 향하지 않는 태도와 성질

미우라 아야코는 '나는 왜 《빙점》을 썼는가?'라는 글에서 다음과 같이 말하고 있다.

여기에 등장하는 쓰지구치 가의 사람들은 모두 하나님 쪽을 보지 않는 생활을 계속하고 있다. 나쓰에와 게이조의 모습은 내 안에도, 누구 안에나 숨어 있는 '하나님을 두려워하지 않는 인간상'이다. 그리고 나는 나쓰에와 게이조의 반대 편에서 하나님을 믿는 삶의 방식을 암시할 생각이다.

그리고 요코는 자기만은 절대 옳다고 믿는 것으로 버티며 살아온 결과, 자살이라는 큰 죄를 짓게 되었다.

요코도 하나님 쪽을 향하지는 않았던 것이다.

_ '나는 왜 《빙점》을 썼는가?' 〈여성자신〉, 1966년 4월 18일 호.

원죄란 하나님 쪽을 향하지 않는 인간의 성질과 태도라고 읽을 수 있다.

죄를 지으면 자녀들이 부모의 눈을 피하는 것처럼 인간은 하나님의 눈을 피하게 된다. 그리고 아담의 자식은 태어나면서 하나님의 눈을 피하는 것, 하나님 쪽을 향하지 않는 성질을 갖게 된다. 하나님 쪽을 향하려고 하지 않으면, 인간은 창조자이신 하나님과 그 사랑에서 분리된 상태가 될 수밖에 없다.

이런 상황에 빠진 인간은 하나님의 마음을 모르기에 자기 마음대로 빗나간 행보를 거듭 할 뿐, 인생에서 납득과 확신을 가질 수 없다. 하나님의 사랑을 알지 못하고 외면하는 삶은, 하나님의 사랑을 충분히 받지 못하기에 '살아 있어 좋다'라는 평안이 그에게 없다. 게다가 사랑의 공급원이 끊겼으니 사랑했던 사람도 머지않아 사랑할 수 없게 되는 비극이 일어난다. 이런 상태를 '원죄', 즉 그리스어의 본뜻으로는 '빗나감'이라고 말한다. 그리고 당연히 하나님에게서 등을 돌리면 하나님이 중심이 아니라 자기가 중심이 된다.

자기중심

미우라 아야코는 이런 자기중심의 죄를 일상적인 비유로 자주 말했다. 예를 들면, '집 안에서 자녀가 꽃병을 깨뜨렸을 때 엄마는 어떻게 할까?' 심하게 질책할 것이다. "집 안에서 뛰면 안 된다고 늘 말했잖아! 제발 조심 좀 해라. 눈이 어디에 붙어 있는 거니? 너는 정말 안 된다니까! 얼마 전에도 OO을 부쉈지? 지난 달에도 OO을 망가뜨리고, 작년에도 OO을 깨뜨렸잖아. 그렇게 덜렁대는 것은 엄마를 닮지 않은 거야. 아빠의 DNA지. 그렇지, 아빠의 엄마, 시어머니를 닮았구나!"라고 남편의 집안은 물론 윗 세대까지 들먹이며 공격한다.

그러나 엄마도 꽃병을 깨는 경우가 있다. 그때는 어떤가? "어머, 아까

워라! 이 꽃병도 슬슬 깨질 운명이었네. 마침 잘됐어. 좀 질려서 새것을 사러 갈까 했는데."라고 하지 않을까? 같은 일을 해도 타인이 하면 나쁘고 자기가 하면 나쁘지 않은 것이다. 불륜 같은 경우는 훨씬 더하다. 타인이 하는 불륜은 세상에서도 더러운 것이지만, 자기가 하는 것은 아름다운 운명의 사랑이 된다. 그리고 타인이 한 선행은 '당연한 것'인데 자기의 선행은 세상에 전해져야만 하는 미담이 되는 것이다.

인간을 재는 척도에 자기용과 타인용이 있다. 그것은 하나님 쪽을 향하지 않기에 벌어지는 일이다. 죄로 오염된 사람은 모두 자기중심으로 살아가고 있어서 하나님 쪽으로 향하려 하지 않는다.

사랑해야 할 사명과 책임

'자기중심'은 자기에게 유리하고 편리한 쪽을 선택하게 한다. 《빙점》의 이야기는 1946년 7월 21일 여름 축제일 오후, 쓰지구치 병원장 저택의 응접실에서 쓰지구치 게이조의 아내 나쓰에가 쓰지구치 병원의 젊은 안과 의사 무라이 야스오(村井靖夫)의 방문을 받고 있는 장면으로 시작된다. 나쓰에에게 구애(求愛)하려는 무라이, 그것을 거부하면서도 나쓰에는 감미로운 죄의 유혹을 이미 절반은 즐기고 있었다. 그때 응접실에 들어온 세 살된 딸 루리코는 무라이 선생이 엄마를 괴롭히고 있다고 생각했다.

"그렇지 않아, 루리코. 엄마는 선생님과 중요한 얘기가 있어요. 루리코는 착하니까 밖에 나가 놀다 와요." (중략)

만일 무라이의 사랑을 거부하려면 지금 루리코를 무릎에 안아 올려야 한다고 나쓰에는 생각했다. 그러나 그렇게 하지 못했다.

"선생님 미워! 엄마도 싫어! 아무도 루리코하고 놀아 주지 않아."

루리코는 홱 등을 돌리더니 응접실에서 뛰쳐나갔다.

_ 《빙점》 '적'

이렇게 루리코는 죄의 감미로운 유혹에 빠진 엄마에게 외면당하고 우연히 지나가던 낯선 남자 사이시 쓰치오에게 끌려가 살해된다. 여기서 엄마는 루리코를 방기하고 있다. 하나님으로부터 받은 엄마의 사명을 포기하고 유혹 받는 여자를 선택하고 있는 것이다. 그리고 엄마로서 루리코를 안아 무릎에 앉혀야 했음에도 불구하고 루리코를 밖으로 쫓아내는 것을 선택했다. 나쓰에는 이렇게 욕망에 이끌려 자기 마음 가는 쪽을 선택하고 있다. 남편을 사랑하고 자식을 사랑하는 것보다 자기의 욕망을 선택한 것이다. 여기에서 비극이 시작된다. 마땅히 사랑해야 하는 것에 대한 사랑을 스스로의 의지로 중단하는 것, 더 이상 사랑하지 않기로 선택하는 것, 그것이 인간 삶의 여러 장면에 나타나는 죄의 본질이다.

나쓰에는 루리코에게 "밖에 나가"라고 말했다. 성경에서 '밖'은 자주 '광야'를 가리키고 있다. 거기는 사랑의 비호(庇護)가 닿지 않는 포학이 가득한 장소이다. '창세기'의 가인은 동생 아벨을 부모의 눈이 닿지 않는 '밖', 들판으로 데리고 나가 죽였다. '밖'으로 내몰린 루리코의 모습은 사랑받지 못한다는 것이, 받아야 할 사랑을 잃어버리는 것이, 믿고 있었던 사랑에 배신당하는 것이 얼마나 큰 파멸을 불러오는지 단적으로 드러내고 있다. 그러므로 루리코를 죽인 것은 사이시뿐만이 아니라 '아무도 루리코와 놀아 주지 않은 외로움'일 것이다. 그리고 실제로 루리코는 '외로워서 울기 시작'하자 사이시에게 목이 졸려 죽게 된다.

나는 이런 나쓰에와 반대되는 사람을 알고 있다. 센다이(仙台)에서 미우라 아야코 독서회를 섬기고 있는 분 중에 I씨가 있다. I씨의 집은 2010년에 신축해서 태양광 발전기를 설치했다. 다음 해 3월 11일, 큰 지진이 와서 정전이 된 그날 저녁, I씨는 태양광 발전기로 축전해 남아 있던 그 귀중한 전기를 사용해서 전기가 없어질 때까지 계속 밥을 지었다. I씨의 집에는 다섯 명이나 되는 아이들이 있었고, 그중 가장 어린 아이가 네 살이었다. 그 아이들을 위해 밥을 지은 줄 알았는데 그것이 아니었다. I씨는 다 지어진 밥을 가방에 넣고 마을을 다니면서 사람들에게 나누어 주었다. 자기 집은 전기가 남아 있었지만 주변 집들은 정전으로 밥을 지을 수가 없었기에, 그것을 헤아린 I씨가 기꺼이 그렇게 한 것이다. 나라면 그 얼마 남지 않은, 언제 다시 복구될지 모르는 전기를 어떻게 조금씩 아껴 쓸 것인가를 궁리했을 것이다. 얼마 남지 않은 자기에게도 필요한 것을 다른 사람들에게 나눠 주는 것은 어려운 일이다. 그러나 자기 상황이 나빠질 수 있음에도 사랑 때문에 그렇게 선택하는 사람들이 있다. 자기중심을 이겨 낸 인간이 여기에 있다. 자기중심을 넘어 주변의 굶주린 생명을 생각할 수 있는 마음이 있다.

I씨의 자녀들 중 I씨 곁에서 함께 주먹밥을 만들고, 함께 이웃들에게 나눠 준 아이도 있지 않았을까? 아이들은 이런 엄마에게서 무엇을 배웠을까? 엄마라는 존재는 모든 생명을 배려하여 사랑하고 기를 책임이 있는 존재임을 배우지 않았을까? 사랑할 사명을 포기하는 것의 반대는 '그럼에도 불구하고 사랑하는' 것이다. 재난으로 자기와 가족의 생명이 궁지에 몰려 있고 다른 사람을 돌아볼 여유도 없을 때, 그럼에도 불구하고 자기중심으로 살지 않는 것, 그것은 기적과 같은 것이라 생각한다.

홋타 아야코를 사랑했던 마에카와 다다시의 마지막 5년 반도 그랬다. 그에게는 시간이 없었다. 남은 인생이 적었다. 조금밖에 남지 않은 귀중한 생명의 시간이었지만, 그럼에도 불구하고 그는 그 시간을 반항적인 홋타 아야코에게 아낌없이 쏟아붓기로 선택했다. 그러하기에 마에카와 다다시에게 사랑받았던 홋타 아야코는 사랑을 받았던 사람으로서, 그처럼 살아가기로 마음 깊이 다짐했을 것이다.

자세히는 모르지만 이런 I씨도 힘든 고난, 아마도 죽어 버리고 싶을 정도의 고난을 경험한 분 같다. 그러나 거기에서, 그럼에도 불구하고 자기를 사랑해 주시는 하나님을 만났으므로, 그녀는 삶의 방향을 전환해 하나님 쪽으로 돌이켰을 것이다. 마에카와 다다시도, I씨도 아담과 하와의 자기중심을 이겨 낸 사랑, 즉 '그럼에도 불구하고 사랑하는' 예수 그리스도의 마음으로 삶을 살아 낸 사람들이다. 하나님 쪽으로 향하지 않는 삶의 반대쪽에 하나님 쪽을 향하는 자들의 삶이 있음을 드러내려 했다고 미우라 아야코는 말하는데, 인간에게도 그것이 가능함을 그들을 통해 보여 주고 있다. 여기에 인간의 희망이 있다. 계속해서 밥을 짓는 엄마의 등을 보고 함께 다니며 밥을 나눠 주었던 I씨의 아이들은, 마에카와 다다시에게 사랑받았던 홋타 아야코처럼 반드시 그렇게 성장할 것이다.

3.
'너희 원수를 사랑하라'와 게이조의 고심

〈쓰지구치 가의 모델 후지타 댁의 응접실〉
이야기는 여기에서 시작된다.

쓰지구치 게이조 __ 자존심(pride)의 비극

'쓰지구치'라는 성(姓)이 십자가로 가는 길의 입구를 보여 주고, 이 일가에게 그 입구를 모색하는 작업이 맡겨져 있다는 것은 앞에서 지적했다. '게이조(啓造)'라는 이름 또한 '하나님으로부터의 계시에 대한 토대 만들기'라고 읽어도 좋다고 본다. 개인에게 주어진 가장 중요한 계시가 자기 죄를 깨닫고 구원의 길을 보는 것이라면, 게이조가 이 이야기 안에서 겪어가는 내적 갈등과 고뇌, 그리고 마지막에 '하나님 앞에 서는 것을 알지 못했다.'라는 독백이야말로 틀림없이 게이조가 완수해야 할 역할의 귀결점이었다.

첫머리의 '적'이라는 장에서 게이조는 이미 "너희 원수를 사랑하라"는 누가복음 6장 27절의 말씀과 마주하고 있다. 이 구절은 특히《빙점》전반부의 키워드(key word)라고 해도 좋을 것이다. 그러나 올바르게 읽지 못한 게이조에게 이 성구는 계시가 아니라 죄로 가는 유혹이 되어 버렸다.

어느 날, 전쟁 영화를 보고 온 도오루가 "기관총을 드르륵 … 쏘면", "적이 막 쓰러져 죽는 거야."라고 말하며 "하지만 적은 죽어도 괜찮지? 근데 적이 뭐야? 아빠."라고 묻자, 게이조는 답하기 곤란해하며 "그건 말이야, 적이라는 것은 가장 사이좋게 지내야 할 상대를 말하는 거야."라고 대답한다. 하지만 게이조는 곧바로 나쓰에와 무라이의 관계를 떠올리며 '적이란 사랑해야 할 상대가 아니라 싸워야 하는 상대이라고 도오루에게 말했어야 했어.'라고 자책하기도 한다.

"너희 원수를 사랑하라"를 현실에서 실천하려고 하면 피투성이의 싸움을 각오하지 않으면 안 된다. 표지에 금박 문자로 "너희 원수를 사랑하라"라고 써 있는 수첩인데 막상 열어 보면 미워하는 사람들의 이름이 빼곡히 적혀 있고, 하루에 한 번은 그것을 보며, '죽어라! 죽어라!'라고 하는 것이 인간이다.

게이조는 은사이며 아내 나쓰에의 아버지인 쓰가와(津川) 교수가 했던 말을 생각해 낸다. "나는 그리스도께서 말씀하신 '너희 원수를 사랑하라'는 것만큼 어려운 것은 이 세상에 없다고 생각하네. 대부분의 것들은 노력하면 가능하다네. 그러나 자기의 적을 사랑하는 것은 노력만으로는 안 된다네. 노력만으로는…." 쓰가와 교수는 그 말씀의 무게를 확실히 알고 있었다. 이 말씀 앞에 자기를 반성하며 한계를 깨닫고, 깨어졌다. 하지만 게이조는 깨어질 줄을 모르는 어리석은 자였다. 오히려 자기야말로 쓰가와 교수마저 어렵다고 말한 "너희 원수를 사랑하라"라는 말씀을 실천할 수 있는 자라고 생각했다. 그런 그릇된 자존심의 오만한 유혹에 휩쓸릴 정도로 근본이 유약한 사람이었다.

미우라 아야코는 '소설 《빙점》을 언급하면서'(《미우라 아야코 문학 앨범》 수록)라는 글에서 다음과 같이 적고 있다.

인간인 우리들은 사랑하지 않으면 안 된다고 아무리 발버둥 쳐 봐도, 원수를 사랑할 수 없다는 데에 생각이 미칠 것이다. 인간은 끊임없이 누군가를 적으로 정해서 그 사람을 사랑하려고 해도 그리 쉽사리 사랑할 수 있는 게 아니다. 사람이 누군가를 '적'이라고 할 때, '자기는 적보다도 올바르다', '자기는 적보다 좋은 사람이다'라는 생각에 사로잡혀 있다고 생각한다. 처음부터 자기는 올바르고 적은 틀렸다고 굳게 믿고 있다.

성경을 바르게 이해하지 못했던 게이조는 인간 사랑의 불완전성을 제대로 인식하지 못했고, 오히려 요코를 맡아서 키우는 것으로 자신은 "너희 원수를 사랑하라"는 말씀을 온전히 실천하고 있다고 굳게 믿었다. 거기에는 처음부터 요코를 '범인의 딸' 즉, '죄 있는 적'으로 업신여기고, 반대로 자기는 원수를 사랑할 만큼 선하다는 우월감이 자리하고 있었다. "네 형제가 죄를 범하거든 가서 너와 그 사람과만 상대하여 권고하라 만일 들으면 네가 네 형제를 얻은 것이요"(마 18:15)라는 구절이 있다. 이것은 자기에게 죄지은 사람에게 어떠한 태도를 취해야 하는지 성경이 권하고 있는 것이다. 성경의 가르침과 달리 게이조에게는 진실을 묻거나 또는 주의를 주거나 질책하기를 주저하는 나약함이 있었다. 루리코가 죽던 날, 응접실의 담배꽁초를 보고도 "누가 왔었나?"라고 묻지 못하는 나약함. 그것은 아내의 부정(不貞)을 목격하게 됨으로써 자기가 받게될 상처를 두려워하는 나약한 자존심이다. 사랑한다는 것은 때로는 그런 것까지도 받아들일 각오를 해야 하는 것이지만, 그는 물을 수가 없었다.

 게이조가 나쓰에를 아내로 맞은 것도 단순히 나쓰에가 아름다웠기 때문만은 아닐 것이다. 존경하면서도 뛰어넘고 싶은 은사의 딸을 차지함으로써 인정받고 싶었을지도 모른다. 그러므로 은사의 딸이자 자신의 아내인 나쓰에가 부정(不貞)을 저지르는 사건은 결혼의 의미 자체를 흔드는 것일 뿐만 아니라 우등생인 그에게 견디기 어려운 굴욕이었다. 이것은 단순한 질투가 아니었다. 게이조의 이런 음습함은 양보를 모르는 자존심에 뿌리를 두고 있다. 결국 인격적으로 사랑해 주지 않는 남편 게이조를 향해 나쓰에는 "당신의 프라이드를 지탱해 주는 도구 따위는 되고 싶지 않아요."라고 쏘아붙인다. 나쓰에가 아방튀르(aventure)[9]의 유혹에 빠진 근원에는 게이조와의 이런 관계에서 오는 따분함과 외로움이 있었을지 모른다.

사랑의 사명을 포기한 곳에 입을 연 깜깜한 동굴

게이조는 루리코를 죽인 범인을 미워하기 시작하지만, 범인으로 알려진 사이시 쓰치오는 이미 죽어 버렸다. 그것으로 게이조는 미움의 상대를 잃어버리게 된 것이다. 미움에는 미워해야 할 대상이 필요했다. 게이조는 결국 미움의 대상으로 무라이와 나쓰에를 택했다. 숨조차 쉴 수 없게 만드는 자기 내면의 고통(진공)을 해소하기 위해 타인에게 고통(진공)을 주기로 결심한다. 이런 성향은 중력의 법칙과 같아서 지상에서 살아가는 인간이 피할 수 없다. 이것으로부터 사람을 피하게 할 수 있는 것은 은총뿐이다.

시몬 베유(Simone Weil, 1909~1943)는 《중력과 은총》에서 이렇게 말하고 있다. 테이블 다리에 정강이가 부딪히면 숨도 못쉴 정도로 아프다. 그래서 "누구야? 이런 곳에 테이블을 둔 사람이!"라고 말하면서 그 테이블을 걷어차 버린다. 걷어차면 그 발이 또 숨도 못쉴 정도로 아프다. 이것은 비슷한 예로, '화풀이'의 심리이다. 무심코 했던 화풀이는 그래도 죄가 가볍다. 대부분 머지않아 정신이 돌아와 반성하기 때문에. 그러나 그것이 의도적인 것이라면 '복수'가 된다. 그것은 피해와 고통의 정도에 따른 것이 아니라 그 사람과 사람 사이의 관계에 따라 결정된다. 단순한 관계에서는 '화풀이'만 할 뿐이다. 예를 들어 자신의 발이 아프다고 해서 의자에 대해 계획적인 복수를 하지는 않는다. 그러나 인격적인 관계에서 받은 상처는 '화풀

---

9 모험. 특히 사랑의 모험. 불장난. 정사(情事). 출처: 프라임사전.

이'가 아니라 '복수'를 부른다.

나쓰에의 목덜미에 키스 마크가 있는 것을 발견했을 때, 게이조의 영혼도 이 중력의 법칙에 따라 추락해 갔다. 《빙점》 안에서 가장 무서운 장면의 하나이다.

'그래! 상담하지 말고 데려오는 거다. 나쓰에는 아무것도 모르고 귀여워할 것이다. 비밀은 꼭 지켜야만 한다. 아무것도 모르고 키운 아이가 언젠가 범인의 아이라고 알게 될 때 나쓰에는 대체 어떻게 될까? 온갖 정성으로 애지중지하며 기른 아이가 루리코를 살해한 범인의 자식이라는 것을 알았을 때 나쓰에는 자기의 지나온 날들을 얼마나 원통해할까? 그러나 그것도 당연하지 않은가? 범인의 자식은 귀여움을 받으며 자랄 것이다. "너희 원수를 사랑하라"는 내 의도는 아무튼 이루어질 것이다. 어쩌면 원수의 자식인 줄 알고 기르는 나 자신이 아무것도 모르는 나쓰에보다 더 괴로울지도 모른다. 살을 저미게 하고 뼈를 깎는 고통도 감수해야 한다. 모든 사실을 알았을 때 나쓰에가 아무리 몸부림치며 원통해해도 이미 돌이킬 수 없게 될 날이 반드시 올 것이다.'

게이조는 그때의 나쓰에가 놀라고 슬퍼하며 원통해할 모습을 상상해 보았다. 게이조는 지금 자기 마음속에 어두운 동굴이 입을 쩍 벌리고 있는 것 같은 두려움을 느꼈다. 가장 사랑해야 할 아내에 대해 도대체 나는 무슨 짓을 하려는 것인가! 이 무서운 생각은 자기 마음속에 입을 벌리고 있는 어두운 동굴로부터 솟아나오는 것 같았다.

'아무리 마음속이라지만 밑바닥이 있는 동안은 그래도 괜찮은 편이다. 깊이를 알 수 없는 동굴 속에서 자기 자신도 미처 상상하지 못했던 더욱더 무서운 속삭임이 들려오는 것은 아닐까?'

그리고 그 깊이를 알 수 없는 어두운 동굴은 자기에게도, 나쓰에에게도, 또 누구의 가슴에도 있다는 것을 생각하지 않을 수 없었다.

_《빙점》 '비온 뒤'

결혼이란 어떤 경우에도 상대를 사랑하겠다는 맹세이다. 하나님과 사람 앞에서 약속하고, 그 사람을 사랑할 책임을 갖는 것이다. 그러므로 '약속'이 기반이다. 안타깝게도 아내를 사랑할 책임을 버리고 오히려 미움이라는 무기를 들게 된 게이조의 마음에는, 약속이라는 기반을 잃어버린 바닥 없는 동굴이 입을 벌리고 있다. 모든 인간의 마음에는 심연과 같은 것이 있다. 보통 때는 느끼지 못하다가 인생의 기반에 문제가 발생하면 그것이 드러나고 공포와 현기증을 느끼게 된다.

하이데거는 《궁핍한 시대의 시인(하이데거 선집 V)》에서 현대 시대를 "하나님의 결여를 결여로 인정할 수 없을 정도가 되어 있는 시대"라고 표현한다. "세계의 밤의 시대"라고 말했는데 "그럼에도 불구하고 아직 구원의 여지가 남겨져 있다면 그것은 세계가 이런 심연에서 회전(回轉)할 때, 비로소 일어날 수 있는 것이다. 세계의 밤의 시대에는 세계의 심연을 경험하고 견뎌 내지 않으면 안 된다. 그러나 그러기 위해서는 이런 심연에까지 도달하려는 사람들이 필요한 것이다."라고 했다. 마음 속 어두운 동굴을 느낀 게이조 역시 심연으로 내려갈 가능성이 있었다.

그러나 《《빙점》 창작 노트》(미우라 아야코 기념 문학관 소장)에 "게이조는 학생 시절부터 구도(求道)했지만 신 앞에 서지 못하고 남과 비교해서 자기 죄를 알지 못했다. 게이조는 요코의 편지 때문에 번쩍 죄에 눈을 뜨게 된다. 죄란 신 앞에 서서 자기를 보는 것이었다."라고 적혀 있는 것을 보면, 게이조는 심연에 다다르거나 심연을 견뎌 내기에는 부족한 인간이었다.

《빙점》에서 이런 '심연에 도달'하고 그런 경험을 견디려 했던 것은 요코

단 한 사람이었다. 그래서 게이조가 작품 전체 인식의 틀 안에서 주인공이 었다 하더라도 진짜 주인공은 요코이다. 요코는 신 없이 이런 심연에 다가 서서 거기에서 얼어 버리지만, 그럼에도 불구하고 요코가 얼어 버린 그 빙 점에서만 '용서를 원한다!'는 외침이 생겨날 수 있었다. 이것이《빙점》의 '심연에서의 회전(回轉)'이라고 말해도 좋다.

《빙점》이 쓰인 60년대, 고도로 성장하는 경제와 생활의 자기중심성이 팽창한 시대, 바야흐로 하이데거가 말한 "신의 결여를 결여로 인정할 수 없을 정도가 되어" 있던 일본의 그 시대(지금도 그렇지만)에, 얼어붙은 심연 인 빙점까지 내려갔던 요코를 그려 낸 미우라 아야코는, 인간이 먼저 서야 만 하는 근저, 자기 안의 사랑의 결여라는 절망적인 밑바닥을 찾아내는 작 업 자체를 드러내고 간증하려 했다.

《시간과 영원》을 읽다

《빙점》창작 노트에 따르면, 게이조는 학생 시절 교회에 다니며 하타노 세이치(波多野精一)의《시간과 영원》을 읽고 '이상주의적 기독교 교양'을 가 지고 있는 인물이었다. 다카기(高木)는 게이조의 하숙집에 와서 책상 위에 펼쳐져 있는《시간과 영원》을 보고 "이런 딱딱한 책을 무슨 재미가 있다고 늘 읽고 있지?"(〈선향불꽃〉)라며 감탄하고 있다.

미우라 아야코 기념 문학관에 있는 '《빙점》등장인물 연표'의 게이조 항 (項), 1936년 란에는 "시간과 영원 읽다."라고 메모되어 있다. 그해는 대학 생으로 21세가 된 게이조가 나쓰에와 약혼했던 해(결혼은 3년 후)인데, 실은 하타노 세이치의《시간과 영원》이 이와나미(岩波) 서점에서 출판된 것은 1943년이라 1936년에 읽는 것은 불가능했다. 미우라 아야코가《시간과 영 원》의 출판 연도를 확인하지 않았을 가능성도 있는데,《시오카리 고개》에서도 나카무라 슌우(中村春雨)의 실재 소설《무화과》의 출판 연도와 줄거리도 대담하게 변경했었다. 그래서 1936년에 읽을 수 없는 것을 알고 있으면서도 게이조가 읽은 것으로 했는지도 모른다.

이 《시간과 영원》은 마에카와 다다시가 아야코에게 선물한 중요한 책이었다. 왕복 서간집《생명에 새겨진 사랑의 흔적》에 수록된 '다다시가 아야코에게' 쓴 1950년 1월 12일의 편지의 내용은 다음과 같다.

> 하타노 선생의 3부작을 아야 짱에게 선물하면서,《시간과 영원》의 속표지에
> 다음과 같은 말을 적고 싶었어요.
> "유월절 전에 예수께서 자기가 세상을 떠나 아버지께로 돌아가실 때가 이른
> 줄 아시고 세상에 있는 자기 사람들을 사랑하시되 끝까지 사랑하시니라"(요한
> 복음 13장 1절)의 "세상에 있는 …" 이하의 구절입니다. "끝까지 사랑하시니라"는
> 이 말씀을 인간들의 사랑에도 사용하는 사람이 과연 있을까요? 아야 짱과의
> 우정, 교제라는 것을 반성하며, 항상 내 맘속에 나 이외의 존재로부터의 소리
> 로 이 말씀이 울려오는 것을 듣고 있어요. '끝까지'가 과연 나에게는 가능할까
> 요?라고…. (생략)

앞서 이야기한 것처럼 자신에게 남겨진 시간이 얼마 없음을 깨달았을 때, 마에카와는 "세상에 있는 자기 사람을 사랑하되 끝까지 사랑"하라는 성경 구절을 자기에게 주어진 사명으로 받아들이고 그렇게 살려 했다. 이 편지의 바로 앞부분에서 마에카와는 아야코에게《시간과 영원》의 '제7장 1절, 에로스와 아가페(통산 목차 31, 34)'를 읽어 보라고 말하고 있다. 그 장을 요약하면 다음과 같다.

'에로스(의 사랑)는 자기 실현(즉 제멋대로)의 성격을' 가지고 '자기에게서 출발해서 타자에게 향하는' 것(즉, 자신을 위해 타인을 도구로 제멋대로 사용하는 것)이지만, 아가페의 사랑은 '타자에게서 출발해서 자기에게 향하는' 것이므로, '타자를 주(主)로 하고 자기를 종(從)으로 하는 것'이다. 이런 '아가페의 본질'은 인간에게는 불가능한 것이므로 '이것이야말로 진실한 사랑이다.' 참다운 인격은 여기에서만 성립된다(' ' 안의 인용은 하타노 세이치의《시간과 영원》의 34장에 따른 것이지만, 괄호 안은 필자가 덧붙인 설명).

마에카와 다다시가 사랑을 어떻게 생각하고, 어떻게 사랑하려고 했는가를 잘 알 수 있다. 게이조는 이《시간과 영원》을 읽고 그해에 약혼했지만, 아름다운 아내를 진심으로 사랑할 수가 없었다. 게이조에게 기독교는, 말하자면 '교양적인 기독교'에 불과했기 때문이다. 교양적인 기독교 따위는 '바닥을 알 수 없는 캄캄한 구멍'이 자기 안에서 입을 벌리고 있는 것을 아는 날에 아무 쓸모가 없는 것이었다.

　미우라 아야코는《빙점》후에도 현대 소설에서는 실패한 결혼들만 계속해서 쓰고 있다. '좋아하니까 사랑할 수 있다.'고 생각하는 인간 인식의 느슨함…. 사람들은 결혼 초기에 아무런 근거도 없이 일생 사랑할 수 있다고 생각한다. 도마코마이(苫小牧) 미우라 아야코 독서회를 열고 있는 이토이(糸井) 복음그리스도교회의 누마다 시게히로(沼田茂広) 목사는 센류(川柳)[10]의 명인인데, 최근에 그중 하나를 들었다. "사랑해야 할 너의 원수는 아내였다."

　나는 무심코 웃음을 터뜨려 버렸지만,《빙점》은 성경을 바탕으로 한 걸

10　하이쿠(俳句)와 같은 형식인 5.7.5의 3구 17음으로 된 단시. 구어를 사용하고, 인생의 기미(機微)나 세태/풍속을 풍자와 익살을 주로 하여 묘사하는 것이 특징임. 출처:프라임사전.

작이다. 그렇다. 배우자가 가장 큰 원수가 된다. 왜냐하면 제멋대로 살고 싶은 인간에게 제멋대로를 허락해 주지 않는 사람이 원수인데, 아내가 나의 제멋대로를 가장 엄하게 추궁하고 허락해 주지 않기 때문이다. 나는 결혼하는 커플에게 두 장의 색지(色紙: 서화나 명언 등을 쓰기 위한 네모진 두꺼운 종이)를 써서 선물한다. 한 장에는 '전대미문의 하나님 사역의 시작'이라 쓰고, 또 한 장에는 '섣부른 결혼, 불행의 시작'이라고 쓴다. 건네받는 쪽은 복잡한 얼굴을 한다.

사실은 '사랑할 수 없다'는 자각이 처음부터 필요하다. 미우라 미쓰요는 대단한 사람이다. 그는 기도했다. "하나님, 만약 그녀와 결혼하는 것이 주님의 뜻이라면 그 사랑을 주십시오. 나에게 그 사랑이 없습니다." 그렇다. 남편으로서 일생을 함께 살아갈 만한 사랑을 가지고 있지 않음을 자각하고, 겸손하게 그것을 구하는 자의 결혼만이 섣부른 결혼이 아니다.

더 이상 사랑할 수 없는 지옥, 더 이상 사랑하지 않는 죄

나쓰에가 제멋대로라는 자기중심 때문에 아이들과 남편을 사랑해야 할 사명을 버렸다고 한다면, 게이조는 용서하지 못하는 자기중심 때문에 아내를 사랑하는 사명을 버렸다고 할 수 있다. 아내가 죄를 범했을 때 그것을 슬퍼하면서 용서하고 함께 그 십자가를 등에 지는 것이 남편의 사랑이라면, 용서하지 않고 판단하며 자기 손으로 벌하려고 한 게이조는 사랑하는 쪽 선택하기를 스스로 그만둔 것이었다.

도스토예프스키는 "지옥이란, 더 이상 사랑하지 않는 것이다."라고 쓰고 있다. 사람이 지금까지 사랑해 왔던 소중한 존재를 사랑하지 않게 되고, 자기 인생과 삶에서 더 이상 사랑하는 것을 아무것도 찾을 수 없다면, 그리고 자기 안에 사랑하는 힘이 전혀 없다면, 그것은 지옥일 것이다. 때때로 사람은 자기 책임이 아니라도 그런 곳에 빠지기도 한다. 나쓰에의 불륜을 확신한 게이조도 그랬을 것이다. 그러나 나는 도스토예프스키를 흉내 내면서 하나의 명제를 내걸고 싶다. '죄란, 더 이상 사랑하지 않는 것이다.'

사랑하지 못하는 것은 딱한 일이기도 하다. 예를 들면, 좋아했던 맛난 음식을 소화 기관의 병과 장애로 인해 먹을 수 없을 때가 있는 것처럼 말이다. 그러나 사랑하지 못하는 것과 사랑하지 않는 것은 비슷한 것 같지만 전혀 다르다. 인간은 더 이상 사랑할 수 없으니까, 더 이상 사랑할 것이 없으니까, 더 이상 사랑할 상대가 없으니까, 더 이상 사랑하지 않기로 결정할 수 있을지도 모른다. 그러나 그것은 잘못이다. 더 이상 사랑할 수 없는 것과 더 이상 사랑하지 않는 것은 반드시 그대로 이어져 있지는 않다. 자기가 의도해서 넘지 않으면, 넘지 않아도 그만인, 넘지 않고도 머물 수 있는 경계가 있는 법이다.

사랑하지 않는 것은 죄다. 왜냐하면 인간은 사랑할 사명을 가진 자로서, 사랑할 수 있는 자로 지어졌고, 자기 자신을 사랑하고, 세상을 사랑하고, 인생 가운데 주어진 사랑해야 할 누군가를 사랑하고, 하나님을 사랑하는 것으로 행복해지도록 만들어졌기 때문이다. 그리고 하나님은 이 세상에도, 각자의 인생에도 사랑해야 할 많은 존재를 주셨고, 사랑하라, 사랑하라고 부르고 계신다. 아름다운 것, 예쁜 것, 즐거운 것, 풍성하고 존귀한 것, 맛있는 것, 수많은 훌륭한 사람들. 넘쳐 날 정도로 좋은 것을 주시고 인간을 행복하게 하려고 힘껏 노력하고 계신다. 그래서 역으로 사랑하지 않는 것을 선택하는 것은 본래 인간의 모습으로 보면 완전히 빗나간 것이다. 앞서 말한 것처럼 '죄'란, 신약 성경의 그리스어로 '빗나감'이라는 의미인데, 하나님의 마음과 정반대 방향을 향하여 사랑하지 않는 길을 선택하는 것은 곧 스스로 지옥을 선택하는 것이다.

그러나 나쓰에도 게이조도 그것을 선택해 버린다. 그리고 그 길은 자기만 지옥으로 가는 것이 아니라 반드시 타인을, 특히 사랑받지 못하게 된 그 상대 또한 비극에 말려들게 한다. 통상적인 죄에는 가해성과 위반성이 있다. 절도나 상해, 살인, 욕 등을 포함해 사람과 물건과 생명과 마음에 해를 주어 상처를 입히는 것과 규칙을 깨 버리는 것이다. 그러나 어떤 죄라도 그 죄의 뿌리는 소중한 것을 잃어버린 마음, 즉 사랑하기를 포기하는 의지다. 그것은 가장 소중하게 여겨야 할 자기 자신과, 자기 자신의 존재의 근원에 가장 크게 연관되어 있는 하나님과의 관계를 소중하게 여기지 않는 것, 말하자면 '그럼에도 불구하고 사랑하는 것'을 포기하기 때문에 발생하는 것이다.

T씨와 용서

《빙점》을 쓸 무렵에, 미우라 아야코는 로쿠조교회의 전(前) 목사 쓰네타지로(常田二郎)에게서 오카야마현(岡山縣)의 T씨라는 크리스천 부인에 대해 들었다. 결핵을 앓던 T씨의 아들은 병세가 호전되어 퇴원을 앞두고 있었는데, 요양소를 퇴원하려 할 즈음 피살되고 말았다. 그날부터 그녀의 고통이 시작되었다. 그녀는 교회 예배 때 '주기도문'의 중간까지 오면 더 이상 기도할 수가 없었다.

'주기도문'의 다섯 번째의 기도인 '우리가 우리에게 죄지은 자를 사하여 준 것같이 우리 죄를 사하여 주시옵고'라고 그녀의 입으로 기도할 수가 없었다. 범인을 도저히 용서할 수 없었다. 그러나 어느 날 드디어 그녀는 결심했고, 기도한 후에 편지지에 "나는 당신을 용서합니다."라고 쓰기 시작했다. 절대로 할 수 없을 거라고 생각했던 그 기도를 입으로 고백하고 펜으로 썼을 때, T씨는 거대한 무언가의 힘이 등 뒤에서 지탱해 주는 것 같은 느낌이 들었다고 한다.

T씨는 그 범인을 여러 차례 면회하고, 자기 돈을 들여 가면서 감형 운동을 시작했다. 가해자 청년은 드디어 옥중에서 세례를 받았다. 그리고 가석방되는 날이 왔다. 형무소를 나온 그가 가장 먼저 찾아간 곳은 T씨의 집이었다. T씨는 그 청년을 맞아 하룻밤을 재워 주며 밤새워서 이야기했다. 미우라 아야코는 어느 강연에서 이 T씨에 대해 이렇게 말했다.

> "인간의 행위 중에 가장 어려운 것은 자기 자식을 죽인 사람을 용서하는 것이라고 나는 생각한다."
>
> "자기 아들을 죽인 범인과 부모 자식처럼 한 집에서 머물 수 있었다. 불가능하다고 생각하는 것을 이렇게 하게 해 주시는 분이 우리 주 예수 그리스도이시다. 정말로 나는 하나님의 사랑의 힘이라는 것이 엄청나다고 생각한다."
>
> _《없어서는 안 될 것》 '나와 소설'

'주기도문'을 도중에 멈춰 버리고 더 이상 기도할 수 없었다는 데서 T씨 신앙의 성실함을 엿볼 수 있다. 용서의 기도를 앞에 두고 용서하지 못하는 자신의 죄가 계속 가슴을 찔렀다는 것이 그 증거다. 그러나 용서하려고 결심한 그녀를 뒤에서 지지해 주신 하나님이 계셨다. "인간의 행위 중에서 가장 어려운 것은 내 자식을 죽인 사람을 용서하는 것이다."라고 한다면, 그런 가장 어려운 일을 '하자' 하고 일어선 자를 하나님은 무엇 때문에 뒤에서부터 껴안아 지지해 주실까? 그것은 하나님이야말로 자기 아들 예수를 죽인 인간들을 그 아들 때문에 용서해 주신 아버지이시기 때문이다. 나는 T씨의 이야기와 《빙점》에서 공통된 깊이를 본다.

미우라 아야코 자신이 몇 번이나 반복해서 말한 것처럼 원죄의 실질(実質)이 자기중심이라면, 자기중심은 다른 사람을 '용서할 수 없어'라는 태도로 더욱 극적으로 표현된다. 그러므로 작가는 '용서할 수 없는' 자기중심에 지배당해 가는 게이조를 묘사하면서 그것과는 대조적으로, 자기 자식을 죽인 그 범인을 용서하는 하나님의 사랑을 뒷면에 쓰고 있는 것이다. 앞에 인용했던 에세이 〈나는 왜《빙점》을 썼는가?〉에서도 아야코는 "나쓰에와 게이조의 반대편에, 하나님을 믿는 삶의 방식을 암시할 의도였다."라고 말하는데, 이렇게 네거티브로 그리는 방식이《빙점》을 쓰는 심층 구조였다. 게이조가 마음에 생각한 '너희 원수를 사랑하라'는 말을, 미우라 아야코는 단순히 절대 불가능한 것으로 쓰고 있지 않다. "하나님은 아들을 죽인 원수까지도 용서하고 사랑하셨다"라는 확실한 증거를 기반으로 하여 용서하지 못하는 자들을 묘사하고 있는 것이다.

'하나님 앞에 서는 것을 몰랐던' 게이조에게 '주기도문'의 기도가 가슴에 와닿아 꼼짝 않고 서 있는 경험은 있을 수 없는 일이었다. 루리코를 죽인 범인이라는 원수에 대한 게이조의 증오는, 사이시 쓰치오가 자살한 이후 어느샌가 자기의 자존심에 상처를 준 사람들을 향한 증오로 치환된다. 그래서 '원수란 누구인가? 사이시인가? 요코인가? 나쓰에인가? 무라이인가?' 게이조 안에서 원수는 불확실하게 분산되며 확실하게 미워해야 할 상(像)을 맺지 못하게 된다. 게이조는 "너희 원수를 사랑하라"는 말 앞에서 용서하지 못하는 자기를 스스로 엄하게 추궁해보지도 못한다. 결국 요코라는 '자신을 속이지 않고 엄정하게 주시한 인간'을 마주하기까지는 T씨가 체험한 것 같은 용서의 괴로움을 맛보는 것도, 하나님의 '용서의 사랑'을 만나는 길도 찾아낼 수 없었던 것이다.

출생 신고의 어려움과 '바보가 되는' 하나님

'어쨌든 호적에 올릴까, 말까?'

게이조는 동사무소 문기둥에 기대었다.

_ 《빙점》 '진흙 신발'

그러면 용서는 어떻게 해야 완전히 행할 수 있을까? '용서했습니다'라는 말에 의한 것이 아니다. 하나님은 그 어떤 사람도 생각할 수 없는 놀라운 방법으로 그것을 증명하셨다. "영접하는 자 곧 그 이름을 믿는 자들에게는 하나님의 자녀가 되는 권세를 주셨으니"라는 요한복음 1장 12절의 말씀처럼, 하나님은 자기 아들을 죽인 원수를 자기 자녀로 받아 주심으로 그 용서를 증명하셨다. 그것은 바로 T씨가 몸으로 체험한 것이다.

그러나 게이조는 용서도 하지 않은 채 원수의 아이를 자기 자식으로 받았다. 게이조의 고민은 지옥과도 같은 것이었으리라. 거짓 용서와 거짓 수용. 게다가 모든 것은 복수를 위한 거짓이었다. 복수심과 거짓 사랑. 게이조 안에는 이런 이중의 고통이 있었다.

게이조는 조심조심 아이의 얼굴을 봤다. (중략) 사이시와 너무나 닮아 있었다. 아기 같지 않은 짙은 눈썹과 치렁치렁한 머리카락이, 게이조는 이상하게 섬뜩했다.

_ 《빙점》 '9월의 바람'

게이조가 '조심조심' 보는 '이상하게 섬뜩'한 '아이의 얼굴'은 자신의 무서운 계획의 도구를 보는 섬뜩함이다. 그것은 나쓰에에게 살아 있는 흉기이고, 자기 계획의 살아 있는 희생자이고, 또 자기 죄의 살아 있는 증거이기 때문이다. 그런 요코를 사랑하는 것은 게이조에게 이미 매우 어려운 일이다.

그러나 다른 한편으로 '너희 원수를 사랑하라'를 진심으로 시도해 보려고 했던 게이조는 '요코를 사랑하는 것을 일생의 과제라고 나는 진심으로 생각했었다. 사랑한다면 호적에 올리는 것을 이렇게 망설일 수는 없다.' 라고도 생각하면서, '사이시의 아이라도 사랑할 수 있다고 나는 생각했다. 그러나 쓰지구치의 호적에 루리코를 죽인 놈의 아이를 올리는 것은 할 수 없다.'라고 그 불가능성을 자각해 간다.

> '정말로 나는 바보다. 자기 아이는 살해당하고, 그 범인의 아이를 데려와서 그
> 아이에게 재산까지 나눠 준다. '원수를 사랑하라'는 글자 수로는 일곱 자이다.
> 그러나 이 일곱 자는, 또한 어쩌면 그렇게 터무니없이 엄청나게 어려운 내용
> 을 가지고 있는 것일까.'
> 진정한 바보가 되지 않으면 안 된다.
>
> _ 《빙점》 '진흙 신발'

하나님은 '진정한 바보'가 되신 것이다. 자기 아들을 죽인 원수를 용서하실 뿐만 아니라, 그 범인을 자기 자녀로 삼아 주셨기 때문이다. "너희 원수를 사랑하라"라는 말씀의 의미는, 그런 놈은 절대 용서할 수 없고 사랑할 수 없고 받아들이고 싶지도 않다는 자기중심을 이겨 내고 '그럼에도 불구하고 사랑하는' 것이다. 게이조는 수년 후 "요코 짱은 내 신부에요."라고 말한 어린 도오루를 지나칠 정도로 심하게 혼낸다. 더욱이 성장하면서 요코의 출생과 부모의 비밀을 알게 된 도오루가 "나는 대학을 나오면 요코

짱과 결혼할 거야."라고 선언했을 때에도, 게이조는 "바보 같은!"이라고 소리쳤다. 정말로 게이조에게는 '바보!' 같은 일이다. 도오루가 사랑에 의해 그 '바보'의 벽을 넘었음에도, 게이조는 사이시의 피가 쓰지구치 가에 들어오는 것을 혐오하고, 자신만은 '완전한 바보'가 되기를 거부하며 언제까지나 동사무소 문기둥에 기대서서 고민하고 있는 것이다.

"너희 원수를 사랑하라"에 도전하는 게이조는 자존심을 등에 지고 거대한 풍차에 맞서는 돈키호테와 같은 사람이다. 자신은 진지하게 임하고 있다고 생각하지만 실은 상대방을 잘 모르고, 자신도 모르는 채 무모함을 용기라고 착각하는 우스꽝스러움이었다. 그러나 성경 말씀은 언제나 이와 같은 것일지도 모른다. 단지 일곱 글자뿐인데도, 그것과 맞붙으려고 할 때 사람을 괴롭게 하고 때로는 우스꽝스러운 존재가 되게 한다. 나가노 노부오도 "네 이웃을 네 몸과 같이 사랑하라"를 시도하다가 괴로워했다. 그래서 사람들은 성경 따위는 본심으로 읽지 않는 것이 좋다고 생각한다. 크리스천들도 그다지 진지하게 읽지 않는다. 아는 체하면서 읽을 뿐이다. 승산 없는 힘든 싸움을 계속하면 할수록 자신의 힘으로는 어쩔 도리가 없음이 철저히 드러나기 때문이다. 그러나 그 끝에, 나가오 노부오에게는 무엇이 있었나? 그는 깨졌다. 그리고 그 깨어진 곳으로 사랑이 들어와서, 정말로 그것이 가능한 일이 되었다.

4.
사이시 쓰치오와 루리코 이야기
미우라 문학의 원풍경

〈여름의 비에이강〉
견본림을 빠져나온 후 강변(사진 오른쪽 윗부분)에서 루리코는 살해되었다.

루리코의 외로움과 전쟁의 그림자

나쓰에에게서 쫓겨난 루리코를 통해 사랑을 잃는 것이 인간에게 얼마나 치명적인가는 이미 말했다. 그래서 루리코를 죽인 것은, 본질적으로는 '아무도 루리코와 놀아 주지 않은 외로움'이었다. 그러나 그것은 그날만의 특수한 사정이 아니었다. 루리코가 태어난 1943년은 전쟁의 격렬함 탓에 병원이 가장 힘든 시기였다. 아버지가 쓰러져서 게이조는 병원 경영을 이어받지 않으면 안 되었다. 나쓰에가 루리코를 무릎 위에 앉히지 못한 것처럼 게이조도 그의 양손으로 루리코를 안아 주지 못했다.

> 겨우 삼 년의 생명밖에 없었던 루리코 위에도 전쟁의 그림자가 짙게 드리워져 있었던 것을, 게이조는 새삼 절실히 깨달으면서 루리코를 거의 안아 주지 못했던 자기 양손을 바라보았다.
>
> _ 《빙점》 '루리코의 죽음'

이런 회한 가운데 게이조는 하나의 전쟁을 경험하고 있다. 아버지로서 아버지답게 자식을 사랑할 수 없었던 것, 게이조에게는 그것이 전쟁이었다. 게이조는 '루리코 위에도 전쟁의 그림자가 짙게 드리워져 있었다'는 것을 깨달았다. 이런 '외로움'에 살해당한 아이 루리코의 비극은 사건 당일 나쓰에나 사이시 때문에 일어난 것만이 아니라, 루리코를 안아 주지 못했던 게이조에게도 책임이 있었다.

> 그는 아침부터 쨍쨍 내리쬐는 태양을 쳐다봤다. 이 태양 아래에 누군가 루리코를 죽인 놈이 있다. 그 놈은 지금, 어쨌든 어디엔가 살아 있다. 그렇게 생각했을 때 게이조는 벌떡 일어났다. 미국 비행기가 편대를 이루어 게이조 머리 위로 소리를 내며 지나갔다. 비정한 울림이었다.
>
> _《빙점》 '루리코의 죽음'

루리코의 시신 앞에 멍하니 서 있는, 자기 딸을 죽인 범인조차 찾을 수 없는 게이조의 머리 위를, 조롱하는 것처럼 점령국 미국의 비행기가 편대를 이루어 날아간다. 비행기의 '비정한 울림'이란 가혹한 운명의 비정함에 대한 상징적 표현이기도 한데, 편대를 이룬 그것은 아마도 군용기일 것이다. 즉, 실은 여기에 '루리코를 죽인 놈'의 근원적인 정체가 밝혀져 있는 것이다.

신문 기사에 "중국 출정(出征) 중 전상(戰傷)을 당해 제2 육군 병원으로 후송"이라고 사이시 쓰치오의 경력이 적혀 있었다. '전상'이 있다는 것에서 사이시 쓰치오가 제일선으로 보내졌음을 추측할 수 있는데, 사이시가 참전한 중국 내륙에서의 전쟁은, 텐진(天津)에 잠시 갔다가 바로 돌아온 것뿐인 게이조의 경험처럼 간단한 것이 아니었을 것이다. 점과 선을 지키면서 무력한 민중에게 총구를 들이대거나, 또는 여러 마을에서 자행된 학살에 참여했을 것으로도 예상되는 사이시 쓰치오. 초안 원고에는 그의 아내로부터 "전쟁에서 돌아와 인격이 변해 버렸다"는 말을 듣는 것으로 되어 있다. 즉, 사이시가 루리코를 죽이는 원인이 된 인격적, 정신적 변조의 뿌리에 전쟁터에서 받은 치유되지 않은 마음의 상처가 있었다고 생각할 수 있다.

루리코가 살해된 곳은 전쟁 피해도 거의 없는 일본 북쪽 한구석에서 전쟁 후에 일어난 유아 살인 사건이기에 언뜻 보기에는 전쟁과 아무 관련이 없는 것처럼 보인다. 그러나 미우라 아야코는 그것을 전쟁의 무서운 결과의 하나로, 또는 전쟁의 본질을 밝히는 사건으로 쓰려고 했다. 루리코의 시체를 안고 있는 게이조와 나쓰에의 모습과, 후년에 쓴 소설《엄마》에서 아들 다키지(多喜二)의 시신을 껴안고 있는 고바야시(小林) 세키의 모습이라는 동일한 구도 속에서 시대와 국가가 저지른 죄의 결과를 묘사하고 있는 것이다. 그리고 그것은 거슬러 올라가면, '창세기'에서 가인에게 살해당한 아들 아벨의 시체를 껴안고 탄식했을 아담과 하와의 모습(윌리엄 블레이크가 훌륭하게 묘사하고 있다)과 같은, 바로 '원죄'의 결과 구도와 맥락이 닿아 있다.

루리코가 살해당하지 않았다면, 게이조는 아내에게 그렇게 무서운 복수를 꾀하지는 않았을 것이다. 그것을 생각하면 게이조도, 나쓰에도, 요코도 전쟁 때문에 운명이 헝클어지고 농락당한 인물들이다. 전쟁이라는 거대한 죄가 그 후에도 오래도록 연쇄적인 비극을 낳고 있음을, 아야코는 작품을 통해 말하고 있다.

사이시 쓰치오의 이름

'사이시 쓰치오(佐石土雄)'라는 이름의 의미를 생각해 본다. '사이시 쓰치오'라는 이름은 응모 원고 처음 단계에서는 '모토키 하루오(元木晴雄)'였는데, 제출한 응모 원고에는 '모토키 쓰치오'로 변경되었다가 입선 후〈아사히 신문〉연재용으로 고쳐 쓸 때 '사이시 쓰치오'가 되었다. 확정 시기의 빠름과 늦음으로 의미와 가치의 경중을 말하기는 어렵지만, '쓰치오'라는 이름이 응모 원고를 쓰는 도중에 사용된 후로 변경되지 않은 것으로 보아 아야코도 그 이름을 수긍하고 있다고 추측된다.

먼저 '쓰치오(土雄)'는 '땅에 있는 남자' 즉, '땅에 있는 존재'를 대표한다는 의미일 것이다. 아야코는 첫머리 문장을 "스트로브 잣나무 숲의 그림자가 땅바닥에 짧고 짙게 깔렸다. 그 그림자가 마치 살아 있기라도 한 듯 거무죽죽한 모습으로 숨 쉬고 있는 것처럼 보인다."라고 시작 하는데, 바로 앞에 묘사한 하늘의 정적인 정경과 대조적인 모습으로, 죄의 원리 안에서 땅에서 살아가야만 하는 인간의 운명을 표현하고 있다. '쓰치오'는 이런 '땅에 있는 존재'의 상징이다. 또 창세기 2장 7절은 "여호와 하나님이 땅의 흙으로 사람을 지으시고 생기를 그 코에 불어넣으시니 사람이 생령이 되니라"인데, 이 인류 최초의 사람 '아담'을 일본어로 그대로 바꿔 놓으면 '쓰치오'가 된다. 즉 '사이시 쓰치오'는 땅에 사는 인간의 원형이고, 요코뿐만 아니라 모든 인간의 '아버지'이기도 한 것이다.

성(姓) '사이시(佐石)'는 '사이시(祭司)'로 바꿔 써서 읽을 수도 있는데, 처음 이름이었던 '모토키(元木)'와 관련시켜 읽는 것이 좋을지도 모르겠다. 성경 해석에서 자주 '키(木)'를 '십자가'로 읽는데 그렇다면 작품에서 '모토키'라는 이름은, 처음으로 십자가를 지는 인간이 되어 사람들을 십자가 아래로 인도하는 인물, 즉 죄를 깨닫도록 인도하는 역할을 하는 인물일 것이다. 그런 개념은 '사이시'에서도 비슷하게 나타나는데, '사(佐)'는 보좌하는 의미이므로 '이시(石)'를 돕는다는 의미가 된다. '이시(돌)'는 마태복음 21장의 '버려진 돌'로서 위선자적인 삶을 부숴 버리는 예수와 같은 돌, 진짜 죄를 깨닫도록 돕는 존재라는 의미가 된다.

사이시 쓰치오의 인생

이번에는 사이시 쓰치오라는 인물에 대해 생각해 보고자 하는데, 《빙점》의 '등불'이라는 장에 다음과 같이 쓰여 있다.

사이시의 사진이 실려 있었다. 28세보다 나이가 더 들어 보여 35~36세 정도로 보였다. 사이시는 멍하니 어딘가를 보고 있는 듯 고개를 숙이고 있지도 않았다. 그러나 건장한 체격에 어울리지 않게 어딘지 기운이 빠진 듯한 쓸쓸한 모습이었다. 의외로 단정한 얼굴인데 눈썹은 짙고 반듯한 이마 언저리는 지적인 느낌마저 풍겼다. 약간 두툼한 입술 부근이 둔해 보이긴 해도 중노동을 한 인부라는 경력이 믿어지지 않을 정도였다.

〈사이시가 말한 바에 따르면, 사이시는 도쿄(東京) 태생인데 어렸을 때 관동(關東) 대지진을 만나 부모를 한꺼번에 잃고, 아오모리현(青森県)에 살고 있는 백부의 농가에서 자라다가, 1934년 대흉년 때 16세의 나이로 홋카이도의 중노동 공사판에 팔린 후 여기저기서 중노동을 했다. 1941년 입대하여 중국 출정 중 부상을 입고 제2 육군 병원에 후송되었다가 종전(終戰) 직전에 홋카이도로 건너와 일용 노동자로 아사히카와시의 가구라초에 살면서 결혼했다. 내연의 아내 고토는 여아를 출산한 직후에 사망했다.〉

신문 기사는 덤덤하게 경력을 기록하고 있는데, 관동 대지진부터 패전 후까지 이 나라가 통과해 온 고난을 한 몸에 집약한 것 같은 인생이다. 나는 이런 이력의 밑바닥에서 솟아오르듯 들려오는 하나의 절규가 있다고 생각한다. 그것은 "'하나님은 사랑이다'라는 말 따위는 거짓이다!"라는 외침이다. 이런 그의 이력은 무언(無言) 중에 사랑의 하나님의 부재를 선언하고 있다. 하나님이 사랑이라면 왜 이런 끔찍한 고난을 사람에게 주시는가? 하나님이 사랑이라면 왜 원한도 없는 아이를 죽이는 죄를 범하게 하는가? 왜 막아 주지 않는가?

인용문에 있는 조금 먼 곳을 향해 허덕이는 듯한 눈빛, 고개를 떨구지 않는 시선에는, 거의 절망가운데 빠져 있지만 멀리 있는 존재에게 반항하며 따지려고 하는 의지성(意志性)이 미약하게나마 나타나 있는 듯하다. 그러나 지은 죄의 크기 앞에 겁먹고 자수 후 스스로 목매어 죽는 사이시….그 자신은 운명과 신을 저주하는 말을 남기지도 않고, 너무 지쳐 쓰러져 조용히 살인범으로 그 인생을 끝낸다. 그러나 반대로 죄를 짓지 않고는 살수 없는 존재인 것에 대한 탄식, 사회와 세상에 대한 저주, 그리고 신의 사랑을 부정하는 소리는 사이시가 본래 가지고 있었던 그 무구한 소시민성과 나약함 때문에 그 무언의 죽음이 한층 더 크게 들려오고 있다. 이 아담인 사이시 쓰치오가 남긴 질문, 모든 인간이 이 세상에 살아가는 한 피할수 없는 질문, 요컨대 '왜 인간에게는 고난이 주어지는가?'라는 질문과 '왜인간은 죄를 범하지 않고는 살아갈 수 없는가?'라는 질문은 이 작품 전체에서 깊은 울림이 된다.

그 때문에 《빙점》의 이야기는 《속 · 빙점》으로 이어져, 불타는 유빙원(流氷原)에서 '사이시의 딸' 요코가 하나님의 사랑을 깨닫게 됨이 필연일지도 모른다. 그리고 심지어 《총구》에 이르기까지 30년에 걸친 미우라 아야코의 저작 활동은 이 사이시의 인생이 남긴 질문에 대해 답하고자 하는 작업이었다고도 할 수 있다. '죄의 문제'와 '고난의 문제'는 미우라 문학의 궁극적인 두 테마이다. 그래서 '죄에 대한 해결은 있어요', '고난 중에도 풍성하게 살아갈 수 있는 길도 있어요'라고 미우라 아야코는 계속해서 말하고 있던 것이다.

'다코'는 누구하고라도 말하고 싶어 하는 그리움

미우라 아야코 기념 문학관에는 〈《빙점》 등장인물 연표〉가 소장되어 있다. 등장인물의 나이를 정확하게 기억하며 집필하기 위해 미우라 아야코가 작성했다고 생각되는데, 연대와 각 인물의 나이를 숫자로 빼곡하게 기록한 표의 여기저기에 써 넣은 약간의 글들이 있다. 그 하나가 사이시에 대해 기록한 "S9(쇼와[昭和] 9년)"이라는 난(欄)에 "16다코", "16세에 다코"라고 적은 글인데, 이것은 사이시의 인물 조형에 있어서 '다코베야'[11] 경력을 핵심에 두고 있다는 것을 알 수 있다.

그러면 '다코'란 무엇인가? 미우라 아야코는 훗날 남편 미쓰요의 형 겐에쓰(健悅) 씨의 체험담을 바탕으로, 다코베야에서 도주하는 남자를 그린 소설 《도망》을 집필하는데, 《총구》에도 도주한 '조선인 다코' 김준명(金俊明)을 숨겨주는 사건을 작품의 핵심 중 하나로 다루고 있다. 그 외에도 《저녁이 되고 아침이 되니》와 중국인 강제 연행, 강제 노동을 중심 주제로 한 《파란 가시》 등 미우라 문학에서 '다코'는 근원적인 문제 중 하나였다. 소설 《엄마》에서 고바야시 다키지의 엄마 세키의 이런 대사가 있다. "어째서 다코(문어)라고 하는지 모르겠지만 바다의 문어처럼 자기가 자기 다리를 먹는 것 같은 생활을 한다 해서 다코라 한다고 듣기는 했는데."

'다코'는 사회 구조의 밑바닥에 집약적으로 맺혀 있는 상(像)으로, 근대 일본이라는 국가와 경제 체제의 본질을 스스로 폭로하는 상(像)이다. 그것은 바꿔 말하면, 다코노동자가 된 인간이 '누구도 자기에게 먹을 것을 주지 않는', '자기 혼자 스스로 살아가야 하는' 존재라는 외로움의 상(像)이기도 했다. 누구에게도 자기의 생명을 맡길 수 없는 존재의 외로움, 그 외로움은 패전 후의 홋타 아야코의 외로움과도 연결되어 있는 것이다.

어쨌든 '다코'는 그 가혹한 외로움의 끝에서 인격적인 다른 존재를 희구하고 있다. 무언의 절규같이, 누구에게도 사랑받지 못하고 억압받고 버림

---

11 제2차 세계대전 전에, 홋카이도와 사할린의 공사 현장이나 탄광 노동자의 열악한 합숙소를 일컬음. '문어 잡는 데 사용하는 통'처럼 한 번 들어가면 빠져나올 수 없는 가혹한 노무자 합숙소를 말한다. 출처: 프라임사전.

받은 자신을 살려 내 줄 누군가의 눈길을 구하고 있는 것이다. 이 외로움과 타자를 향한 갈망은, 미우라 아야코 기념 문학관에 소장되어 있는 《《빙점》의 취재 노트〉에 기록된 사이시에 대한 구상에서도 동일하게 엿볼 수 있다.

> '갓난 아이를 두고 아내가 도망갔다 / 응애응애 울어서 머리가 돌았다 / 누구하고라도 이야기하고 싶은 그리운 마음으로 마리코와 / 강가에 갔고 또 울어서 착란 상태가 된다 / 유치장에 들어가 있는 중에 죽다.'(생략)

이 "누구하고라도 이야기하고 싶은 그리운 마음으로"라는 말이야말로 작품에서 아야코가 말하고 싶은 숨겨져 있는 사이시의 깊은 내면의 외로움이고, 또 사이시를 향한 작가의 깊은 공감이 담긴 표현이다.

외로운 사람이 둘

태어난 지 얼마 안 되는 아기를 남겨 둔 채 떠나 버린 아내로 인해 사이시는 아기 울음에 정신적으로 지쳐 있었다. 1946년 7월 21일 오후, 친절한 하숙집 주인에게 아기를 맡기고 수영이라도 하려고 집을 나섰고, 쓰지구치(辻口)가 근처를 지나가고 있던 바로 그때 뒷문에서 루리코가 뛰어나왔다. 사이시가 멈춰 서자 루리코도 멈춰 서서 사이시를 쳐다봤다. "귀엽구나, 강가에 갈래?"라고 하니, "응." 하고 바로 따라왔다고 사이시는 자백하고 있다.

스트로브 잣나무 숲을 빠져나가 제방을 올라가는 길이 작은 여자아이에게는 무리였을 것이다. 남자는 여자아이를 업었다. 그 등과 양손으로 단단히 업고서 제방을 올라가 뒤돌아보니 숲 저쪽의 큰 저택이 보인다. 그 작은 여자아이는 그 집 쪽을 노려보듯 보고 있었으리라. 제방을 내려오니 그곳은 독일가문비나무의 어두운 숲이라 조금 무서워져서인지 여자아이는 남자의 손을 꽉 잡는다. 그것은 분명 작고 부드러운 손이었을 것이다. 나쓰에는 유혹에 빠져 그녀의 손으로 루리코를 무릎 위에 앉히지 않고 내버려 두었고, 게이조는 너무 바쁘다는 핑계로 그의 양손으로 루리코를 거의 안아 주지 못했다. 그러나 사이시는 루리코를 업고 손을 잡고 함께 그 어두운 숲 속을 걸었던 것이다.

그런데 강에 도착하니 마을 축제(마쓰리) 때문인지 사람들이 아무도 보이지 않자 루리코는 외로움에 울기 시작했다. "엄마, 엄마!" 하며 점점 소리 내어 울자 아기의 울음소리로 신경 쇠약에 걸려 있던 사이시는 순간 정나미가 떨어져 이성을 잃고, 위협할 생각으로 루리코의 목에 손을 대고 만다. 그리고 정신이 들었을 때 자기 두 손에 여자아이가 축 늘어져 있는 것을 보고 사이시는 두려움에 도망친다.

엄마 나쓰에에게 내쫓긴 루리코도, 인생의 고난에 짓눌린 사이시도 '누구하고라도 이야기하고 싶은 그리움'을 품고 따뜻하게 대해 주는 누군가를 갈망하고 있었던 것이다. 그런 이 두 사람이 손을 잡았다. 그러나 안타깝게도 이 두 사람 사이에는 불행한 사건이 일어나고 만다. 왜 인간은 외로운 사람끼리 만나서 서로 사랑하고 서로 위로하지 못하는 것일까? 왜 사람이 그립고 외로워하는 인간이, 사람이 그립고 외로워하는 인간에게 죽임을 당하는 것일까? 왜 약한 자가 더 약한 자를 죽이는 것일까? 여기에서 미우라 아야코의, 동시에 하나님의 가슴 찢어지는 듯한 아픔과 탄식과 눈물이 있음을 느낄 수 있다. "누구라도 좋다."라고 할 정도로 외로웠는데, 누구에게도 사랑받지 못하고 누구도 사랑하지 못한다. 그것이 인간인가? 거기에 사랑의 근원이 되는 하나님을 떠난 인간의 비참함이 있다.

미우라 아야코는 사이시를 단순한 흉악범으로만 묘사하지 않았다. 치유하기 어려운 사람에 대한 그리움을 품고도 서로 사랑하지 못하는 인간의 외로움, 상처 주는 인간의 슬픔을 살인범 사이시 쓰치오를 통해서 그린 것이다. 그리고 그런 사이시(와 아담의 후예인 모든 인간)를 바라보는 미우라 아야코의 눈길은, 그런 사이시와 같이 가난해지고 마침내 사이시와 같은 인간들을 대신해 범죄자로 죽는 길을 선택한 예수 그리스도의 눈길과 같은 따뜻함으로 가득 차 있었다.

사이시 쓰치오와 쓰지구치 게이조

'사토(佐藤)'의 '사'에 돌맹이의 '이시', 사이시 쓰치오라는 남자에게 짚이는 데가 있습니까?

_《빙점》'루리코의 죽음'

게이조는 경찰에게 범인에 대해 들었을 때, 범인이 무라이(村井)가 아니고 알지 못하는 남자인 것에 맥이 빠졌지만 어디선가 한 번 들어 본 것 같은 생각이 들어 "의외로 자주 보는 남자일지 모른다"고 생각했다. 게이조와 사이시. 한쪽은 인격자인 병원장, 다른 쪽은 일용직 노동자에 살인범이지만, 실은 게이조에게 사이시는 '의외로 자주 보는 남자'였다. 같은 가구라초(神樂町) 인근에 살고 있어서가 아니라 그 자신 안에서 '의외로 자주 보는 남자'였던 것이다.

게이조는 사이시에 관한 신문 기사를 반복해서 읽었다. 무의식적이었다 해도 그 안에 숨어 있는 무언가라도 찾아보려는 행위였다. 과연 반복해서 읽는 동안에 서서히 게이조의 눈에 사이시 쓰치오라는 인간의 진짜 모습이 떠오르기 시작한다.

'밉기야 밉지만, 생각해 보면 사이시도 불쌍한 남자구나.'

_ 《빙점》 '등불'

겨우 16세에 다코베야에 팔린 고아 사이시. 게이조는 예전에 "알몸에 빨간 훈도시[12] 하나로 도로 공사를 하고 있던" 다코를 본 적이 있다. '저게 인간인가?'라고 생각될 만큼 무서운 형상의 감독자가 짐승처럼 큰소리를 치고 있는 것을 떠올린 게이조. '저게 인간인가?'라는 것은 감독자의 형상을 두고 한 말이지만, 또한 다코의 본질을 나타내기도 한다. 다코는 기본적인 자유나 인격에의 존중, 생명에의 경외, 죽음의 존엄이라는 점에서 '저게 인간인가?'라는 생각이 들 정도로 인간 이하의 상태로 떨어져 버린 존재들이다. 무엇에 의해 인간이 그런 상태에까지 떨어지게 된다는 말인가? 그것은 인간을 인간으로 보지 않고 하나의 소모품으로밖에 보지 않는 인간성 소외의 결과다.

여기에는 《풀의 노래》에서도 말하고 있는, 다코를 목격한 아야코 자신의 경험이 겹쳐져 있다.

구릿빛으로 그을린 빨간 훈도시 모습의 그들이, 나는 괜히 두려워졌다.

"가자 뎃 짱."

"응, 가자."

둘은 문자 그대로 구르는 것처럼 해서 흙을 쌓아 놓기만 한 부드러운 제방에

---

12   남자의 음부를 가리는 폭이 좁고 긴 천. 출처:프라임사전.

서 뛰어내려 뒤도 돌아보지 않고 도망치듯 집에 왔다. 나도 데쓰오도, 그러나 그때 본 것을 아무에게도 말할 수 없었다. 단지 시간이 지나면서 빨간 허리끈이 눈에 어른거리고 마음에 걸려 어쩔 줄 몰랐다. 다코를 본 사람은 더 있었고, 빨간 허리끈은 도망 방지를 위한 대책이라는 것을 이윽고 알게 되었다. 지금도 그 광차(鑛車)를 밀고 있던 남자들의 모습이 눈에 떠오르는데, 많은 사람들이 있었음에도 불구하고 단지 한 사람밖에 없었던 것 같은 외로운 광경으로 마음에 남아 있는 것은 무슨 까닭일까?

_《풀의 노래》

구속되고, 학대받고, 어떤 것으로부터도 보호받지 못하고, 존중받지 못하고, 물론 사랑받지 못하고, 위험에 처해 있는 고독한 존재인 다코의 본질을 어린 훗타 아야코는 예리하게 감지하고 있다. '사이시 쓰치오'의 '쓰치오'는 이런 진흙투성이가 된 빨간 허리끈의 다코의 모습에서 취한 것인지도 모른다. 다코의 '빨간 훈도시'는 요코가 나쓰에에게 목이 졸렸던 날 버스에서 본 사무라이 부락의 어느 집 창문에 매달린 '빨간 천' 그리고 나쓰에가 흰 옷을 만들어 주지 않아 요코 혼자 학예회에서 입고 춤을 춘 '빨간 옷'과 같은 테마로 연결되어 있다. 그것들은 사랑이라는 옷이 벗겨져서 위험하게 매달린 상태에 있는 '생명'이라고 해도 좋다. 인간 존재의 기본적인 취약함이 증명되고 있는 것이다.

사이시를 생각하며 견본림을 걷고 있던 게이조의 뇌리에 불쾌한 기억이 솟아났다. 17~18세 즈음의 여름, 여덟 살가량의 여자아이를 데리고 집 근처 비에이(美瑛)강에 수영하러 갔을 때, 게이조는 그 여자아이에게 저속한 마음을 품었다. 시간이 흘러 소녀가 된 그 여자아이는 우연히 만난 게이조를 차가운 눈초리로 노려보았다. 게이조에게 그 일은 어떻게 해서

든 지워 버리고 싶은, 견디기 어려운 일이었다. 게이조는 그 소녀가 죽기를 바랐었다. 결국 게이조는 자신이 증오하는 루리코를 살해한 범인 사이시와 자신이, 본질적인 면에서 서로 닮은 존재임을 깨닫게 된다.

> '범인인 사이시와 나는 어떤 차이가 있는가?'· '사이시는 열등감을 품고 있지 않았으니 오히려 나보다 더 나은 인간일지도 모른다.'· '나도 그때 그 아이가 울부짖었다면 목을 졸랐을지도 모른다.'· '의학 박사인 쓰지구치 게이조도, 살인범인 사이시도 결국은 똑같다.'
>
> _《빙점》'선향불꽃'

자신은 죄를 짓지 않는 괜찮은 인간이라고 생각하는 것은 교만이다. 가장 증오하는 존재와 자신이 동질이라는 것을 알게 되는 기회는 귀중하다. 괜찮기는커녕 스스로 구원하기 어려운 존재임을 아는 가능성이 주어졌기 때문이다. 나중에 요코의 목을 조르는 나쓰에에게도 그 기회가 주어지는데, 그녀는 그것을 충분히 포착하지 못한다.

사이시 쓰치오와 곤도 히로시

미우라 문학의 주인공은 《빙점》의 쓰지구치 요코에서 시작해 《총구》의 기타모리 류타(北森竜太)로 끝난다. 이 두 사람은 모두 젊고 바르고 성실하며 그들 스스로 어떻게 살아야 할지를 진지하게 생각하는 인물이다. 그러나 미우라 문학의 최초와 최후의 작품을 보는 데는 하나의 인물 조합이 더 있다. 그것은 사이시 쓰치오와 곤도 히로시(近堂弘)이다. 곤도 히로시는 기타모리 류타의 만주(중국 동북부)에서의 전우인데, 사이시 쓰치오와 곤도 히로시는 어릴 적부터의 빈곤, 차별, 다코 같은 중노동, 그리고 무엇보다 외로움 등 공통점이 많다.

> "그러나 혼자는 외로워서 어떻게든 단 한 명이라도 친구가 생겼으면 좋겠다라
> 고 기대한 적도 있다."
>
> _《총구》'미늘창'

곤도 일등병이 이렇게 말하는 부분은 사이시의 인생과 동일하다. 곤도 히로시는 류타에게 말한다.

> "자기 아래에 한 사람의 부하가 전우로 주어졌다는 것이네. 그걸 들었을 때, 얼
> 마나 기뻤던지. 기타모리 일등병, 그때의 내 기분을 알까? 나는 태어나서 처음
> 으로 남 위에 서게 되는 경험을 하게 된 거야. 나는 절대로 내 부하에게 으스대
> 거나 때리지 않을 거야. 좋아할 만한 것만 해 줘야지. 그렇게 생각하고 기다리
> 고 있었는데 기타모리 일등병, 자네였네. 오랫동안 노무 반장 외에 마음을 허
> 용할 수 있는 사람이 없던 나에게 전우가 생겼지. 정말 기뻤네. 매일매일 나와
> 말해 줄 사람이 있었네. 얼마나 기뻤던지….."
>
> _《총구》'미늘창'

"누군가와 이야기하고 싶은 그리움 그대로"라고 《빙점》창작 노트》에 기록된 사이시 쓰치오의 그림자가 여기에 있다. '누군가와 이야기하고 싶은 그리움'을 고통스러울 정도로 알고 있는 자만이 "말해 줄 사람이 있었네. 얼마나 기뻤던지."라고 말할 수 있다.

곤도 히로시는 또 한 사람의 사이시 쓰치오이다. 류타의 결혼식 설교에서와 같이 사랑이란 '인간을 행복하게 하는 의지'라고 한다면, "아직 만나

지도 않은 부하에게 친절을 베풀려고 열심히 준비하고 기다리고 있던" 곤도는 그야말로 진정한 사랑의 사람이라고 할 수 있다. 실제 곤도는 류타에게 상관의 세탁물을 가져오게 해서 자기가 세탁한 후 마른 세탁물을 다시 가져다주게 함으로써 상관이 류타에게 호의를 갖게 해 주기도 한다.

패전 후 아사히카와에 돌아온 류타 앞으로 규슈(九州) 고쿠라(小倉)에 살고 있는 고하마 다케시(古浜武)라는 일본 병사에게서 편지가 왔는데, 그 편지에는 전쟁이 끝나는 날 곤도 히로시가 전사하는 모습이 쓰여 있었다. 8월 15일, 트럭으로 수송을 하고 있던 고하마와 곤도는 소련 전투기에 의해 총격을 받았다.

> 그런데 갑자기 핸들을 잡고 있던 곤도 상등병님이 '고하마! 적기다. 엎드려!'
> 라고 외치면서 제 위로 포개어 덮쳤습니다. 정신이 들었을 때, 곤도 상등병님
> 은 저를 감싼 채 죽어 있었습니다. 아마 곤도 상등병님이 제 몸 위에 포개어 덮
> 치지 않았다면 저는 죽었을 것입니다. 운전대에 움직이지 않고 있었으면 곤도
> 상등병님은 총알을 맞지 않았을 것입니다. 너무 원통합니다.
>
> _ 《총구》 '명암'

곤도의 최후를 알게 된 류타의 마음속에 무언가가 시작되었다. 다시 교단에 서서 '곤도 상등병같이 살았던 인간이 있음을 학생들에게 가르쳐 주고 싶다.'라고 하는 희망과 사명이 주어졌던 것이다. 곤도 히로시와 같은 인간의 존재를 전하고자 하는 것, 그것은 패전 후 허무주의에서 다시 일어나 소설을 쓰기로 마음 먹은, 또 다른 교단에 섰던 미우라 아야코의 바람이었다고 말할 수 있다. 곤도 안에는 인간에게 최상의 것, '그리스도의 희생의 사랑'이 있었다. 정작 자신은 가난과 외로움이라는 고난 속에 살지만

'그럼에도 불구하고' 사랑을 가지고 성실하게 살아간 진실한 삶, 깨끗하고 풍성한 인생의 표본인 것이다. 곤도 히로시가 보여 준 삶이야말로, 미우라 아야코가 사이시 쓰치오를 통해 던진 최초의 질문에 대한 최후의 답변이었다고 해도 좋지 않을까?

5.
도야마루호 사건이 말하는
《빙점》의 핵심

〈후키도 서점〉

도야마루호 사고에서 살아 돌아온 게이조는 여기에서 성경을 구입한다.

고쳐 쓰기와 후치가미 교수

〈아사히 신문〉에서 연재 소설 하루 분 분량을 조절해 달라는 연락을 받고, 남편 미쓰요가 "고쳐 쓴다면 1954년에 일어난 도야마루(洞爺丸)호 조난 사고를 넣으면 어떨까?"라고 제안해서 미우라 부부는 하코다테(函館)까지 직접 가서 조사한 후 작품에 써 넣었다. 에세이집 《그래도 내일은 온다》의 '세이칸(青函) 연락선의 추억'이라는 글을 보면, 연재가 시작되고 반 년 정도 지난 1965년 5월 연휴 즈음, 미우라 부부는 도야마루호 조난 사고 생존자 중의 한 사람인 후치가미 다카시(渕上巍) 씨를 소개받아 하코다테산 중턱의 카페에서 체험담을 듣는다. 당시 하코다테 교육 대학 미술 교수였던 후치가미 씨는 담당 연구 그룹의 젊은 학생 몇 명을 데리고 혼슈(本州)에서 스케치 여행 중이었는데, 도중에 만난 도야마루호 조난 사고로 본인만 살아남았을 뿐 학생들은 아무도 살아남지 못했다.

미우라 아야코는 이 교수의 체험을 상세히 묻고 《빙점》에서 게이조가 체험한 것으로 적었다. 이 세상 것이라고는 믿어지지 않는 야광충의 아름다움이 그중 하나인데, 훗날 《파란 가시》에서도 야광충을 중요한 요소로 적고 있다. 제자였던 젊은 학생들은 모두 죽고 홀로 살아남은 자의 고뇌와 비애가 후치가미 교수에게서 스며 나왔다. 그 후로 후치가미 교수는 가끔 엽서를 보내곤 했는데, 어느 때는 살아남은 자기가 가족과 함께 즐겁게 살아서는 안 된다고 생각이라도 한 듯 "가족을 떠나서 혼자 지내고 있다."고도 했고, "가톨릭의 세례를 받았다."고도 했다. 미우라 아야코는 이 '살아남은 자의 마음'을 가까이에서 지켜보며 《빙점》을 쓰지 않았나 생각한다.

도야마루호 조난

1954년 9월 26일, 가고시마(鹿児島)에 상륙한 태풍 15호는 시속 100킬로미터의 속도로 동해(일본해)로 북상, 홋카이도 서쪽 해안을 지나가고 있었다. 14시 40분 출항 예정인 세이칸(青函)[13] 연락선 도야마루호(4,337톤)는 태풍 통과를 기다리고 있었는데, 점차 바람이 멈추고 맑은 하늘도 펼쳐져 갔다. 태풍 통과는 시간 문제였고, 도야마루호는 최신 예선(曳船)이라 다소의 강풍은 문제없다고 보고 약 4시간 늦은 18시 30분 하코다테항을 출발했다. 그런데 출항 직후 엄청난 폭풍이 덮쳐 도야마루호는 항구로부터 채 1킬로미터도 떨어지지 않는 곳에서 엔진 고장으로 침수하기 시작한다. 이후 조타 불능 상태가 되어 나나에하마(七重浜) 앞바다 8백 미터에서 좌초 된 도야마루호는 결국 전복 침몰하여 승무원과 승객을 합해 1,155명의 희생자를 낸 대참사가 되었다. 1912년에 일어난 타이타닉호 조난 사고(사망 1,513명)에 이어 사상 두 번째로 많은 희생자를 낸 해난 사고가 되었다.

이 도야마루호에는 우연히 세 명의 선교사가 함께 타고 있었다. 그들은 캐나다 출신의 스톤 선교사, 미국에서 온 리퍼 선교사, 캐나다 합동교회의 오스 선교사였다. 오스 선교사는 기적적으로 구출되었지만, 스톤과 리퍼 두 선교사의 유해는 다음 날 나나에하마에서 발견되었다. 사고 후 일본 경

13　아오모리(青森)시와 하코다테(函館)시의 병칭. 출처:프라임사전.

제 신문은 이 두 명의 선교사를, 구명복을 양보하고 승객을 격려하며 죽어간 "북해(北海)에서 산화한 외국인 선교사"라고 보도했다. 미우라 아야코가 《빙점》을 쓰고 있을 단계에는 이 두 선교사에 대해 자세히 알지 못했던 것 같고, 이름과 연령 등을 알게 된 것은 나중이었던 것 같다.

두 명의 선교사

사망한 선교사 중 한 사람인 알프레드 러셀 스톤(Alfred Russell Stone) 선교사는 1902년에 캐나다 온타리오주에서 아일랜드계 농민의 아들로 태어나 토론토 대학 등에서 공부하고 목사가 되어 1926년에 일본에 왔다. 도쿄에서 일본어를 배우고 1928년에 나가노(長野)에 부임, 각지에서 농민 복음학교를 개최하고 보육원을 개설하는 등 사역을 이어 나갔다. 또 스톤 선교사는 유럽과 미국의 희귀한 야채를 수입해서 노지리(野尻) 호수 주변 농가에 재배를 추진하여 특산품화하기도 했다. 스톤 선교사는 '땅을 사랑하고 사람을 사랑하고 하나님을 사랑하자'라는 신조로 살았다. 일본식을 먹고 일본 민가를 사랑했으며, 일본어로 말하고 평생을 일본 농촌 선교에 바쳤다. 스톤 선교사는 에베쓰부토(江別太)의 그리스도촌에 가서 《사랑의 귀재》의 주인공 니시무라 규조를 방문하기도 했다. 노지리 호반에는 스톤 선교사 기념비가 세워져 있다.

스톤 선교사는 1954년에 개척 전도 활동을 담당하기 위해 홋카이도에 부임, 9월 26일에 상경 도중 세이칸 연락선 도야마루호에서 태풍을 만나 52세의 나이로 하늘의 부르심을 받았다. 1954년 7월 12일에 아사히카와 로쿠조교회에서 설교를 했고, 9월 25일 삿포로를 출발하여 하코다테에 도착했다. 사고가 일어난 26일 아침, 일본 기독 교단 하코다테교회에서 '평화의 길'이란 제목으로 설교를 한 스톤 선교사는, 정시 출발이었다면 탈 수 없었던 도야마루호가 4시간 정도 늦게 출항했기에 승선했던 것이었다.

딘 리퍼(Dean Leeper) 선교사는 1920년 미국 일리노이주 농장주의 아들로 태어났다. 크리스천이었던 부모에게 양육되어 일리노이 주립 대학 농학부에 입학하는데, 학내의 YMCA에 참가하며 아시아 선교사가 되는 꿈을 품게 되었다. 얼마 후 태평양 전쟁에 소집되었으나 무기는 휴대하고 싶지 않다는 요청이 받아들여져 일본을 연구하는 임무를 부여받았다. 1945년, 종전과 함께 일본 YMCA의 지도자로서 일본으로 건너와 YMCA 재건에 힘을 쏟았다. 그는 스스로 애써 일본인이 되려고 철도는 3등 칸에 타고, 목욕탕에서는 일본인과 서로 등을 밀어 주었다고 한다. 또 마술 솜씨가 좋아서 많은 사람들을 즐겁게 했다. 4년의 활동을 마치고 미국에 돌아가 목사 임직을 받고 1년 반 후에 다시 일본에 왔다. 홋카이도와 도호쿠(東北) 지방의 YMCA를 순회하고 9월 26일, 하코다테에서 세이칸 연락선 도야마루호에 올랐다.

그날 도야마루호 안에서 일어난 일에 대한 확실한 증언은 없지만, 배가 크게 기울고 선실에 물이 흘러들어 왔을 때, 세 명의 선교사는 힘을 합해 비명 속에서 갈팡질팡하는 승객들에게 구명복을 나눠 주고, 착용에 시간이 걸리는 아이들과 여성들을 돕고, 구명복이 없는 젊은이를 발견하여 "당신에게는 미래가 있으니까"라며 구명복을 양보하고 끝까지 격려의 말을 계속했다고 전해지고 있다.

사고 이후 딘 리퍼 선교사의 장남 스티븐은 히로시마에서 평화 운동 업무에 종사하고, 장녀 린다는《빙점》에 아버지의 에피소드가 쓰인 것에 감사하여 미우라 아야코를 방문하기도 했다. 아야코도 그때의 일을 에세이집《샘으로의 초대》'미스 리퍼의 방문'에 소개하고 있다.

선교사의 모습이 반영하는 하나님의 사랑

《빙점》의 테마는 원죄인데, 그다음 문제인 '용서'나 '하나님의 사랑'에 대해서는 분명하게 쓰고 있지 않다. 요코가 유서에서 "받고 싶다"고 쓴 '용서'는 《양치는 언덕》과 《속·빙점》의 테마가 된다. 그러나 《빙점》에 희망이 없는 것은 아니다. 줄거리의 정확히 중간쯤에 놓인 이 도야마루호 조난 사고에서 선교사들이 보여 준 모습은 진실한 사랑이 어떤 것인지를 뚜렷하게 제시하고 있다.

도야마루호가 태풍을 만나 크게 기울어 거의 옆으로 누워 바닷물이 흘러들어 오는 상황….

갑자기 가까운 곳에서 여자의 울음소리가 들렸다. 위경련을 일으켰던 그 여자였다.

"왜 그러세요?"

선교사의 목소리는 침착했다. 구명복 끈이 끊어졌다고 여자가 울었다.

"그것 참 곤란하게 되었네요. 내 것을 줄게요."

선교사는 구명복을 벗으면서 계속 말했다.

"당신은 나보다 젊어요. 일본은 젊은 사람들이 만들어 가야 해요."

_ 《빙점》 '태풍'

누군가 어찌할 바를 몰라 울 수밖에 없을 그 때에, 그를 돌아보고 불쌍히 여겨 다가와 "왜 그러세요?"라고 물어봐 주는 것이 진짜 사랑이 아닐까? 눈물의 이유를 물어봐 주는 사람은 좀처럼 없다. 진짜 친절하고 다정한 마음으로 "왜 그러세요?"라고 말해 준다면, 사람은 그것만으로도 이미 절반은 구조된 것 아닌가? 그리고 선교사는 "그것 참 곤란하게 되었네요. 내 것을 줄게요."라고 말한다. 이것이 사랑이다. 나였다면 "내가 곤란하게 되었으니 네 것을 내놓아라."라고 말했을 것이다. "그것 참 곤란하게 되었네요."는 자기 사정이 아니고 상대방의 사정을 우선하는 마음이다. 선교사는 자기 일이나 자기 자신을 돌보려는 생각은 애당초 마음속에 없었던 것이다. 진심으로 동정하고 상대방의 문제를 짊어지려는 마음. "그것 참 안됐네요. 가엾게도. 그럼 기도할게요. 잘 가요. 건강하세요."라고 말하면서 떠나간다거나 하지 않는다. 그것은 나 같은 초보 크리스천이나 하는 짓이다. 그는 "내 것을 줄게요."라고 말한다. "내 것을 줄게요."는 자기 구명복을 준다는 것이기에 "내 목숨을 줄게요."라고 말하는 것과 같다. 문자 그대로 목숨을 건 사랑이다. "사람이 친구를 위하여 자기 목숨을 버리면 이보다 더 큰 사랑이 없나니"(요 15:13)라고 성경에 쓰여 있다. 즉, 생명도 포함해서 "내 것을 줄게요."라고 말하는 것이다. 어떤 제한도 없이 "내가 가지고 있는 것 중에 당신이 필요로 하는 것은 무엇이든 드릴게요."라고 말하고 있는 것이다.

그리고 뒤이어 선교사는 "당신은 나보다 젊어요. 일본은 젊은 사람들이 만들어 가야 해요."라고 말한다. 살아가야 할 방향과 사명까지 주며 격려하고 있는 것이다. 알려진 바에 따르면 아우슈비츠 강제 수용소(Auschwitz Birkenau)에서 살아남았던 사람은, 튼튼하고 건강한 사람이 아니라 살아남아서 해야 할 사명과 희망을 마음에 가지고 있는 사람이었다. 사람을 정말로 살리는 것은 무엇일까? 그것을 선교사의 이 사랑이 보여 주고 있는 것이다. 이런 사랑으로 말미암아 사람들은 세상에서 가장 고귀한 '사랑받는 경험'을 하게 되는 것이다.

"왜 그러세요?"

"그것 참 곤란하게 되었네요. 내 것을 줄게요."

"당신은 나보다 젊어요. 일본은 젊은 사람들이 만들어 가야 해요."

이것이 하나님의 사랑이다. 그것이 루리코를 살리고, 사이시를 살리고, 요코를 살릴 수 있는 사랑인 것이다.

마에카와 다다시의 모습

미우라 아야코는 《빙점》에서 선교사에게 구명복을 건네받은 인물을 남자 청년이 아니라 20대 여성으로 설정하고 있다. 그것은 홋타 아야코가 체험했던 마에카와 다다시의 사랑과 이 선교사의 사랑이 본질적으로 겹쳐지기 때문이 아닌가라는 생각이 든다.

"왜 그러세요?", "그거 참 곤란하게 되었네요. 내 것을 줄게요."라는 말은 바로, 마에카와 다다시가 홋타 아야코에게 준 하타노 세이치(波多野精一)의 《시간과 영원》에 적혀 있는 '타자(他者)에서 출발해 자기에게로 향하는' 마음이다. 이것은 '타자를 주(主)로 하고 자기를 종(從)으로 하는' 진정한 사랑의 자세이다.

즉, 《빙점》에서 소개하는 선교사의 말은 1948년 12월 27일 아사히카와시 10조 11초메의 결핵 요양소 백운장(白雲莊)을 방문했던 마에카와 다다시의 말이다. 마에카와 다다시가 이 선교사와 완전히 같은 말을 했다는 것은 아니다. 그러나 마에카와 다다시는 홋타 아야코에게 "어떻게 된 거예요?"라고 묻고, "그거 참 곤란하게 되었네요. 내 것을 줄게요."라고 말했을 것이다. 그는 자신의 문학도, 자신의 신앙도, 그리고 자신의 목숨도 주겠다고 진심으로 생각하고 있었으니까 말이다. 그리고 "당신은 나보다 젊어요. 일본은 젊은 사람들이 만들어 가야 해요."라고 하며 자신은 죽어도 아야코 당신은 당신의 길을 걸어가라고, 당신에게는 당신의 사명이, 이 일본에 대한 하나님으로부터의 사명이 있다고 다다시는 말하고 있는 것이다.

그것은 그의 유서에도 잘 나타나 있다.

생명을 이어받아서 살다

북쪽 지방에서는 눈 내릴 무렵이 되면 어김없이 젖빛의 눈벌레가 날아다닌다. 날아다닌다기보다 떠다니는 것 같은 허무한 운치가 있고 사람들은 추위를 맞이하기 전의 굳은 마음가짐이 문득 풀린 것처럼 부드러워지는 것이었다. (중략) 게이조는 눈벌레를 조심스럽게 집었으나 덧없이 달라붙어 죽어 버렸다. 그것은 눈송이가 손가락에 닿자마자 녹아 버리는 것과 같았다. (중략)

　게이조는 문득 올봄에 죽은 마에카와 다다시를 떠올렸다.

　'망망 천지를 떠도는 실존으로 자신을 생각하며 수술받는 밤은.'

　폐결핵으로 늑골을 절제했을 때의 마에카와 다다시의 노래였다. 마에카와 다다시는 게이조의 3기 후배였다. 같은 테니스부의 머리 좋은 의대 학생이었다. 그가 이 노래를 읊을 때의 고독한 심경을 지금 게이조는 절실하게 헤아릴 수 있었다. 그것은 그 어두운 파도에 부침(浮沈)하고 있던 때의 게이조와 비슷했다.

　'그 고독을 지나서 그는 죽고, 그리고 나는 살았다.'

_《빙점》'눈벌레'

도야마루호에서 조난당했을 때 "어두운 파도에 떴다가 가라앉았다 하던" 게이조의 목숨, 늑골을 절제한 밤의 마에카와 다다시의 목숨, 희미하고 덧없는 벌레들의 목숨. 그리고 떠다니는 생명들의 연약함과 젖빛의 부드러움 속에, 그 덧없는 생명의 그리움에 서로 맞닿아 거기에 잠시 잠겨 있고 싶은 마음. 오히려 거기에서 일종의 쉼을 느끼면서, 게이조는 인생 표류자의 얼굴로 아사히카와의 거리를 방황하듯 걷고 있었던 것이다. 게이조는 생각했다.

'모두들 살고 싶었을 것이다.'

게이조는 자기가 죽은 사람들의 목숨을 물려받아 살아 있는 것 같은 생각이 들었다. (중략)

'그 선교사는 구조되었을까?'

그 위경련의 여성에게 자신의 구명복을 내어 준 선교사를 게이조는 침대 위에서 몇 번이나 떠올려 보았다. 게이조는 인간으로서 하기 어려운 사랑을 보여 준 그 선교사만은 살아 있었으면 하고 바랐다. 그 선교사의 목숨을 이어받아 살아가는 것은 게이조로서는 불가능할 것 같았다. 그 선교사가 살아온 삶은 자기가 살아온 삶과는 전혀 다른 것임에 틀림없었다.

_ 《빙점》 '태풍'

"모두들 살고 싶었을 것이다." 그것은 홋타 아야코의 생각이기도 했을 것이다. 그 폭풍의 밤에 살아남은 자와 죽어 간 자가 있었다. 전쟁과 종전 후 결핵의 시기, 많은 젊은이들이 죽어 갔다. 그리고 마에카와 다다시도 그중 한 사람이었다. 마에카와 다다시는 도야마루호 태풍이 왔던 그 해 봄, 13년간의 투병 생활 끝에 죽었다. 그로부터 5년 후, 홋타 아야코는 마에카와와 같은 13년간의 투병 생활 후 치유되어 결혼했다. 홋타 아야코는 살아남은 자는 죽은 자의 마음과 생명을 계승해서 살지 않으면 안 된다고 생각했을 것이다.

1953년 11월 16일, 홋타 가를 방문한 마에카와 다다시는 약 1년 전 수술 때 절제했던 늑골이 들어 있는 상자를 아야코에게 건네고 돌아갔다. 그리고 6개월 후 그가 죽었을 때, 아야코는 그 뼈를 품에 안고 함께 죽고 싶다며 울었다. 그러나 그 뼈의 주인처럼 살지 않으면 안 된다고 생각을 바꿨다. 아야코는 그 뼈의 주인의 마음으로 살아가기로 했다. 그 선교사의 생명을 계승해서 살고 싶다는 게이조의 생각, 그것은 마에카와 다다시에 대한 홋타 아야코의 생각이었다. 마에카와의 유서는 홋타 아야코에게 약속이자 사명이었지만 게이조에게는 아직 물음만 있었고 가망이 없는 단순한 바람 정도만 있었을 뿐이었다. 그러기에 홋타 아야코에게 마에카와의 유서에 해당하는 어떤 것, 게이조가 바라보고 살아가야 할 것을 보여 주는 어떤 것이 그에게는 필요했다.

사랑할 수밖에 없어서, 성경을 구하다

게이조는 아사히카와에 돌아와서 정말로 후회 없이 살아가고 싶었다. 나쓰에를 사랑하고, 도오루를 사랑하고, 요코를 사랑하고, 그리고 무라이와도 사이좋게 지내려고 생각했다. 초등학교 1학년생처럼 순진한 신중함으로 살아가려고 마음먹었다. 그러나 요코를 진심으로 사랑하는 것은 어려웠고, 도야마루호 조난의 밤에 무라이가 쓰지구치 가를 방문하기로 약속이 되어 있었다는 것을 알게 된 뒤로는 나쓰에를 믿는 것 역시 불가능해지고 있었다.

인간의 첫째 사명은 사랑하는 것이고, 하나님은 사람을 '사랑하라는 임무를 달성해야 하는 존재'로 기대하고 만드셨는데, 인간은 어떻게 해야 사랑할 수 있는지를 모르고, 결국 사랑할 수 없는 존재가 되어 버린다. 그러나 인생의 근본적인 회복은 사랑에 있다고, 게이조는 절반은 깨닫고 있었다.

'사랑한다는 것은 ….'

문득 도아마루호에서 만났던 선교사가 생각났다.

'그거다! 바로 그거야! 자신의 목숨을 상대에게 내어 주는 거야.'

게이조는 자기도 모르게 무릎을 쳤다. (중략)

'나는, 네 원수를 사랑하라는 말을 알고 있다. 그러나 사람을 사랑하는 것은
슬로건을 내세우는 것만으로는 안 된다. 그 선교사는 더 소중한 것이 무엇인
지 알고 있었어. 단지 말로만이 아닌 것을 알고 있었어. 말뿐만이 아니라 좀 더
생명이 있는 것을 알고 있었던 거야.'

게이조는 그것이 알고 싶었다.

_ 《빙점》 '눈벌레'

'더 중요한 무엇', '단순히 말뿐이 아닌 것', '좀 더 생명이 있는 것'을 알고
싶다고 게이조는 굳게 생각하고 있었다. 벌레들이 날고 있는 늦가을 어
느날, 게이조는 봄에 죽은 마에카와 다다시를 떠올리고 "언제까지나 눈
벌레가 날아다니는 길을 걷고 싶다."는 생각 속에, 희한하게도 후키도(富
貴堂) 서점의 성경 진열 책장 앞에 이르렀다. 게이조는 구어역(口語訳) 성
경을 손에 들었다. 희미하고 가볍게 떠다니는 자의 생명의 손바닥에 "묵
직하게 무거운 성경"이 들렸을 때, 게이조는 마태복음 1장의 "처녀 마리
아 잉태 기사"를 읽었다. 배가 불러 온 마리아와의 약혼을 파기하려고까
지 생각했던 요셉이 천사가 명한 대로 마리아를 아내로 맞아들였다는 것
에 게이조는 크게 감동한다. 게이조는 자기의 연약함을 생각하며 감탄
했다.

가장 믿기 어려운 입장에 있는데 천사의 말에 순진하게 따른 요셉에게, 게이

조는 감탄했다. 요셉이 하나님을 믿고 마리아를 믿었던 것처럼, 게이조도 나쓰에의 인격을 믿고 싶었다.

　게이조는 간혹 그에게 부딪히면서 출입하는 손님들 속에서 성경을 손에 든 채로 흐르는 눈물을 참을 수가 없었다.

_ 《빙점》 '눈벌레'

　믿을 수 없는 것을 믿었던 남자가 여기에 있다. 그는 마리아와의 파혼이라는 비극을 막았고, 구원자로 태어난 예수의 아버지가 된다. 마리아와 단절되어 의심의 고독에 빠졌던 요셉은, 천사가 전해 준 하나님 말씀을 믿고 마리아를 신뢰하여 하나님 말씀에 순종함으로 마리아와 부부가 되었다. 요셉보다 먼저 마리아도 천사 가브리엘에게 수태고지(受胎告知)를 받았는데, '하나님의 아들을 잉태한다'는 그런 믿을 수 없는 일을, 그녀는 그럼에도 불구하고 믿었다. 그리고 요셉에게 그것을 말했다. 요셉에게 말하기 전까지, 아니 요셉이 믿어 줄 때까지 마리아도 고독했을 것이다. 누군가를 신뢰하는 인격적 관계의 기반은 하나님 말씀을 믿는 가운데 시작되며 사람을 믿게 되는 것으로 이루어져 간다. 이런 고독을 통해서 말이다.

　성경은 이 두 사람 마음속에서 벌어진 고독의 드라마를 통해 각자였던 두 사람이 서로 신뢰하는 진정한 부부가 되는 실재를 보여 주고 있다. 대조적으로 쓰지구치 부부는 책을 읽는 많은 독자들이 '저렇게 묻지도 않고, 서로 말도 하지 않고 잘도 참고 있네.'라고 생각할 정도로 서로의 속마음을 말하지 않는다. 겉으로만 그럴뿐 내심 많은 말로 서로를 욕하고 판단한다. 올바르게 정면으로 서로 마주 보며 대화하는 태도를 가지고 있지 않기에, 그들 부부의 커뮤니케이션은 불완전한 상태가 되어 버린 것이다. 창세기에 따르면 아담에게 '적합한 돕는 배필'로서 하와가 만들어졌는데, 이

'적합한'이 원어인 히브리어로 '마주 보는 자'라는 의미이다. 그 '마주 보는' 본질에서 벗어날 때 부부는 본래의 관계를 잃어버리고 붕괴의 위기에 직면하게 된다.

아담과 하와가 하나님 말씀을 무시했을 때, 그들은 서로에게 책임을 전가하는 자들이 되었다. 하나님 말씀을 잃어버린 곳에 진정한 커뮤니케이션은 성립되지 않는다. 하나님 말씀이 매개가 되고 기반이 되기 때문이다. 나쓰에라는 하와가 무라이와 '아방튀르의 유혹'이라는 금단의 열매의 유혹에 빠져 있을 때, 그리고 루리코의 죽음이 분명해지기 전부터 이미 이 부부 사이에는 커뮤니케이션이 심각하게 고장 나 있었다. 게이조는 방문자에 관해 아내에게 물을 수 없었고, 아내는 무라이의 방문을 게이조에게 말할 수 없게 되어 있었다. 결혼 서약이라는 하나님 앞에서의 약속을 거역하는 행위가 먼저 있고 이후 말을 잃어버리게 된다. 마침내 게이조가 결혼 서약 안에 있었을 '아내를 사랑한다는 사명'을 의도적으로 버리고 사이시의 딸을 입양하려고 할 때, 그들 부부의 관계는 파국으로 치닫는다. 그들은 본심을 서로 이야기할 수 없는 부부, 서로 통하는 것이 전혀 없는 부부가 되어 갔다.

게이조의 친구인 다쓰코(辰子)는 이런 쓰지구치 가의 디스커뮤니케이션의 위험을 보고 "이 집은 하고 싶은 말을 서로 좀 더 하지 않으면 안 된다."고 말하고 있는데, 실은 그들 부부에게는 '말해 버리면 끝장이다'라는 두려움이 있었다. 진정한 커뮤니케이션의 토대가 되는 것이 서로에게 없음을 부부는 알고 있었다. 실제로 나중에 나오는 '깊은 못(淵)' 장에는, 나쓰에가 요코의 출생 비밀을 이미 알고 있음을 게이조에게 말하며 부부가 심각하게 다투는 장면이 있다. 거기서 게이조는 나쓰에와 무라이의 부적절한 관계를 지적하며 "당신에게 불평할 자격이 있어?"라며 나쓰에의 입을 닫아 버린다. 하지만 그러면서도 마음속으로는 '뭔가, 말을 좀 해 봐.'라며 침묵하고 있는 나쓰에게 무언가 말해 주기를 바라고 있다. 지금까지 나쓰에와 대화 하는 것 대신 판단하고 벌주어 온 게이조가 나쓰에의 침묵을 두려워하고 있다.

결국 서로 간에 이해나 화해 없이 판단으로 일관했던 게이조에게 남은 것은 단지 "타인보다도 더 먼 두 사람이었다."라는 고독뿐이었다. 그래서 일까 '눈벌레' 장에서 게이조는, 부부 커뮤니케이션의 회복을 위해 무의식적으로 후키도 서점에서 성경을 구입하고 교회에 가 보고 싶다는 생각을 하기 시작한다.

미우라 부부는 매일 아침 함께 성경을 읽었다. 그것이 부부의 유대를 유지하는 요소이고, 함께 말하며 일하는 기반을 만들고 지원하는 것이라고 생각했기 때문이다. 함께 성경을 읽고 기도한 후 그들은 구술 필기에 착수했다. 일본 성서 협회가 간행한 구어역 성경(신약 성경)은, 게이조가 성경을 구입했던 그해 1954년에 출판되었고 당시 기독교계에서는 빅 뉴스 중 하나였다. 《빙점》은 그로부터 10년 후에 쓰였는데, 미우라 아야코는 구어역 성경 간행을 기억하고 있다가 공교하게 도입하여 그 존재를 많은 일반 독자들에게 알리려고 했던 것 같다.

6.
둘도 없이 소중한 것을 구하며

《폭풍의 언덕》과 마사키 지로

〈아이누 묘지〉

마사키 지로가 죽은 후, 게이조와 요코는 이곳을 방문해 죽음을 생각한다.

사랑의 소망과 좌절

사람은 모두 누군가를 사랑하고 싶은 바람을, 또 누군가에게 사랑받고 싶어 하는 소원을 가지고 있다. 인간이 태어난 의미 그리고 첫째 사명은 자신을 사랑하는 것, 사람과 세상과 다른 생명을 사랑하는 것, 하나님을 사랑하는 것, 그리고 또 그들로부터 사랑받는 것이다. 그러하기에 사람은 사랑하고, 사랑받고, 사랑으로 관계를 맺고 싶어 한다. 사랑으로 관계가 맺어질 때 삶은 살아가는 기쁨으로 가득 차는데, 그것은 하나님의 사랑이 가져다주는 압도적인 기쁨의 모형이기도 하다.

16세의 아야코도 그런 소원을 가슴속에 품고서, 사랑으로 사람과의 관계를 맺어 갈 수 있는 직업인 교사가 되는 길을 택했다. 그러나 패전…. 그것은 사랑의 좌절이기도 했다. 자신이 사랑하고 믿고 말했던 것이, 그 사랑의 대상인 아이들을 오히려 잘못된 방향으로, 혹은 죽게 하는 방향으로 향하게 했다는 것을 알게 된 날, 그녀의 절망은 너무나도 가혹한 것이었다. 어떤 것으로도 대신하기 어려운 사랑이었기에 어떤 것으로도 치유하기 어려운 절망이었다. 그래서 그녀에게는 그 절망의 시커먼 구멍을 메울 수 있는 훨씬 더 큰 사랑이 필요했다. 그런 사랑이 없다면 더 이상 살아갈 수 없었던 것이다.

마사키 지로 __ 0도(度)의 아픔

쓰지구치 병원의 입원 환자인 마사키 지로(正木次郎)가 퇴원 전날에 자살하는 사건이 일어났다. 퇴원 직전, 아무것에도 흥미가 없다던 마사키에게 게이조는 "병이 완전히 나았고 직장에 돌아갈 수도 있고 하니 이제부터가 아닌가."라고 말했다.

"선생님, 일이 대체 뭡니까? 저는 지난 6년 동안 주판을 튕기고 돈을 세면서 일해 왔어요. 그러나 그런 것은 기계라도 해낼 수 있는 일이 아닌가요? 저는 요새 우울해서 미치겠어요. 제가 2년 동안 쉬었는데도 은행은 조금도 지장을 받지 않았어요. 그것뿐 아니라 제가 쉬고 있는 동안에 지점이 두 곳이나 늘어나 번창하고 있어요. 제가 쉬든 말든 마찬가지란 말이죠. 그것은 저의 존재 가치가 '제로'라는 뜻입니다. 그런 제가 직장에 돌아간들 무슨 기쁨이 있겠어요?"

게이조는 그때, 사치스러운 주장이라 생각하여 웃고 더 이상 상대하지 않았다. 그런 마사키가 오늘 자살한 것이다.

수신인 이름이 없는 유서에는 '결국 인간은 죽게 마련이다. 마사키 지로를 꼭 필요로 하는 곳은 이 세상 어디에도 없는데 어슬렁어슬렁 살아가는 것은 치욕이다.'라고 적혀 있었다.

게이조의 이야기를 요코는 몇 번이나 고개를 끄덕이면서 듣고 있었다.

'결국 그 사람 역시 무엇과도 바꿀 수 없는 존재가 되고 싶었던 거야. 만약 누군가가 진정으로 사랑해 줬다면 그 사람은 과연 죽었을까?'

요코는 그 사람의 죽음이 남의 일 같지 않았다.

_ 《빙점》 '붉은 꽃'

마사키 지로는 '기계라도 가능한 일'을 하고 있는 인간의 굴욕에 대해 말하고 있다. 어떤 정체성도 없이 정확하고 바르게 일하는 것만이 요구된다. 실수할 때에라야 자기 이름이 불리고 자신이 자신임을 자각시켜 주는 굴욕. 결국 기계보다 열등한 자라는 자각에 이르게 한다. 인간은 필요에 따라 언제라도 교체될 가능성이 있는 것으로 취급되고 마침내 기계에게 져서 직장을 빼앗기는 굴욕. 인류는 산업 혁명 이래 그런 굴욕 속을 계속 지나왔다.

19세기 영국 사상가 러스킨(John Ruskin)과 모리스(William Morris)는 이런 노동의 의미 변화, 비인간화를 민감하게 알아차리고 위기감 속에 노동을 인간의 것으로 되돌리려 했다. 그런데 이 《빙점》의 시대, 고도 성장기에 접어든 일본의 북쪽 지방 도시에 사는 한 은행원 마사키 지로도 이런 노동의 비인간화라는 파도에 휩쓸려서 살아가는 의미를 상실하고 있었다. 인간이라는 존엄을 지키려고 한다면 그런 굴욕을 거부해야 하는데, 마사키에게는 자살로 거부하는 것밖에 다른 길이 없었다. 물론 마사키라는 한 사람의 삶에는 은행원이라는 이름 이외에, 남편과 아버지와 아들이라든지, 누군가의 연인이라든지, 아마추어 야구의 에이스라든지, 반상회의 회장이라든지 뭔가 또다른 정체성을 가지는 것도 가능했을 것이다. 그러나 그 자신의 삶의 중심, 인생의 중심이 은행원이라는 '업무'뿐이라고 느낀다면, 그 상처는 치유되기 어려운 큰 것이 된다. 홋타 아야코 역시 패전 후 자신이 겪었던 아픔을 통해 그것을 너무나도 잘 알고 있었다. 존재 가치 '0도'라는 것은 바로 '마음이 얼어붙는 점=빙점'이라는 것이다.

더 없이 소중한 존재를 갈망하다 죽은 마사키 지로는 또 한 사람의 홋타 아야코이고, 또 한 사람의 요코였다. 그는 사람이 더 없이 소중한 존재가 될 수 없다면 치욕 가운데 죽을 수밖에 없다는 것, 그러므로 더 없이 소중한 존재로 사랑받는 진짜 사랑 혹은 "네가 필요하다"라고 말해 주는 누군가를 찾지 않고서는 견딜 수 없는 존재임을 입증하고 있다. "마사키 지로가 반드시 필요하다고 말해 주는 세계는 어디에도 없다."라는 말은 "아무도 루리코와 놀아 주지 않아."라고 하는 루리코의 마지막 외침과도 같다.

원죄의 외로움과 사랑을 그러모으는 본질

미우라 아야코가 말한 것처럼 하나님을 향하지 않고 자기중심으로 살아가는 인간 안의 본질을 '원죄'라고 한다면, 원죄 안에 있는 인간의 외로움이란 본질적으로 '사랑의 원천인 하나님을 떠나 있는 것'에서 오는 외로움이라고 말할 수 있다. 그것은 실감(実感)하는 사랑을 모르는 외로움, 사랑받지 못하는 외로움, 즉 사랑받고 있다는 확신이 없는 외로움, 다른 말로 하면 '살아도 된다라는 확신'을 갖지 못하는 외로움이다.

사랑받지 못해도 전혀 괜찮고 제멋대로 사는 것만으로도 만족할 수 있다면 사랑 따위는 필요 없을 것이다. 그러나 인간은 그렇게 살 수 없는 존재다. 사랑이 없으면 사람의 마음은 얼게 된다. 사람은 왜 애타게 무언가를 갈망하고 번민하며 괴로울 정도로 사랑받고 싶어 할까? 생물학적인 설명을 제외하면, 결국 사람은 본래 사랑받아야만 하는 존재로, 사랑받는 것으로만 살 수 있도록 만들어졌다고밖에 말할 수 없다. 사랑받고 있다는 확신이 없기 때문에, 살아도 된다는 확신이 없으므로, 사람은 무언가로 자기의 존재 가치를 확인하지 않고는 견딜 수 없게 된다. 그래서 사람들은 세상에 있는 가치관을 빌리려 한다. 세상의 가치관으로 '좋다'라고 하는 것을 획득하려고 애쓰는 이유다.

예를 들면, 공부나 일로 성과를 높인다. 운동으로 활약한다. 미인이 되려고 한다. 부자가 되려 한다. 그리고 심지어 시대와 상황에 따라서는 할 수 있으면 많은 사람을 죽이는 것으로 자신의 존재 가치를 올리려 하는 경우도 있다.

"나 백 점 맞았어요. 그러니 엄마, 나 사랑해 줘요."

"나 이렇게 빨리 달릴 수 있어요. 그러니 아빠, 나 사랑해 줘요."

"내가 이렇게 이뻐졌어요. 그러니 나를 사랑해 줘요."

사람들은 미와 능력, 지위나 재산이나 명예뿐 아니라 선행이나 청순, 올바름 등으로 자기의 가치를 높일 수 있다는 환상을 갖는다. 그러나 그런 것은 결국 끝없고, 괴롭고, 허무한 투쟁이 된다. 나쓰에는 미인으로 인정 받고자 했고 게이조는 인격자로 인정받고자 했다.

요코가 마음의 청순함을 유지한 것도 그런 것이었다. 인간은 스스로 가 치를 두는 것, 좋다고 생각하는 것을 획득하려고 한다. 그러나 그것으로 정말 사랑받는 것도 아니고, 사랑받고 있다는 확실한 느낌도 받을 수 없 다. 그래서 구하고 구해도, 모으고 모아도, 그 사랑의 목마름과 외로움은 메울 수가 없는 것이다.

애시당초 인간이 좋다고 생각하는 것 따위는 아무리 다수의 지지를 받 는다고 해도, '선악을 알게 하는 나무'에서 열매를 따 먹은 아담의 자손들 의 가치 판단에 지나지 않는다. 자기중심에서 발생한 가치에 지나지 않기 에 확실한 것일 수 없다. 사랑받는다는 것과 더할 나위 없이 소중하고 유 일한 것과의 관계는 본래 불가역적(不可逆的)이다. 사랑받기 때문에 유일하 게 되는 것이지, 유일하기 때문에 사랑받는 것은 아니다. 그러나 사람은 유일한 존재이고 싶어 한다. 유일한 존재라면 더 사랑받을 것이라고 오해 하기 때문이다. 그래서 사람은 넘버원이 됨으로 유일하게 될 것이라는 환 상에 사로잡힌다. 왜냐하면 넘버원은 하나밖에 없고, 넘버원이 되어 사람 들의 주목을 받는 것으로 사랑받고 있다고 스스로를 믿게 할 수 있기 때문 이다.

또 사람은 사회에서 넘버원이 되는 길이 아니라 '자기에게 스스로 완벽한 자'가 되는 길을 택하기도 한다. 자기 의와 자기만족, 또는 스스로 원해서 자기도취에 빠지는 사람들은 사랑의 대체물이 될만한 것들을 그러모으려 하지만, 머지않아 그 내면의 갈증이 치유되기도 전에 나이 들어 주름이 생기고 아름다움을 잃어 간다. 몸이 약해져 달릴 수 없게 되고 더 이상은 활약할 수도 없게 되며, 지위도 재물도 잃고 실패하면서 죄를 짓게 되는 것이다.

이렇게 사람은 언제나 빗나간 삶을 산다. 그러모으지 않고 나누어 주는 삶이 복되다고 하나님은 말씀하시는데, 인간은 모으는 삶을 산다. 인간은 어떻게 해도 이 본질에서 빠져나갈 수 없다. 분명히 세상에는 자신의 것을 아낌없이 타인에게 나눠 주는 사람이 있지만 주는 것을, 또는 주는 삶을 그러모으려는 사람도 있다. 이것은 자선의 위선이다. 그래서 몹시 피곤해지고 결국에는 절망만 남는다. 더 이상 사랑받을 수 없는 자신, 아름답지도 않고, 유능하지도 않고, 깨끗하지도 않은 자신이 거울에 비쳐져 있음을 발견하고 절망하는 날이 오기 전에, 사랑의 대체물이 아닌 진짜 사랑을 찾아내지 않으면 안 된다. 그곳은 모든 것에 절망했던 홋타 아야코가 허무주의로 가득한 '전도서'를 읽고 최후에 이르렀던 곳이기도 하다.

그러므로 아이누 묘지를 방문했던 요코와 게이조는 "화나무로 만든 묘비가 얌전하게 조용히 서 있을 뿐"인 아이누 묘지에서 재산도, 지위도, 명예도 갖지 못한 채 자연으로 돌아간 평온과 검소함을 동경하게 된다. 치장하지 않으면 사랑받지 못하고, 많은 것을 소유하지 않으면 거처가 주어지지 않는 세상과는 달리, 있는 그대로 안길 수 있는 편안함이 여기에는 있다고, 게이조와 요코는 공감하고 있다.

《폭풍의 언덕》

요코는 가끔 외로워졌다.

'무슨 사정이 있었길래 내 부모는 나를 남에게 넘겨주었을까? 나는 내 부모에게 무엇과도 바꿀 수 없는 소중한 존재가 아니었단 말인가?'

이렇게 생각하니 아무리 열심히 살아 봤자 자기를 사랑해 줄 사람은 없을 것 같았다. 요코는 자기 부모가 죽었다는 것을 상상할 수 없었다. 어디엔가 아버지와 어머니가 살아 있을 것만 같았다. 그러나 그 품을 떠났다는 것을 보면, 아무리 생각해도 자기의 존재가 축복받았다고는 생각되지 않았다.

'이 세상에서 나를 무엇과도 바꿀 수 없을 정도로 사랑해 줄 사람이 있을까?'

_《빙점》'지시마(千島) 낙엽송'

엄마인 나쓰에에게는 사랑받고 있다고 생각할 수 없고, 아빠인 게이조는 친절하고 다정했지만 언제나 거북한 답답함이 있었다. 유일하게 더할 나위 없이 소중한 자로서 사랑해 줄 것 같은 오빠 도오루는 자신에게 불타는 열정을 품고 있는 것 같아 불안했다. 무더운 일요일 오후, 요코는 숲 속에 있는 나무 그루터기에 앉아《폭풍의 언덕》을 읽고 있었다.

《폭풍의 언덕》, E. 브론테(Emily Jane Brontë, 1818~1848)의 이 작품은 인류가 낳은 궁극의 애정 소설이라고 해도 좋다. 19세기 초 영국의 외진 시골, 히스(heath)가 자라는 '폭풍의 언덕'의 옛집 언쇼(Earnshaw) 가(家). 어느 날 사업차 나갔던 주인이 고아였던 히스클리프(Heathcliff)를 데리고 왔는데, 언쇼 집안의 딸 캐서린(Catherine)과 히스클리프는 서로를 더할 나위 없이 소중한 사람으로 사랑하며 성장해 간다. 그러나 주인이 죽고 린튼(Linton) 가(家) 에드거(Edgar)의 구혼을 캐서린이 받아들인 날, 히스클리프가 실종된다. 그 후 히스클리프는 유복하게 되어 '폭풍의 언덕'에 돌아와 에드거의 여동생 이사벨라(Isabella)와 결혼하는 것으로 복수극을 시작한다. 자신의 애증 때문에 정신 착란으로 죽어 간 캐서린의 딸 캐시를 사로잡은 히스클리프는 언쇼 집안을 파멸시켜 가는데, 최후에는 음울한 '폭풍의 언덕'에 밝은 빛이 비치기 시작하는 것처럼, 캐시는 언쇼 가의 헤어튼과 서로 사랑하고, 히스클리프는 캐서린에 대한 지울 수 없는 애증에 지쳐 죽어 간다.

소설의 주인공 히스클리프가 고아라는 것이 요코의 감정을 자극했다. 히스클리프의 어두운 열정이 요코에게 옮아온 듯한 느낌이었다. 요코는 숨을 죽이고 읽어 나갔다. 고아인 주인공은 남매처럼 자라온 캐서린을 사랑한다. 캐서린이 남의 아내가 된 뒤에도 못 잊어 하다가 마침내는 죽어 버린 캐서린의 묘를 파헤쳐 그녀의 환영(幻影)을 껴안은 채 죽어 가는 격렬함이, 생모를 모르는 요코에게는 공감이 되었다.

'부모에게 버림받은 자식은 히스클리프처럼 두 손을 뻗어 언제까지나, 언제까지나 자기가 사랑하는 것을 '오직 하나, 무엇과도 바꿀 수 없는 것'으로서 추구하지 않고는 견딜 수 없나 봐. 자기는 부모에게 무엇과도 바꿀 수 없는 존재가 되지 못했다는 절망이 이토록 격렬하게 사랑하는 사람에게 집착하게 하는구나.'

읽어 가던 요코는 자기도 격렬하게 사랑하고 싶다고 생각했다. 그리고 사랑받고 싶었다.

_《빙점》'지시마 낙엽송'

《빙점》에서는 요코도, 기타하라(北原)도, 그리고 게이조도, 사이시도, 유카코(由香子)도, 무라이도, 혹은 다쓰코도 모두 부모를 일찍 여의거나 딸린 식구가 없는 듯이 살고 있는 사람들이다. 또한 게이조에게 입양된 고아처럼 여겨지는 존재라는 점에서 요코, 무라이, 유카코는 인간에 대한 그리움과 외로움에 시달리는 히스클리프와 매우 비슷하다. 그리고 이 세 명은 적어도 표면상은 평온했던 쓰지구치 가에 폭풍을 가져오는 존재가 된다.

기타하라 구니오의 등장

중학교 졸업식에서 답사(答辭)를 하게 된 요코, 엄마 나쓰에의 계략으로 준비했던 답사가 백지로 바꿔치기를 당했지만, 그 상황을 보기 좋게 극복하면서 오히려 박수갈채를 받는다. 비록 계모라 할지라도 어머니에게 그렇게까지 미움받고 있다는 사실을 깨닫게 된 요코는, 외로움에 결국 부모의 사랑이 아닌 또 하나의 다른 사랑을 구하게 된다. 견본림에서 《폭풍의 언덕》을 읽던 요코는 '연애를 하게 된다면 나도 이렇게 격렬하고 진지한 연애를 하고 싶어.'라고 생각을 하고 있는데, 기타하라 구니오 (北原邦雄)가 나타나 그런 생각을 꿰뚫어 보는 듯 요코를 바라본다. 기타하라도 《폭풍의 언덕》을 두 번 읽었다고 말한다. 기타하라에게도 이 책은 특별했다. 기타하라와 요코는 같은 것, 즉 어머니의 사랑을 대체하는 것으로서의 이성애(異性愛)를 구하고 있었다. 이후에 견본림을 함께 걸으며 요코는 기타하라에게 수목들의 이름을 가르쳐 주는데, 그중에 지시마 낙엽송이 있었다.

"그래요? 이게 지시마 낙엽송 …."

말하자마자 기타하라는 제방을 달려 내려가더니 지시마 낙엽송의 줄기를 어루만졌다. 요코는 깜짝 놀라 제방 위에서 기타하라를 바라보았다. 기쁨으로 빛나던 기타하라의 얼굴이 점점 어두워지는 것을 요코는 보았다. 요코는 제방을 내려가서 기타하라 곁으로 다가갔다.

"무슨 일 있어요?"

_《빙점》'지시마 낙엽송'

나무줄기에 손을 대는 것은 사랑스러운 것의 소리를 듣고자 하는 몸짓이다. 인간은 소리 없는 것의 소리를 들으려고 할 때 가만히 손을 댄다. 어머니가 잠들어 있는 지시마 땅에서 자랐다는 그 나무에서 뿜어져 나오는 듯한 사랑을 느끼고 자기도 모르게 달려가는 기타하라. 보고 싶어도 볼 수 없는, 가고 싶어도 갈 수 없는, 만지고 싶어도 손이 닿지 않는 어머니의 땅에서 온 지시마 낙엽송을, 어머니를 만지는 것처럼 만져 보는 기타하라. 이때 기타하라의 그늘을 눈치챈 요코도 제방을 내려간다. 요코는 어두워져 가는 기타하라라는 나무의 줄기에 손을 대고, 그 아파하는 것 같은 마음의 소리를 듣기 원했다. 아파하는 사람에게 다가가서 "무슨 일 있어요?"라고 묻는 사람이 본질적인 반려가 되어 가는 것이라면, 그때 요코는 벌써 기타하라를 사랑하기 시작했다고 말할 수 있을지 모른다. 그리고 그렇게 다가오는 사랑 앞에 사람은 솔직하게 자신에 대해 말하기 시작한다.

"나는 지시마에서 태어났는데 네 살 되던 해 지시마에서 본국으로 송환되었어요. 어머니는 지시마에 고이 잠들어 있어요. 그래서 나는 해마다 샤리다케(斜里岳)에 올라가서 지시마를 바라보곤 하지요. 하지만 흐린 날은 지시마가 보이지 않아요. 고등학교 1학년 때는 열흘 동안 매일 샤리다케에 올라갔었어요."

_《빙점》'지시마 낙엽송'

전쟁으로 어머니를 빼앗기고 태어난 고향에서 쫓겨나 네 살 때 귀환한 기타하라에게, 보이다가 안 보이다가 하는 섬처럼 어머니의 기억이 희미하고, 어머니의 사랑이 더욱더 아련했던 것일까? 어머니인 나쓰에를 잃은 요코는 어머니를 잃은 기타하라의 아픔을 알 것 같았다.

시대의 압도적인 폭력 아래서 인간에게 가장 소중한 것을 빼앗겨 버린 사람은 사랑을 구하며 찾고 방황하게 된다. 가라후토(樺太: 사할린의 일본식 명칭)에서 돌아온 귀환자 마쓰자키 유카코(松崎由香子)도, 부상을 당하고 중국 전장에서 돌아와 아내를 잃은 사이시 쓰치오도, 말하자면 기타하라의 형이나 누나라고 할 수 있다. 그러나 기타하라는 방금 만났을 뿐인 요코에게 "어머니가 잠들어 있는 섬을 보기 위해 열흘간 매일 샤리다케(斜里岳)에 올랐다."고 자신의 속마음을 그대로 보여 주는 솔직함을 지니고 있었다. 이 견본림은 쓰지구치 가의 인물들을 시작으로 사람들 마음의 심층이 깊어지는 장소인데, 숨김 없이 자신의 마음을 보여주는 기타하라는 서로 마음을 보여 주지 못하는 병에 걸려 있는 쓰지구치 가 안으로 들어온 한 줄기 바람과도 같은 존재였다.

용서하지 않는 사랑과 용서하는 사랑

후쿠나가 다케히코(福永武彦)는 《사랑의 시험》에서, 사랑한다는 것은 고독이 그저 구원이 찾아오길 바라고 상처가 치유되길 기다리는 것이 아니라, 고독이 사랑을 향해 사랑을 찾아 힘차게 달려가는 그런 일종의 정신적 행위라고 말한다. 그러나 거기에는 이기주의가 반드시라고 해도 좋을 만큼 자주 들어와 사랑을 변질시키려 한다. "좀 더 사랑받고 싶다. 더할 나위 없이 소중한 사람으로 사랑받고 싶다."라는, 좀 더 확실한 사랑의 증거를 획득하고 싶어 하는 것이다. 사랑을 확인하기 위해서는 상대가 단 하나의 둘도 없이 소중한 것을 주지 않으면 안 된다.

예를 들면 도야마루호의 선교사가 자신의 구명복을 준 것처럼, 둘도 없이 고귀한 물건, 자기 자신이나 인생의 일부를 내어 준다거나, 어쩌면 일부일처제의 나라에서 하나밖에 없는 배우자의 자리를 내어 주는 것도 필요할지 모르겠다. 그러나 좀 더 비싼 선물이 있고, 몸은 다른 사람에게 줄 수도 있고, 이혼도 가능하다고 한다면, 그것들은 확실한 보증이 되지 못하기에 최후에는 목숨으로 사랑을 증명하는 것 외에는 다른 방법이 없을 것이다. 그러므로 집요하고 탐욕적인 사랑은 목숨을 거는 것까지 요구한다. 불순종을 용서하지 않고 배신에는 반드시 복수한다. 그러나 사람은 그런 요구에 완전하게 부응할 수 없기에, 탐욕에 기반한 용서를 모르는 사랑은 조만간에 파멸하게 되는 것이다.

나쓰에가 요코에게 집을 지키라고 지시하고 기타하라와 도오루를 데리고 기타하라의 유카타(浴衣) 옷감을 사러 나갔을 때, 혼자 남겨진 요코는 아래와 같이 그려지고 있다.

> 요코는 대문에 기대서서 어두워져 가는 하늘을 쳐다보았다. 까마귀가 숲에서 시끄럽게 울고 있었다. 멀리 서쪽 하늘에 가느다랗고 노란 빛의 구름이 보였다. 그것을 누군가가 기요히메(清姫: 전설에 나오는 여자 이름)의 허리띠라고 불렀던 것이 생각났다.
>
> 요코는 한동안 기요히메의 허리띠라고 불리는 구름을 바라보다가 이윽고 집안으로 들어와서 목욕물을 데웠다. 아무도 없는 집안에서 불이 타오르는 색깔을 바라보고 있는 것은 그야말로 쓸쓸하고 고요했다.
>
> _《빙점》 '지시마 낙엽송'

자기를 배신하고 도망간 안친(安珍)을 쫓아가, 큰 뱀이 되어 결국 피눈물을 흘리며 사랑하는 안친을 태워 죽여 버리는 기요히메(清姬) 이야기. 기타하라를 오해한 요코는 그 불순함을 용서할 수 없어 기타하라의 편지를 모두 태워 버린다. 기요히메의 허리띠라 불렸던 노란 구름과 타오르는 불의 색깔을 바라보던 요코 안에, 그런 '용서하지 않는 사랑'은 이미 시작되고 있었다. 아니, 《폭풍의 언덕》에 끌렸을 때부터 벌써 시작되고 있었다. 사랑에는 용서하는 사랑과 용서하지 않는 사랑이 있다. 유일하다는 것을 너무 바라서 용서하지 않는 사랑은 결국 파멸에 이른다.

그러나 마에카와 다다시는 홋타 아야코 앞으로 보낸 유서 안에서 아야코를 자기의 인생에서 유일한 사람이라고 고백하면서도 자신은 아야코의 유일한 사람이고 싶지는 않다고 말하고 있다. 이런 마에카와 다다시의 사랑은 용서하는 사랑이다. 그런 사랑이 홋타 아야코를 미우라 미쓰요와 만나게 하고 살아가도록 한 것이다.

유일한 것으로 만드는 것

반복되는 것이지만, 사랑받는다는 것과 더할 나위 없이 소중하고 유일한 것과의 관계는 본래 불가역적이다. 사랑받기 때문에 유일하게 되는 것이지, 유일하니까 사랑받는 것은 아니다. 몇백억이나 하는 고흐의 그림도 처음에는 누구 하나 사는 사람이 없었으나, 누군가가 그리고 그다음에 계속해서 많은 사람이 그것의 가치를 인정함으로써 그 그림은 가치를 가지게 된 것이다. 즉 사랑이, 사랑하는 것이 유일성을 창조한다. 그렇다면 사랑받는 것을 기다리는 것보다 사랑하는 쪽이 창조적이라는 것은 너무나 명확한 사실이다. 미우라 아야코는 에세이에서 이렇게 쓰고 있다.

진정한 사랑이라는 것은, 사랑하기에 합당한 사람을 사랑하는 것이 아니라 아무에게도 돌보아지지 않는 가치 없는 사람을 사랑하는 것이 아닐까?

_ 《사랑하는 것 믿는다는 것》

강제 수용소 체험을 적은 《죽음의 수용소에서》(Man's Search for Meaning)의 저자이고 정신과 의사인 빅터 프랭클(Victor Emil Frankl, 1905~1997)의 어떤 책에 이런 이야기가 쓰여 있다.

어느 날 낙태를 생각하고 있는 여성이 의사에게 와서 말했다.

"단지 작은 세포 덩어리 아닌가요?"

확실히 그렇다. 그러나 의사는 그녀에게 약간의 질문을 했다.

"만약 아기를 낳는다고 한다면 이름을 뭐라고 지을래요?"

긴 침묵이 있은 후, 그녀는 얼굴을 들고 말했다.

"고맙습니다, 선생님. 이 아이를 낳겠습니다."

이름을 짓고 이름을 부르는 것은 유일하고 더할 나위 없이 소중한 존재로 인정하고 사랑하는 것이다. 인격을 창조하고 사랑을 창조하는 것이다. 낙태를 생각했던 저 여성도 의사의 질문에 아이의 이름을 생각하며, 그 아이가 더할 나위 없이 소중한 존재임을 깨달은 것이다. 이름으로 말미암아 엄마는 유일한 인격을 가진 아이를 발견하고 사랑을 회복했으며 아이는 생명을 얻었다.

사랑할 수 있는 존재로 창조된 인간에게는 사랑해야 하는 책임이 주어져 있다. 사랑이란, 자신의 감정과 지성과 의지의 전부를 다하여 그 상대의 행복을 바라고 그것을 위해서 노력하는 것이다. 자기의 인생에 주어진 사람게 최대의 희생을 다짐하고 책임지려는 것이다. 그때에 오히려 자기가 사랑하는 그 사람이 유일하며 세상에 둘도 없는, 더할 나위 없이 소중한 존재임을 깨닫는다. 그리고 그때에 우리의 인생은 풍성해진다.

'없어서는 안 될 것'은 무엇일까?

빅터 프랭클은 인간의 일생에서 중요한 가치를 세 가지로 나누어 생각하고 있다.

첫째, 맛있는 것과 즐거운 것과 아름다운 예술 등 좋은 것을 음미하고 즐기는 것으로 느끼는 '체험적 가치'다. 둘째, 의미 있는 일을 위한 목표를 달성하는 기쁨으로 주어지는 '창조적인 가치'이다. 그리고 셋째, 인생으로부터 주어지는 물음에 성실하게 응답하려고 하는 데서 생겨나는 '태도적 가치'(윤리적 가치라고 해도 좋을까?)이다.

본래 인간은 한 사람 한 사람 비교할 수 없는 유일한 존재로 하나님께 사랑받아 창조되었다. 그리고 자신답게 살아가도록 그분께 매순간 기대를 받고 있다. 그것을 아는 것, 태도적 가치는 거기에서 창출된다.

문제 상황에 던져졌을 때 사람들은 대부분 상황만을 보며 절망하고 낙담한다. 그런 상황에 이르게 된 원인을 만든 사람을 추궁하는 길을 택하는 경우가 많은데, 반대로 그 문제 상황을 자신에게 제시된 물음으로 받아들여 그 물음에 응답해 가는 길을 택하는 사람도 있다. 그 사람은 아마 죽지 않아도 되고 죽지 않을 것이다. 그리고 그 선택을 통해 유일한 자, 비길 데 없는 존재, 자기 자신이 되어 간다.

나가노 마사오(長野政雄)는 문제 상황으로 궁지에 몰렸을 때 그 물음을 정면으로 받아들이고 나가노 마사오가 되어 갔다. 마에카와 다다시는 결핵으로 건강이 좋지 않은 상황임에도 불구하고 그 물음에 답해 한 여인을 사랑하는 길을 택했고, 미우라 미쓰요 역시 홋타 아야코의 상황을 마주한 후 가능하지 않았을 것 같았음에도 불구하고 "사랑하는가?"라는 물음에, "그런 사랑을 주십시오."라고 기도하며 나섰다. 이리하여 마에카와 다다시는 그 누구와 비교할 수 없는 마에카와 다다시가 되었고, 미우라 미쓰요는 둘도 없이 소중한 미우라 미쓰요가 되어 갔다.

아내가 불륜을 저지른 것이 틀림없는 상황에서 게이조는 그 문제 상황을 하나의 물음으로 받아들이고, 그런 괴로운 상황에 처해 있음에도 불구하고 자기 인생을 사랑하고, 아내를 사랑하며, 남편으로서, 인간으로서 가장 성실한 길을 탐색할 수도 있었다. 그렇게 할 수 있다고 게이조는 생각했었다. 그렇게 하는 것이야말로 진짜 인생이라고, 도야마루호에서 자신의 구명복을 타인에게 건네준 선교사를 본 날부터 깨닫고는 있었다.

> 이대로 어떤 병으로 죽는다면, 어쩌면 자기의 일생은 진흙탕 속에 빠져 버린 일생일 거라고 게이조는 생각했다.
> '맘먹고 교회에 가 볼까? 교회에 가서 이런 어리석고 형편없는 자기라도, 아직 진실하게 살아갈 수 있을지 목사에게 물어볼까?'
> 게이조는 성경을 덮었다.
> '어쨌든 가 보는 거다.'
>
> _《빙점》'계단'

게이조는 도야마루호에서 던져져 어두운 바다 가운데서 거센 파도에 농락당할 때, 사람의 죽음에 익숙해져 있던 자신이 정작 자신의 죽음에 대해선 아무런 준비도 하고 있지 않았음을 통감했다.

'이대로 죽으면 내 일생은 어떤 것이었을까?'

'이런 어리석고 형편없는 자신이라도 아직 진실하게 살아갈 수 있을까?'

이런 인생의 근본적인 물음이 인간에게는 필요하다. 이런 물음 없이는 자기 인생을 스스로 리셋(reset)한다거나 더 높은 방향으로 시선을 향하여 고쳐 걸을 수 없다. 나쓰에의 배신을 용서하지 않는 게이조는 또 한 사람의 요코이고, 또 한 사람의 히스클리프라고 할 수 있다. 그러나 자기 스스로 그 문제를 깨닫고 있다. 이렇게 해서는 배신에 대해 복수하는 인생뿐이지 않은가? 배신한 아내의 인생을 망가뜨리는 무서운 계획을 실행하려 하고, 그것으로 자신도 불행하게 되어 갈 뿐인 인생. 그런 참담함과 비참함을 깨닫고 있었던 것이다. 그렇기 때문에 게이조는 더욱더 도야마루호의 선교사가 가졌던 그 위대한 사랑을 구했다.

"6조 10초메 그리스도교회로."

그렇게 말하고 게이조는 한숨을 놓았다.

택시가 미도리바시(綠橋) 거리를 달려 시청 모퉁이를 돌았다. 시청 옆의 키 큰 포플러 나목이 밤하늘에 검고 아름답다. 차가 멈췄다. 교회당 앞이다. 요금을 건네고 차 밖으로 나오자 게이조는 교회당을 쳐다보았다. 십자가 아래 밝게 켜진 플라스틱 장식 창문에 '하나님이 세상을 이처럼 사랑하사 독생자를 주셨으니'라고 굵은 글씨로 쓰여 있었다.

중년 부부로 보이는 한 쌍이 게이조를 앞서갔다.

"당신 춥지 않아?"

"괜찮아요."

둘이 교회당 계단을, 서로 다정하게 올라가는 것이 보였다. 그것은 순간이었지만, 게이조는 자기 부부에게는 없는 정다운 분위기를 두 사람에게서 느꼈다.

_《빙점》 '계단'

당시 아사히카와 로쿠조교회의 구 예배당에는 계단이 밖에 있었다. 《빙점》에서 그 계단을 다정하게 올라가는 부부의 모델이 미우라 부부 자신들이었을까? 이 두 사람은 왜 다정할까? 게이조는 묻고, 자기 부부에게는 없는 그것을 갖고 싶다고 생각한다.

> 게이조는 설교 제목 '없어서는 안 될 것'에 마음이 끌렸다. 교회당 앞에 가니 안에서 찬송가가 들려왔다. 자기가 모르는 찬송가를 들으니 게이조는 역시 들어가기 어렵겠다는 생각이 들었다. 게이조는 자기의 우유부단함에 한심해졌다. (중략) '없어서는 안 될 것이란 무엇일까? 나에게 없어서 안 될 것은 뭘까?' 게이조는 십자가를 쳐다보았다.
>
> _ 《빙점》 '계단'

도야마루호의 선교사에게 있었던 것, '이런 어리석고 형편없는 자기도 진실하게 살아갈 수 있을까?'라는 물음의 답, 그것이 없으면 인생을 회복할 수 없고 진정한 삶을 살아갈 수 없는 것, 진실한 사랑을 다시 한 번 가능하게 하는 것, 여기에 그 답이 있다. 그것은 바로 '없어서는 안 될 것이란 무엇일까?'라고 물었던 게이조가 쳐다본 것, 십자가이다. 그리고 그 십자가 아래 플라스틱 장식 창에 쓰여 있는 십자가의 의미. "하나님이 세상을 이처럼 사랑하사 독생자를 주셨으니."

그 '없어서는 안 될 것'에 대해, 미우라 아야코는 이렇게 말하고 있다.

> 인생에서 가장 중요한 것은 건강, 돈, 지위, 권력, 미모, 좋은 결혼, 좋은 직장 등이 아니다. 인생에서 가장 중요한 것은 '인간이 인간인 것'이고, 모조리(예를 들면 아야코는 남편 미쓰요의 아내인 것과 작가인 것을) 잃어버렸다 해도 "아! 살아 있

어 다행이다."라고 말할 수 있는 것이다. 그리고 그것을 위해 예수 그리스도의 아버지 되신 하나님의 사랑을 아는 것과 예수 그리스도라는 위대한 인격을 만나 인간으로서의 인격을 배양하는 것, 그것이 '없어서는 안 될 것'이다.

_ 《모래의 바람》 '없어서는 안 될 것'

"너는 나에게 '없어서는 안 될 사람'이야."라고 말해 주는 사랑이 우리에게 '없어서는 안 될 것'이다. 그것은 하나님이 그 독생자를 주실 정도로 당신을 사랑해 주셨다는 것, 하나님의 사랑의 증거, '그럼에도 불구하고 사랑하는 사랑'의 모습이라고, 즉 그리스도께서 당신을 죄에서 해방하여 생명을 주시기 위해 십자가에서 죽으셨다고 미우라 아야코는 게이조에게 들려주고 있는 것이다. "하나님이 세상을 이처럼 사랑하사 독생자를 주셨으니"라는 요한복음 3장 16절의 말씀은 성경 중의 성경으로, "이는 저를 믿는 자마다 멸망치 않고 영생을 얻게 하려 하심이라"로 이어지는데, 그것을 역으로 읽으면 "사랑이 없으면 사람은 멸망하는 존재이다."라는 의미이다.

시오카리 고개에서 폭주하는 객차 앞에, 전후(戰後) 자포자기했던 홋타 아야코에게, 침몰하는 도야마루호에서 구명복 끈이 끊어졌던 여성에게 '그럼에도 불구하고 사랑하는' 사랑으로서 '독생자'가 주어졌다. 나가노 노부오(永野信夫)와 마에카와 다다시 그리고 도야마루호의 선교사로 주어졌다. 미우라 아야코의 대표작 《시오카리 고개》, 《길은 여기에》, 《빙점》의 기둥은 성경의 핵심을 너무나 분명하게 말하고 있다.

7.
도오루
오직 하나뿐인 오빠의 사랑과 죄

〈쓰지구치 가의 모델이 된 후지타 댁〉
계단을 올라 왼편에 도오루의 방이 있다.

여동생을 사랑하기 시작

유복한 가정, 건강한 몸과 우수한 머리, 인격적인 아버지와 우아하고 아름다운 어머니, 귀여운 여동생까지, 무엇 하나 부족함 없이 나고 자란 소년 쓰지구치 도오루(辻口徹). 그러나 사람이 언제까지나 아무 문제도 없는 인생을 걸어갈 수만은 없다. 도오루는 여동생 루리코의 죽음을 경험하고, 입양되어 온 또 하나의 여동생 요코를 통해서 부모가 지닌 각각의 문제와 부모 사이에 있는 문제를 알게 된다. 더욱이 요코를 통해 이성에 대한 사랑을 알고, 그 사랑을 통해 질투의 고통과 그것을 극복하는 것의 어려움을 알게 된다. 즉, 요코는 '바람이 전혀 없던' 도오루의 인생을 동요시키는 존재였다.

"엄마!"

날카로운 도오루의 목소리에 나쓰에는 당황하며 눈물을 닦았다. 거실로 돌아오자 도오루는 게이조를 내려다보듯 식탁 앞에 서 있었다.

"엄마, 요코 짱은 데려온 아이예요?" (중략)

"근데 요료 짱이 이렇게 어둡도록 돌아오지 않는데, 아빠는 태연하게 저녁을 드시고 있잖아요." (중략)

"그리고 아빠는 요코 짱에게 다정하게 대해 준 적이 없잖아요. 아빠는 요코

짱을 안아 준 적도 없잖아요. 요코 짱이 … 요코 짱이 불쌍해요."

도오루는 거의 울 것 같은 얼굴로 게이조를 노려보았다.

_《빙점》'다리(橋)'

도오루에게 게이조는 존경할 만한 최고의 아버지였다. 그러나 요코에 대한 게이조의 차가운 사랑을 알아채기 시작했을 때, 아버지는 결코 단순히 우러러볼 존재가 아니라 사랑이 결여된 부당한 존재라고 생각한다. 그리고 어머니까지도 아버지 만큼이나 요코를 사랑하지 않음을 알았을 때, 도오루에게 요코는 한층 더 지켜 주어야만 하는 존재가 되어 간다. 도오루는 부모에게 의분을 품는다. 이 여동생을 부모로부터 지켜줘야 하기에, 자기 혼자서 한 사람의 존재를 지키고 사랑하려는 마음으로 부모에게서 자립해 간다.

"불쌍하다는 건, 반했다는 것"이라는 말이 진실이라면, 도오루가 요코의 외로움에 동정을 품기 시작했을 때에 그 사랑은 이미 시작되었다고 할 수 있겠다. 혹은 "요코 짱은 내 아내예요."라는 도오루의 말에 당황한 게이조가 도오루의 뺨을 내리쳤을 때 시작된 것인지도 모른다.

요코를 사랑하는 것이 자신의 사명임을 도오루는 확실히 의식하고 있었는데, 그가 쓴 글에 고스란히 나타나 있다. 도오루가 6학년 때 쓴 "살해당한 여동생"이라는 작문에 "나는 형제가 여동생 한 명밖에 없다. 그러나 실은 두 명이어야 한다."라고 하며 "지금까지 루리코가 살해당한 것을 생각하기 싫었지만 6학년이 된 지금은 차분히 생각해 보려 한다."고 쓰고 있다. 거기에 부모의 사랑을 저렇게 변하게 한 뭔가 무서운 것이 숨겨져 있다고 무의식 중에 느낀 도오루는, 생각하는 것이 싫었음에도 그 구렁을 들여다보지 않을 수 없었다. 도오루의 결심은 '살해당한 여동생이 너무 불쌍해서 견딜 수 없다. 그래서 요코를, 죽은 여동생 몫까지 귀여워해 줄 거다. 〈단장(丹粧)〉'라는 대목에서 잘 드러난다.

청결하다는 것

사람은 사춘기 때, 보다 새로운 삶의 방식을 지향하면서 어떤 형태로든 한 번쯤 부모에 대한 환멸을 경험하지 않으면 안 되는지도 모른다. 그 훌륭한 표면의 이면에, 실은 불결한 것이 숨어 있는 어른 세계의 이중 구조를 깨달으며 그것을 역겹게 여기기도 한다. 도오루에게는 정말로 이상적인 부모였던 게이조와 나쓰에. 자기 부모가 그런 어두운 내막을 가진 인간들이라고는 생각지도 못했던 도오루에게, 부모 사이에 숨겨져 있던 은밀한 비밀은 청천벽력과 같았다.

> "두들겨 맞는다고 해도, 죽임을 당한다고 해도 말하겠어요. 저는 아버지나 어머니가 어느 누구보다 훌륭한 사람이라고 생각했어요. 아니, 훌륭하지는 못해도 청결한 사람이길 바랐어요."
>
> _《빙점》'심연(深淵)'

도오루는 '훌륭함'이라는 가치와 '청결'이라는 가치를 대립시켜 생각하고 있다. 표면상 언동(言動)의 '훌륭함'보다도 그 내면의 '청결'함에 인간의 가치가 있다고 생각하고 보다 깊은 윤리성 또는 종교성을 희구하기 시작한다. 그러면 '청결'이란 무엇일까? '청결'이란 무균과 동의어가 아니다. 낫토실(納豆室: 낫토를 만드는 방. 낫토는 일본의 전통 발효 식품)이나 양조(釀造) 통에는 대량의 균이 있어도 적합한 종류의 균이라면 그것은 '청결'한 것이다. 단지 거기에 다른 균이 없는 것, 즉 '분리되어 있는' 것이 중요하다. 어떤 장소나 영역, 관계 안에 적합하지 않은 것을 들이지 않는 것, 중요한 것과 중요하지 않은 것을 구별하고, 더욱이 중요한 것을 중요하게 여기고 중요하지 않은 것과 결별하는 것, 그것이 '청결'이다. 외면은 깨끗하게 꾸며 놓고 정작 그 알맹이, 가장 중요한 곳을 가장 더럽고 추하고 잔인한 욕망이나 원한에 내어 주는 불결함. 도오루의 눈에는 게이조도 나쓰에도 그런 '불결한' 인간으로 보였다.

부부 사이에 사랑의 약속인 '청결'이 더럽혀져 질서가 흐트러질 때, '부모의 관계'가 세상에서 가장 중요한 기본축인 자녀들은 자신을 지탱할 수 없게 된다. 그때 자녀들은 안심하고 돌아올 수 있는 집을 잃어버린 것이 된다. 《속·이류지대(泥流地帶)》에서 주인공 고사쿠(耕作)가 말한 것, 즉 "인간은 말이야, 경치든 친구든 그리운 것을 갖고 있지 않으면 안 돼. 그리움으로 가득 찬 것을 갖고 있으면, 인간은 그리 간단하게는 타락하지 않는단다."의 반대 현상이 일어난 것이다. 요코의 출생 비밀이 폭로되던 날은, 말하자면 요코가 고향을 상실하는 날이기도 하다.

"이 집에서 크고 자란 요코가 만약 알게 된다면 어떻게 하죠? 요코는 이 집에 있을 수 없게 돼요. 살아 있을 수 없을지도 몰라요."

_《빙점》 '심연(深淵)'

이 집을 고향으로 해서 자라고 거기에 뿌리를 내리고 성장했던 생명이, 땅에서 뽑혀져 거처를 모두 잃고 '살아 있을 수도 없을' 정도의 위험한 표류에 내몰리게 된다는 것을, 게이조와 나쓰에는 알지 못했다. 그 비극을 예견한 것은 도오루뿐이었다. 그만이 요코를 사랑하는 유일한 가족이었던 것이다.

제멋대로라는 불행의 씨앗

"아버지는 멋대로예요. … 어른들은 자기 맘대로예요. 아버지, 요코가 아무리 귀염 받아도, 어느 집에서 자라는 것보다 이 집에서 자라는 것이 제일 불행해요. 무슨 권리로 요코를 불행하게 하는 거예요? 이런 불행의 씨가 뿌려진 집 따위 필요 없어요. 싫어요. 뭐야, 이딴 집구석!"

_《빙점》 '심연(深淵)'

《빙점》에 등장하지 않는 요코의 친모 미쓰이 게이코(三井惠子)를 제외하면 도오루는 요코의 입장에서 생각하는 최초의 인간이다. 요코의 행불행을 여러 가지로 궁리하는 사람이 지금까지 이 집에는 한 사람도 없었다. 그 무서운 사실, 요코가 계속 외톨이로 살아온 것을 알게 된 도오루. 그래서 도오루는 격하게 "뭐야, 이딴 집구석!"이라고 소리를 질렀던 것이다. 여기에는 '집이란 무엇인가?'라는 무거운 물음이 있다. 불행의 씨앗이 아니라 행복의 씨앗이 뿌려져야 할 장소. 그리고 그 행복의 씨를 키우는 장소가 가정 아닌가? 그러나 쓰지구치 가는 그 집주인들에 의해 '불행의 씨가 뿌려지고 있는 집'이었다.

성경이 "스스로 속이지 말라 하나님은 업신여김을 받지 아니 하시나니 사람이 무엇으로 심든지 그대로 거두리라"(갈 6:7)고 말하는 것처럼, 결국 이 집은 심은 그대로 거두게 된다. 불행의 씨는 무엇일까? 그것은 '제멋대로' 즉 자기중심이다. 어른들의 '제멋대로라는 씨'는 외로움이라는 차갑디 차가운 물을 빨아들여 불행으로 자라고, 마침내 죽음이라는 열매를 맺는다. 안타깝게도 이것은 거의 모든 가정이 예외없이 지고 있는 무서운 현실로, "아버지는 제멋대로예요."라는 자녀들에게 비난에서 자유로울 수 있

는 아버지가 과연 몇이나 될까? '제멋대로'의 뿌리에 있는 것은 뭘까? 그
것은 앞의 성경 구절에 적혀 있듯이 하나님을 업신여기는 것이다. 자기 자
신에 대한 착각과 하나님에 대한 오만, 도오루는 그것을 지적한다.

> "알지도 못하면서. 아버지는 아무것도 모르고 있어요. 아버지도 나빠요. 어
> 머니에게 복수하고 싶으면 해도 좋아요. 하지만 그것 때문에 한 사람의 운명
> 을 불행하게 하다니, 그렇게 인간을 소중하게 여기지 않는 사고방식이, 나
> 는 화가 나요."
>
> _《빙점》 '심연(深淵)'

게이조와 나쓰에 사이에, 요코는 딸이기 전에 적의(敵意)이고 판결의 도구
이며 흉기이고 죄의 증거이기도 했다. 그들 부모에게 요코는 그런 의미와
목적을 가진 존재일 뿐이었다. 인간으로 양육되지 못하는 불행. 요코가 이
집에서 자라는 불행이란 그런 것이었다. 적들 안에서, 적이라는 혐오스러
운 존재로 살아가야 하는 요코. '인간을 인간으로 보지 않는 것'이야말로
인간에게 있는 모든 불행의 근원일 것이다. 그 점에서 쓰지구치 가의 양녀
가 된 요코와 '다코베야'에 팔린 사이시는 동일하다. 그리고 죄란 '제멋대
로'이기에 '인간을 귀하게 여기지 않는' 태도이다. 이것은 《총구》에 이르기
까지 미우라 아야코가 여러 각도로 밝히고 있는 사회적 측면에서 본 '인간
의 죄'이다.

　하나님에 대해서는 그분의 마음과 말씀을 무시하고 등을 돌리는 것,
자신에 대해서는 스스로 사랑하는 것을 그만두는 것, 타인에 대해서(사
회적)는 인간을 인간으로, 생명을 생명으로 보지 않는 것, 그것이 죄다.
진지하게 사랑하기 시작하자 도오루의 눈이 열려 갔다. 도오루는 요코

라는 한 사람의 인생을 꼭 행복하게 해 줘야 하는 존재로, 새로운 시각을 갖기 시작했다. 그는 "아버지는 아무것도 모르고 있어요!"라고 소리치고 있는데, 확실히 그것은 루리코에 대한 사랑에서 나온 외침이었다. 사람들이 멸시와 적의의 눈으로 그 사람을 본다 해도, 하나님은 그렇게 보지 않으신다. 다른 시선으로 보아 주신다. 도오루의 시각은 그것을 보여주고 있다.

오빠인 것을 그만두는 죄

"요코는 나와는 절대 결혼할 수 없다."라고 생각한 도오루는 자기가 요코와 결혼할 수 없다면 기타하라에게 맡겨야 한다고 자신을 설득시키려 하지만, 그것은 억지였다. 요코가 기타하라와 친하게 되는 것을 바라면서도, 요코가 자기 몰래 기타하라와 교제하는 것을 질투했다. 기타하라가 여동생과 함께 찍은 사진을 아무런 설명도 없이 요코가 보게 해서 오해하게 하거나, 기타하라가 병에 입원했을 때 많은 여성들이 병문안 왔었다고 요코에게 말하거나 해서, 요코의 마음을 혼란스럽게 하려 했다.

도오루에게는 강한 소유욕과 관리욕이 있었다. 요코에 관해서는 무엇이든 알려 했고, 요코를 자기 눈과 손이 닿는 곳에 두고 싶어했다. 그리고 자신과 결혼할 수 없다면 자신이 소개해 준 사람과 결혼시키고 싶다는, 자녀를 떠나보내지 못하는 부모 같은 이기적인 마음을 가지고 있었다. 도오루는 요코에게 오빠이고 부모이며 애인이기를 바랐다. 두 사람이 소운쿄(層雲峽) 계곡에 갔을 때, 요코가 자신이 입양된 아이였음을 초등학교 때부터 이미 알고 있었다는 것을 듣게 되자, 도오루는 요코에게 프로포즈를 해도 되겠다고 생각한다. 왜냐하면 이미 긴 시간 동안 요코는 도오루를 타인으로 의식하고 있었을 것이라고 생각했기 때문이다. 생각이 여기에 다다르자 도오루는 오빠라는 것의 무게를 잃어버린다. 혈연관계로는 타인임을 알면서도 여전히 오빠와 여동생으로서의 관계를 계속하지 않으면 안 되는 요코의 마음을 헤아리지 못하게 된다.

"요코. 뭐든지 힘든 일이 있으면 나에게 말해야 해." 요코는 도오루의 이러한 말에 기뻐했겠지만, 오빠의 사랑이 가득한 것 같은 이 말도 자세히 들여다보면 '뭐든지 다 말해, 나에게만.'이라고 하는 마음이 엿보인다. 마침내 도오루는 요코에게 이런 말을 내뱉는다.

> "요코, 나는 요코 짱과 남매로 자라지 않았더라면 좋았겠다고 생각했어. 기타
> 하라가 부러워."
> "그러면 안 돼, 오빠. 그런 소리하면."
> 요코는 독일가문비나무에 손을 짚었다. 몸이 휘청거리는 것 같았다.
>
> _《빙점》'제방'

이 집에서 유일하게 자신을 지지해 주던 사람을 잃게 되었을 때, 요코는 서 있을 수 없을 정도로 흔들리게 된다. 언제까지나 오빠이기를 원했는데, 도오루는 "오늘부터 나를 오빠라고 생각하지 말아 줄래?"라며 애원했다. 요코는 저항하지 않으면 안 되겠다 생각했다. "요코는 언제까지나 쓰지구치 가에 있고 싶다고 생각했는데, 오빠에게 그런 말을 들으면 있을 수 없게 되잖아."

도오루는 요코가 유일하게 안심하고 의지할 수 있는 존재였던 '오빠'라는 존재를 요코에게서 빼앗고, 집에서 쫓아내는 것도 불사한다는 자세로 압박해 간다. 요코의 이 외로움은 나쓰에에게 내쫓긴 루리코의 외로움과 비슷하다. 나쓰에가 엄마라는 것을 버리고 여자이기를 택했을 때, 더이상

집에 있을 수 없게 된 루리코가 밖에서 살해된 것과 같이, 도오루가 오빠라는 것을 버리고 남자이기를 택했을 때, 요코 역시 더이상 집에 있을 수가 없게 된다. 사랑이라는 책임감이 이기심에 질 때, 사랑받던 대상은 외로움에 내몰리고 때로는 죽음에 이르게 된다. 한때는 사랑했던 사람이 이기심에 빠져 원하는 상대를 뒤쫓아 몰아가는 사냥꾼처럼 변해 간다.

"근데 요코, 요코는 기타하라와는 결혼할 수 없어."

_《빙점》'제방'

이렇듯 나쓰에보다도 먼저 요코의 비밀을 폭로할 것 같던 도오루의 마음 역시 나쓰에와 같이 질투에 사로잡힌 마음이었다. 도오루는 왜 "요코는 기타하라와 결혼할 수 없다."라고 생각했을까? 기타하라가 만약 누군가로부터 요코의 출생 비밀을 듣게 된다면 그 사실에 멈칫하게 될 거라고 추측했기 때문이다. 그 광포(狂暴)한 비장의 카드가 사용된다면, 거의 죽을 만큼의 중상을 입게 될 요코를 다시 품에 안을 수 있는 사람은 자기밖에 없을 것이라는 자만심이 도오루에게 있었다. 궁극적으로는, 사랑하는 사람이 죽게 되더라도 '다른 남자의 손에 넘기나 봐라.'라는 무서운 이기적인 사랑이 도오루 안에 있었는데, 그것이 이렇게 표면화되어 갔던 것이다.

이런 도오루를 생각할 때, 남은 생이 얼마 남지 않게 되자 자신이 사랑했던 아야코에게 어울리는 남자와의 새로운 출발을 격려하고, 그녀의 인생에서 자신에 대한 기억마저 지우려고 했던 마에카와 다다시의 숭고한 사랑을 생각하지 않을 수 없다. 하나님께 측량할 수 없는 계획이 있다는 것에 대한 신뢰와 겸손이 없는 사람에게 그것은 불가능한 일이다.

사랑받지 못하는 외로움을 아는 도오루

1963년 크리스마스 이브, 도오루는 겨울 방학에 아르바이트를 해서 모은 돈으로 요코를 위해 오팔(opal) 반지를 사서 아사히카와로 돌아왔다. 그러나 반지를 꺼내려고 하는 바로 그때, 요코는 마침 찾아온 기타하라를 맞이한다. 요코가 기다리고 있던 사람이 자신이 아니었음을 알게 된 도오루는 편지를 남겨 두고 나간다. 지난 여름 방학 때, 기타하라와의 관계가 끝난 것으로 확신하고 "오빠가 아니라 이성으로서 생각해 주지 않을래?"라고 했던 말이 어떤 형태로든 요코 안에서 자라나고 있을 것이라 기대하고 있었던 만큼 도오루의 낙담은 컸다.

'갑자기 눈이 없는 설날을 보내고 싶어졌습니다. 지가사키(茅ヶ崎)의 할아버지 댁에 갑니다. 좋은 설날 맞으시길 바랍니다.' –도오루–

수신자 이름이 없었다. 요코는 가슴이 죄어드는 것만 같았다. 요코는 방금 전의 도오루의 쓸쓸한 표정을 떠올렸다.

기타하라에게 도오루가 없어졌다는 것을 알리려다 요코는 그만두었다. 돌아오자마자 급히 지가사키로 떠나지 않을 수 없었던 도오루의 외로움을, 모두에게 숨겨 주고 싶은 생각이 들었다.

_《빙점》'피아노'

편지에 '수신자 이름이 없는' 것은 '빨간 꽃' 장에서의 퇴원 전날에 자살한 마사키 지로의 유서와 같다. 자신이 기대하는 만큼, 자신을 소중한 사람으로 받아 주는 존재를 발견하지 못했을 때, 수신자의 이름을 쓸 수 없다. 이야기 서두에, 루리코는 "선생님 미워! 엄마도 싫어! 아무도 루리코랑 안 놀아 주고!"라고 소리치며 집에서 나가는데, "선생님 미워! 엄마도 싫어!"는 무라이와 나쓰에에 대한 말이지만, "아무도 루리코랑 안 놀아 주고"는 '수신자 이름이 없는' 말이다. 그때 '수신자 이름이 없는' 말은 '누군가'를 갈구하는 외침이기도 하다.

마사키 지로는 자살 전날 게이조에게 "내 존재 가치는 제로입니다."라고 말하는데, 이 존재 가치 '제로 도(度)'야말로 '빙점'이다. 요코에게 연인으로서는 '제로 도'임을 알게 된 도오루, 얼어붙은 마음을 안고 '가슴이 찔리는 듯한' 쓸쓸한 표정으로 집을 나간 것이다.

요코는 이성으로서의 사랑을 요구하는 도오루를 받아들일 수 없었다. 그러나 여동생으로서 오빠의 외로움을 알고 있기에 그 상처를 '숨겨 주고 싶다'고 생각했다. 더구나 도오루가 요코를 여동생으로가 아니라 사랑하고 있음을 이미 눈치채고 있던 기타하라에게 도오루의 외로움을 알게 하는 것은 너무나 잔혹하다고 생각했다.

도오루가 집을 나간 후, 나쓰에는 도오루가 요코에게 거부당한 외로움 때문에 멀리 여행을 떠났다고 생각했다. 나쓰에는 도오루를 내쫓은 요코에게 복수하듯 요코의 비밀을 폭로해 버리는데, '그것은 지가사키에 여행 간 도오루를 위해 하는 일이라 생각했기에 그렇게 해도 나쁘다고 생각되지 않았다.'라고 생각한다. 나쓰에에게는 '하얀 스웨터를 입은 팔을 가볍게 안는 듯한 자세로 나쓰에를 바라보는' 요코의 아름다움에 대한 질투와 혐오감, 그리고 기타하라에게 받은 굴욕이 훨씬 더 큰 동력이었지만, 자식을 위한 복수라는 구실로 요코의 등을 떠미는 것이었다. 사람은 잔혹한 일을 할 때, 으레 이처럼 자기의 의로움을 드려내려는 핑계를 가지고 있다.

루리코를 내쫓은 나쓰에에게 복수하는 게이조가, 실은 자기 안의 질투 때문에 요코를 입양한 것처럼, 《빙점》에서 게이조와 나쓰에는 '자식의 외로움’ 때문에 복수하는 것 같아 보이지만, 실은 ‘자기의 외로움’ 때문에 복수하고 있는 것이다. 이 외로움에 의한 복수를 축으로 이야기가 크게 회전해 가고 있다.

외로움을 ‘내버려 두는’ 것은 위험하다. 루리코와 사이시의 외로움은 불행하게도 ‘내버려 둠’이었지만 다행히 도오루는 요코에게도, 나쓰에에게도 사랑받았다. 그리고 도오루가 찾아간 지가사키에는 그의 훌륭한 할아버지가 있었다. 지가사키의 할아버지는 일찍이 게이조에게 “너희 원수를 사랑하라”가 인간에게 가장 어려운 명제라고 말했던 선생님이었다. 자기를 사랑해 주지 않는 여동생과 ‘무엇과도 바꿀 수 없는 존재’를 빼앗은 친구를 용서할 수 있을까? 그들에 대한 사랑을 어떻게 회복할 수가 있을까? 도오루는 할아버지와의 시간 속에서 답을 찾아야만 했다.

도오루의 사랑의 성장

《시오카리 고개》에서 후지코(ふじ子)는 사랑하는 나가노 노부오가 레일 위에 몸을 던져 죽었을 때, 집 지붕 위에 큰 돌이 떨어지는 듯한 소리를 들었다. 도오루는 지가사키에서 돌아오는 길에 느긋하게 지낼 생각으로 삿포로의 기숙사에 머물고 있었는데, 요코가 유서를 쓰던 밤, “어쩐지 불길한 예감”이 밤새 그를 불안하게 해서 한시라도 빨리 집에 돌아가고 싶다는 생각을 한다. 본질적인 유대를 갖는 두 영혼 사이에서는 그런 일이 있음을, 아야코는 마에카와 다다시가 죽던 날의 체험으로 이미 잘 알고 있었던 것이다.

그날 아침, 일장기를 내건 집들이 있어서 도오루는 오늘이 성인(成人)의 날이라는 걸 알게 되는데, 이날 1964년 1월 15일은 루리코가 살아 있다면 성인식을 맞았을 날이었다. 세 살 루리코의 ‘사랑받지 못한 외로움’은 17

년이 지나 루리코를 대신한 요코 안에서, 보다 차가운 '사랑받을 수 없는 외로움'이 되어 그녀를 죽음으로 내몰고 있다. 루리코의 외로움의 구렁보다 더 깊은 바닥에서, 고독한 한 영혼이 되어 오빠를 부르고 있었다.

> 지금 요코가 만나고 싶은 사람은 오빠입니다. 요코가 누구를 가장 그리워하고 있는지 이제야 겨우 알았습니다.
>
> _《빙점》'유서'

요코가 도오루 앞으로 써 보낸 유서는 짧지만 친밀함과 상냥함으로 가득 차 있다. 십수 년 동안 도오루가 봐 온 것, 도오루가 받아들인 것, 도오루가 참아 왔던 것, 그리고 도오루가 준 것. 낮아진 요코의 마음의 눈에 그것들이 분명히 보인 것이다. 여동생을 죽인 범인의 딸이라고 알고 있음에도 불구하고 사랑해 준 도오루의 사랑이 고귀한 것으로 보이게 되었다. 그러나 그것은 연모가 아니었다. 남성을 향한 사랑도 아니었다. '그리움'이라는 감정이었다. 요코가 그리워하는 사람, 자기의 존재를 있는 그대로 받아들여 더할 나위 없이 소중한 사람으로 사랑해 주던 도오루의 육친적인 사랑의 따뜻함이었다.

> 자신의 출생을 알고 있으면서 여전히 친절하게 대해 준 도오루를 생각하니, 요코는 정말 보고 싶었다.
>
> _《빙점》'죽음'

그러나 눈이 깊게 쌓인 독일가문비 숲에서 요코가 생각한 것은, 작년 여름 술래잡기했던 때의 도오루의 외로움이었다. 그때 기타하라를 사랑하고 있었던 자신을 떠올리며 도오루의 외로움이 괴로울 정도로 잘 이해됐다. 그것은 요코가 지금 '사랑받지 못하는 외로움'을 뼈에 사무치도록 느끼고 있기 때문이었다.

'사랑받지 못하는 외로움'을 견뎌 가면서 요코를 사랑해 준 도오루. 쓰지구치 가에서 누구에게도 사랑받지 못했던 자신을 '그럼에도 불구하고' 사랑해 준 그 도오루의 영혼을 요코는 지금 부르고 있었다. 그리고 그 소리를 느끼고 받아들이기라도 한 것처럼 도오루의 가슴은 설레었다. 누구에게나 다 그 설렘이 있는 것은 아니다. 같은 집에 있던 게이조에게도, 나쓰에에게도 그것은 없었다. 부름받지 않으면 받을 수 없는 것은 당연하지만, 부름받는 쪽도 그만한 자격이 있어야 한다. 받아들일 수 있는 사람 외에는 받을 수 없는 부름이다.

이 성인의 날은 비유적으로는 도오루의 성인의 날이기도 했다. 루리코와 요코가 경험했던 '사랑받지 못하는 외로움'을 경험하면서, 도오루는 그 외로움을 한 발 넘어선 어른이 되어 돌아왔다.

이번 여행에서 도오루는, 요코가 기타하라를 사랑하고 그것이 행복하다면 그 행복이 영원한 것이 되도록 최선을 다해 도와줘야겠다고 생각하게 되었다. 자기만이 요코를 행복하게 해 줄 수 있다고 굳게 믿었던 것을, 도오루는 부끄러워하고 있었다.

_《빙점》 '죽음'

멀리 떨어져 보니, 도오루는 지금까지 요코가 얼마나 불쌍한 운명 아래서 살아왔는지 뼛속 깊이 이해하게 되었고, 자신의 외로움을 생각하기보다 요코를 외로움에서 구해 주는 것, 요코가 행복하게 되는 것을 바라게 되었다. 그것은 에로스의 이기성(利己性)을 초월한 사랑의 자세였다. 여기에 자기만이 그 사람을 행복하게 할 수 있다는 이기적인 욕망에서 해방되어 정결하게 된 사랑이 있다. 그것은 말하자면 '떨어져' 있음으로 가능하게 된 사랑. 압박하는 사랑이 아니라 마음을 듣는 사랑이었다.

요코의 영혼의 소리를 느끼고 받아들인 도오루는 곧바로 요코가 있는 곳으로 돌아왔다. 그리고 도오루는 먼저 꺼져 가는 스토브의 불을 돋우는데 이것은 상징적이다. 몹시 추운 집에서 얼어 죽어 가고 있는 영혼을 다시 따뜻하게 살릴 수 있는 사랑을 가진 자, 자립한 사랑을 가진 자, 그렇게 도오루는 성장해서 돌아왔다. 이런 도오루가 요코의 영혼인 유서를 발견한다. 요코는 이기적인 사랑을 넘어 돌아온 도오루에게만 발견되고 구출될 수 있다.

도오루가 "너희 원수를 사랑하라"는 말씀 앞에 깨어지고 있는 것을 알고 있던 지가사키의 할아버지는 다른 생명을 살고 있는 분이었다. 도오루는 지가사키의 할아버지에 대해 "한 해 한 해 젊어지고 계신 것 같이 보인다."라고 말하는데, 이런 선생님 아래서 '외로움'을 진지하게 마주하며 깨어지고 사색하였기에 도오루는 어른이 될 수 있었다. 그것은 다행히도 요코가 출생의 비밀을 알게 되어 외로움에 얼어 가는 날보다 며칠 앞서 있었고, 그래서 오빠는 여동생을 찾기 위해 돌아올 수 있었다. 도오루는 정말 요코의 오빠로서 돌아온 것이다. 이 지가사키 할아버지의 실제 모델은 전기 소설 《저녁이 되고 아침이 되니》의 주인공으로, 아사히카와에서 투병하던 무명의 홋타 아야코를 방문한 이래 딸처럼 귀여워해 준 이가라시 겐지(五十嵐健治)이다.

8.

나쓰에

아름다움이라는 우상

〈아시히카와시 가구라오카의 가미카와 신사〉
이 여름 축제일에 이야기는 시작된다.

어느 날 아내가 말했다.

"예쁜 여자들은 안 돼, 이쁘다 이쁘다 해 주는 것에 익숙해져서 속은 언제까지나 애야."

'너무 심한데, 질투인가?'라고 생각하면서 나는 장단을 맞췄다.

"남자도 마찬가지예요. 잘생긴 남자도 멋지다고 하니까 겸손할 줄을 몰라."

"그런 점에서 당신은 얼굴이 진짜 겸손하네요."

감각뿐인 여자의 잔혹

《빙점》의 이야기는 1946년 7월 21일, 나쓰에와 무라이가 응접실에 함께 있는 장면부터 시작하는데, 두 사람의 관계는 5개월 전 2월, 난로의 재를 버리던 나쓰에의 눈에 재가 들어가서 안과 의사인 무라이에게 진료 받을 때부터 시작되었다. 재가 눈에 들어간 것 자체가 죄는 아닌데, 나쓰에가 수술대에 올라 눈만이었지만 자신의 몸을 일단 맡겼을 때, 뜻밖에 무라이 안에서 에로스의 사랑이 시작되어 버렸다. 무라이에게 나쓰에는 손 닿을 수 없는 매력적인 존재였는데, 그런 그녀가 자신의 수술대에 올라와 있는 상황이 그에게 더할 나위 없이 큰 자극이 되었다.

나쓰에의 각막에 박혀 있던 석탄 가루는 미세한 것이었지만, 검고 아픔을 주는 죄의 비유이다. 박혀 있는 그대로 두면 안 되는 것이다. 그러나 무라이에게 눈 치료를 받은 후 나쓰에는 '안대를 해서 외눈이 되어 원근이 분명하지 않았던' 것처럼, 인간관계에 마땅히 있어야 할 원근마저 잃게 된다. 소중하게 여겨야 할 관계와 거리를 두지 않으면 안 되는 관계의 구별을 못 하게 된 것이다.

> 무라이는 나쓰에를 뚫어지게 바라보았다. 그런 진지한 눈빛에 나쓰에는 멈칫했다. 동시에 가슴속을 찌르듯 파고드는 이상야릇하게 기분 좋은 감정이 있었다. (중략)
>
> "사모님은 아이들 따위 낳지 않기를 바랐어요."
>
> 무라이의 모정(慕情)의 격렬함에 나쓰에는 감동했다.
>
> _《빙점》 '적'

무라이의 내던지는 듯한 격렬한 한 마디에 긴 침묵이 깨어지자 나쓰에는 가벼운 어지러움을 느꼈다. 나쓰에는 남편과의 관계에서 맛볼 수 없었던 쭈욱 밀고 들어오는 강하고 격렬한 감각을 원하며 즐기고 있다. 그런 격렬한 것에 끌려 현기증을 느끼고자 하는 황홀함에 대한 욕망. 여기에는 벌써 농후한 에로스의 욕구에 몸을 맡기고 본질적으로는 간음을 범하고 있는 나쓰에가 있다.

감각의 쾌락을 쫓는 인간의 위태함과 냉혹함이 여기에서 시작된다. 남편 게이조와 내쫓은 딸 루리코에 대해서는 물론이고, 이 무라이에 대해서도 그녀는 자기중심일 뿐이다. 그녀에게 상대는 꼭 무라이가 아니어도 좋다. 평온하게 살아가는 게이조와의 부부 생활에서 느끼지 못한 강한 자극을 주는 존재라면 아무라도 좋았던 것이다. 무라이를 유일한 인격적 존재로 상대하고 있는 것은 아니기에 이것은 금단의 연애조차 아니다. 나쓰에를 지배하고 있는 것은 탐욕스럽게 그러모으는 기질이다. 남편과의 평온한 행복도, 젊은 애인과의 어지러움을 느끼는 농밀한 시간도, 아이들과의 애정도, 인간적인 애정 관계의 온갖 쾌락을 모두 자기 것으로 만들고 싶어하는 끝없는 욕망이다.

이성적이고 논리적인 게이조와 대조적으로 나쓰에는, 억제되지 않으며 윤리와는 동떨어진 자연적인 존재이다. '부드러운 남편'이라고 하는 언제든지 도망쳐 숨을 수 있는 안전한 요새를 가지고 있기에, 그녀는 위험한 사냥 놀이를 즐기는 것 같은 타산적(打算的)인 면도 지니고 있다. 에로스 안에 있는 인격적인 교제의 부분을 버리고 감각적인 쾌락만 추구할 때, 에로스는 능욕(凌辱)에 지나지 않는다. 성(性) 안에 있는 그런 교활하고 잔혹하며 광포한 성질이 이 '나쓰에'라는 인물을 통해 잘 드러나고 있다. 예를 들어 무라이가 먼저 요구해 왔다고 해도 한 사람의 삶과 운명에 대한 배려가 있다면, 경망스럽게 그것을 허락한다는 것은 결코 있을 수 없는 일이다. 그녀는 잔혹한 애정의 불장난을 선택하면서도 그 잔혹함을 알아차리지 못하는 유치함 가운데에 있었다. 그래서 무라이는 말한다. "사모님, 당신은 잔혹한 분이에요."

엄마이기를 그만두는 죄

나쓰에는 구애하는 무라이를 거부하면서도 그런 감미로운 죄의 유혹의 경계를 넘나드는 짜릿함을 즐기고 있었다. 그때 세 살 루리코가 응접실에 들어온다.

"엄마, 왜 그래?"

세 살짜리 루리코도 두 어른의 모습에서 심상치 않은 공기를 느꼈는지 한껏 부릅뜬 눈으로 무라이를 노려보았다.

"엄마 괴롭히면 아빠한테 이를 거야!"

루리코는 이렇게 말하더니 조그마한 팔을 벌려 엄마를 감싸듯 나쓰에 옆으로 뛰어갔다. 무라이와 나쓰에는 무심코 얼굴을 마주 보았다.

"그게 아니야 루리코. 엄마는 선생님과 중요한 얘기가 있어. 루리코는 착하니까 밖에 나가서 놀다 와요."

나쓰에는 허리를 굽혀 루리코의 두 손을 잡고 가볍게 흔들었다.

"싫어, 루리코는 무라이 선생님 미워!"

루리코는 무라이를 똑바로 쳐다보았다. 어린아이다운 거리낌 없는 응시였다. 무라이는 자기도 모르게 얼굴을 붉히면서 나쓰에를 보았다. (중략) 나쓰에는 무라이보다 한층 더 얼굴이 붉어져서 루리코의 머리를 쓰다듬었다. 만일 무라이의 사랑을 거부하려면, 지금 루리코를 무릎에 안아 올려야 한다고 나쓰에는 생각했다. 그러나 그렇게 하지 못했다.

_《빙점》 '적'

루리코는 이상하게 여겨 "왜 그래?"라고 묻는 존재이다. 엄마는 그 물음에 눈을 떴어야 했다. 또 루리코는 무라이를 노려보았는데, 똑바로 쳐다보며 응시하는 눈빛이었다. 이 눈길로 남자는 마음에 가책을 받아야 했다. 그러나 "무심코 얼굴을 마주 볼" 때 거기에서 서로 간에 승낙된 거짓이 시작되고, "선생님과 중요한 이야기가 있어"라는 말로 그들은 공범자가 되고 만다. 그래서 루리코의 거리낌 없고 맑은 눈빛이 거짓된 마음을 응시했을 때, 그들은 '얼굴을 붉힐' 수밖에 없었다.

루리코는 "작은 팔을 벌려서 엄마를 보호하듯 나쓰에 옆으로 달려가는"

존재였다. 죄로부터, 악마의 유혹으로부터 엄마를 지키려는 작은 천사와 같다. 그때 분명히 나쓰에는 "만약 무라이의 사랑을 거절하려면, 지금 루리코를 무릎 위에 앉혀야 한다"는 인식이 있었다. 그러나 그럼에도 불구하고 나쓰에는 여기서, 엄마인 것을 포기했다. 엄마라는 신분을 포기하고, 유혹에 빠진 여자 쪽을 택했다. 그리고 마침내 루리코를 무릎 위에 앉히는 모정을 버리고 루리코를 밖으로 내보내는 것을 선택한다. 여기에 비극의 시작이 있다. 취해야 할 길을 알고 있으면서 그 길을 가지 못하는 연약함, 죄로 기울어지는 자신을 제어하지 못하는 나약함, 감각의 쾌락만을 추구하며 멈추지 못하는 비참한 인간의 본성에 따라 '루리코 추방'은 행해지고 만 것이다.

미우라 아야코는 《빙점》의 자작 해설에 이렇게 쓰고 있다.

> 수십 억의 사람들로부터 더할 나위 없이 소중한 존재라는 말을 듣지 않아도 괜찮다. 그것은 단지 한 사람만으로 충분하다. '당신은 나에게 없어서는 안 될 존재다'라는 말을 듣는다면, 이미 그것만으로도 기쁘게 살아갈 수 있지 않을까?
>
> _ '소설 《빙점》을 언급하며'

끝까지 이 '단 한 사람'으로 계속 존재하는 것, 어떤 상황에서도 변함없이 사랑하고 신뢰하며 끝까지 같은 편이 되어 주는 것, 그것이 엄마의 최종적인 사명일 것이다. 그러나 루리코는 이 엄마에게 내쫓겨 죽게 된다.

창세기의 원죄 이야기는 아담의 아내 하와가 '따서 먹으면 안 되는' 나무의 열매를 따 먹는 것에서 출발하는데, 아야코는 《빙점》에서 이 이야기와 게이조의 아내 나쓰에가 불륜이라는 죄의 유혹에 넘어가는 이야기를 겹쳐서 묘사하고 있다. 유혹하는 뱀인 무라이는 "사모님은 아이들 따위 낳지 않기를 바랐다."라고 말하는데, 그것은 바로 엄마의 사명을 버리라는 치명적인 유혹이었다.

예감하는 여자

멀리서 축제를 알리는 다섯 번의 축포가 울렸다. 1946년 7월 21일 여름 축제의 늦은 오후였다.

_《빙점》 '적'

이 '여름 축제'는 아사히카와시 가구라오카(에 있는 가미카와[上川] 신사[神社])의 여름철 축제다. 가미카와 신사는 전에 이궁(離宮) 건설 계획도 있었던 구 황실 소유지의 한 모퉁이에 있는데, 그 축제는 일본 정신 풍토의 내면에 남아 있는 토속적인 옛 역사를 느끼게 한다. 이런 여름 축제는 예로부터 일상의 틀 바깥에 설정된 성적 금기에 대한 해방을 포함한 카오스적인 시간이고, 나쓰에와 무라이가 단 둘이 응접실에 있는 긴박한 장면의 배경으로서, 그 인물들의 심층에 일어나고 있는 꿈틀거림과 두근거림을 상징적으로 나타내고 있다.

'축제의 다섯 번의 축포' 울림에 나쓰에의 몸은 자극을 느끼며 성적 금기를 깨는 쪽으로 밀려가고 있었다. 나쓰에도 그런 자신을 반쯤은 즐기고 있었지만, 육체적인 쾌락 그 자체가 아니라 금기를 범하는 것에서 오는 '예감', 일상적 질서의 붕괴 '예감'도 즐기고 있는 것이다. 일반적으로 여성은 남성보다 자연과 사회 심층에 잠들어 있는 것, 잠재해 있는 것에 대한 직감적인 감수성이 강하고, 감응하기 쉬운 기질을 갖고 있는데, 이날 나쓰에는 이런 심층에서의 울림을 예민하게 느끼고 받아들이는 상태가 되어 있었던 것이다. 그러나 루리코가 행방불명이 되고 나서 상황은 급변했다. 나쓰에는 축제가 지니고 있는 숨겨진 또 하나의 측면인 죽음과 포학의 냄새를 예감하게 된다.

> 그 부드러운 흙 위를 걸으니 불안이 발밑으로부터 올라오는 것 같았다. 움푹 패인 땅으로 들어서자 나쓰에는 무언가에 걸려 넘어질 뻔했다. 보니 까마귀의 사체였다. 까마귀 깃털이 그 주변에 흩어져 있었다. 꺼림칙한 예감이 들었다.
>
> _《빙점》'유괴'

그곳은 17년 후의 겨울, 요코가 죽기 위해 제방을 넘어 내려갔다가 눈 위에 흩어져 있는 까마귀의 사체를 보게 되는 장소인데, 거기에서 나쓰에는 이미 밑바닥으로부터의 불안하고 불쾌한 '예감'을 느낀다. 그리고 6년 전 소운쿄 계곡 신혼여행에서 돌아오는 길에 들르게 된 집에서 바람이 거세게 불어닥친 밤, 숲의 나무들이 입이 있는 것처럼 울부짖고, 숲이 "요란하게 땅의 밑바닥에서 무언가가 끓어오르는 무서운 소리를 내는" 밤, 불길한 '예감'에 휩싸였던 것을 떠올린다. 초고의 서두에서는 《빙점》의 무대가 얼마간은 삿포로여서 나쓰에는 아사히카와를 생각하며 '그 견본림 옆의 집에 돌아가고 싶지 않다.'고 생각했는데, 루리코가 사라져 버린 지금, '그때의 불길한 예감이 맞았다는 느낌이 들고, 피아노 줄이 끊어진 것도 불길한 전조이지 않았을까?'라고 생각하며 겁에 질렸다.

게이조는 "나쓰에와 무라이가 루리코를 죽인 거나 마찬가지다."라며 루리코의 죽음을 책임의 문제로 파악한다. 그러나 그렇게 지성과 윤리성에서 우위에 있는 게이조와 달리 나쓰에는 불행을 그런 형태로 의식화하지 않는다. 예를 들면, 나쓰에는 '불길'한 것에 '두려움'이라는 형태로, 본래

객관적으로는 관련성이 없는 것을 인과율적(因果律的)으로 엮어 사건의 이면에 있는 의미를 감지하려고 했다. 이것은 점(占)과 같은 심리인데, 자기가 가진 어떤 힘으로도 다다를 수 없는 영역의 존재에 대한 두려움과 함께, 한편으로는 '불행을 일으키는 데 충분한 것이 자기 안에 잠재해 있지 않을까'라고 스스로 자책하는 심리이다. 나쓰에는 자기의 심층에 있는 것이 사건의 심층에 잠재해 있는 것에 감응하여 불행한 사건을 일으키게 되는 시스템을 생각한다. 그런 점에서 '죄가 지닌 힘의 크기'를 게이조 이상으로, 측량할 수 없는 것으로 느끼고 있는 것이다. 그녀는 그 시스템을 예컨대 '천벌'이라고 부른다.

> 나쓰에는 천벌적면(天罰覿面: 나쁜 짓을 하면 천벌이 즉각적으로 내림)이라는 말을 뼈저리게 느꼈다. 남편 이외의 남자에게 마음을 기울인 그 순간 재빨리 천벌이 내렸다. 천벌이 아니고 무엇일까?
>
> _《빙점》 '유괴'

'태풍' 장에서 게이조를 배신하기로 결심한 나쓰에는 게이조와의 여행에 동행하지 않는데, 게이조는 그 여행에서 조난을 당해 태풍이 몰아치는 바다에서 생사의 경계를 헤매게 된다. 도야마루호 태풍의 밤, 낮게 울리는 소리를 내며 숲으로부터 집을 흔들면서 침입해 오는 무언가를 느끼고 나쓰에는 겁에 질린다. 그것은 죽음의 영역에서 찾아오는 방문자, 죄를 추궁하기 위해 오는 것이기도 했다. 나쓰에는 루리코가 죽었을 때를 생각하고, 자기의 죄에 대한 벌로 이번에는 남편이 죽는 것이 아닐까 하는 불길한 예감에 휩싸인 것이었다.

그러나 그녀는 형벌을 두려워할 뿐, 자기 죄와는 직면하지 않는다. 나쓰에는 무라이와의 관계가 드러나 게이조에게 책망받아도 "나는 범인의 딸을 키워야 할 만큼의 나쁜 짓은 안 했어요."라고밖에 말하지 않는다. 다른 사람의 말을 진지하게 듣지도 않는다. 진지하게 듣는 태도가 없는 자는 죄를 모르는 것이다. 깨어지는 것을 모르는 고집 센 자기중심성과 조금이라도 출구가 있으면 도망하려는 뱀과 같은 교활함을 하와인 이 여자는 가지고 있다.

> 게이조가 방 안에 들어왔는데도 알아채지 못했는지 나쓰에는 물끄러미 숲 쪽만 바라보고 있다. (중략) 수면 가운을 입고 있는 나쓰에의 어깨에서 느닷없이 흰나비가 춤추듯 위로 올라갔다. (중략) 나비는 두세 번 망설이는 듯이 방 안을 돌다가 방을 가로질러 밝은 마당으로 나갔다.
>
> _ 《빙점》 '루리코의 죽음'

유혹을 즐기고 있던 '여자'에서, 딸이 살해되어 '엄마'인 자아로 돌아온 나쓰에에게 견본림은 하얀 나비의 모습을 한 어린 영혼이 날아가는 죽음의 영역이었다. 나쓰에는 정신에 변조(變調)가 와서 객실에서 숲 안쪽을 향해 앉아 있었다. 루리코를 그 숲의 어둠 속으로 자기가 쫓아냈다는 회한 속에서 사랑하는 딸을 삼켜 버린 그 어둠을 멍하니, 그리고 가만히 응시하고 있다. 거기에서 나쓰에는, 성과 죽음과 광기와 자연, 그리고 운명과 천벌에 대한 '예감'을 감각적으로 직면하면서 겁에 질리게 된다. 이것들의 알 수 없는 심층 세계로 향하는 입구 가까운 곳에서 서성이며, 그 깊이와 꿈틀거림을 느끼고 받아들이고마는 여성이라는 성(性)을 살고 있었다고 말할 수 있다.

그러나 느끼고 받아들이는 사람은 그것에 사로잡히는 사람이기도 하다. 마침내 이 집에서 가장 불길한 판도라의 상자, 죽음의 상자를 열어《빙점》최대의 '불길(不吉)'을 끝내 성취하는 것도 나쓰에였다. 그 불길한 상자의 뚜껑에 손을 대고, 여자는 말했다.

"말해도 되지요? 당신의 비밀을."

_《빙점》 '문'

아름다움(美)의 힘과 유혹

여자가 그 나무를 본즉 먹음직도 하고 보암직도 하고 지혜롭게 할 만큼 탐스럽기도 한 나무인지라

_ 창세기 3장 6절

'미(美)'는 때로 인생에 '더할 수 없는 행복'이라고 생각될 만큼의 기쁨을 준다. 예술과 자연의 아름다움을 접할 때, 사람들은 아름다움이 삶을 높은 차원으로 끌어올려 주는 듯한 경험을 한다. 연애 안에 있는 아름다움의 성질도 그럴 것이다. 그러나 그 감미로움에 집착한 나쓰에는 루리코를 쫓아내 버리는 잘못을 범한다. 나쓰에는 아름다움에 사는 여자였다. 여성으로서의 아름다움이 그녀의 정체성이었다. 사람은 자주 정체성 위에 자존심이라는 성곽을 쌓는다. 그러나 실제로는 그 성곽 때문에 오히려 정체성이 위기에 처하기도 하는데, 크고 강한 은총 없이는 결코 거기서 빠져나올 수 없다. 진정으로 사랑받는 체험만이 그 갑옷을 벗기고 성곽을 부술 수 있다.

동정적(同情的)으로 보면 나쓰에는 남편만을 사랑했을지 모르는데, 남

편은 남편대로 인격자라는 자존심의 성곽 안에 살고 있는 사람이었다. 그래서 나쓰에는 외로웠다. 무라이 안의 한결같은 것, 즉 성곽 밖으로 분출되어 나오는 '정(情)'에 끌린 것은 아닐까? 그러나 도야(洞爺)에서 결핵 요양을 마치고 돌아온 무라이를, 속옷도 새것으로 입고 역으로 마중 나간 나쓰에는 그의 초췌한 모습에 실망한다. 나중에 나쓰에는 마음속으로 이렇게 생각한다. '하지만 그때 무라이 씨는 더러웠다니까. 어쩔 수 없어.' 나쓰에는 추한 것은 본능적으로 혐오하고 아름다운 것은 무조건으로 사랑했다. 아름다움을 타고 난 나쓰에에게는 자기 자신이 우상이었던 것이다.

나쓰에는 거울 앞에 앉는 것을 좋아했다. 거울 속의 자신을 넋을 잃고 보는 것이 기분 좋았다. 거기에는 자찬(自贊)이 있었다. 그러나 거울에 비친 자신에게 도취되어서는 타인에 대한 사랑은 생겨나지 않았다. 거울은 보이는 것밖에 비추지 못했다. 마음을 비출 수는 없었다.

_《빙점》 '보조(步調)'

나쓰에는 다른 사람을 사랑한 적이 없었다. 타자(他者)를 가지지 않는 인간이었다. 그녀에게 타인은 자기의 아름다움을 비추는 거울에 지나지 않았다. 그 거울에 비친 자신을 사랑할 뿐이었다. 그래서 남편과의 사이에서 사랑을 키워 보려는 노력보다 감각적으로 아름다운 것, 높아 보이는 것을 구하기만 했다. 유쾌하거나 불쾌한 감각 세계만이 중요해서 보이지 않는 것, 좀 더 정신적으로 고상한 것을 구하는 것도 몰랐다. 당연히 에로스 안의 이기성을 극복해 가려는 노력 같은 것도 있을 리가 없었다.

질 수 없는 비극

나쓰에가 요코를 학대하는 것은 결코 요코가 '양자'라서가 아니라 남편에 대한 아내로서의 자존심에 따른 복수였다. 남편이 자기의 성곽을 침범해 오고 있다. 지금까지 존중받았던 자신이 무시당할 뿐만 아니라 모멸과 미움을 받고 있다. 용모의 아름다움을 기반으로 남편을 굴복시켜 왔는데, 그런 자신의 힘이 남편이라는 남성에게 미치지 못하고 있다. 이제 남편의 마음에는 사랑과 아름다움에 대한 숭배보다 '미움'이 가장 높은 자리를 차지하고 있다. 그 증거가 '사이시의 딸'인 요코였다. 그래서 요코는 눈앞에 있는 것만으로도 나쓰에의 자존심에 상처를 입히는 존재였다.

그리고 요코가 아름답게 성장해 감에 따라 그 아름다움에 나쓰에의 자존심이 직접적으로 공격받기 시작한다. '아름다움은 힘'이라는 것을 잘 알고 있던 나쓰에에게 자기를 능가하는 아름다움을 가진 누군가가 눈앞에 있는 것은 거슬리는 것 이상의 위협이었다. 백설공주의 계모와 같다. 나쓰에에게 모든 이성은 나쓰에의 아름다움을 찬양하고, 나쓰에의 뜻에 영합하는 자여야 한다. 엄마 안에 딸에 대한 질투가 있는 것이 세상에 흔한 것인지 모르지만, 다행인지 불행인지 요코는 너무 아름다웠다.

그래서 나쓰에는 먼저 요코에게 매료된 기타하라를 정복하는 것으로 자존심을 회복하려고 한다. 기타하라가 자신의 아들과 같은 나이더라도, 또 그것이 추태라 할지라도, 나쓰에는 기타하라에게 여자로서의 아름다움을 인정받으려 한다. 요코에게 이겨서 그녀 자신의 정체성을 지키기 위해. 그러나 엄마의 부재 때문에 엄마라는 존재에 대해 특별한 마음이 있던 기타하라에게, '엄마'라는 존재를 더럽히고 파괴하는 듯한 나쓰에의 유혹하는 말과 행동은 참을 수 없는 것이었다.

결국 나쓰에는 이 내기에서 짐으로써 궁지에 몰린다. 궁지에 몰린 세멋대로인 나쓰에는 뻔뻔스럽게도 '왜 나만 고통당해야 하나?'라며 써서는 안될 계략을 사용한다. 질투에 괴로워하던 게이조가 계략으로 아내에게 괴로움을 주려고 한 것과 같은 논리이다. "요코도 괴로워해야 해." 남편의 적의에 대한 미움, 요코의 아름다움에 대한 질투, 기타하라에게서 받은 굴욕. 자신의 괴로움을 이유로 타인을 괴롭히기 시작한 나쓰에는 요코를 지키던 도오루라는 성벽이 부재하게 되던 날 광포한 불을 내뿜는다. 마침내 나쓰에는 게이조가 자신에게 준비했던 '루리코를 죽인 범인의 자식'이라는 날이 선 흉기를 요코에게 의도적으로 사용하고 만다.

나쓰에, 엄마로 돌아오다

나쓰에는 요코가 사이시의 딸이 아니었다는 사실을 알게 되었을 때, 자신에게 미움받았던 요코도, 미워했던 자신도 불쌍하다는 생각에 "용서해 줘."라고 소리치며 울면서 요코에게 매달렸다. 그것이 나쓰에가 그나마 했던 회개였다.

나쓰에는 기본적으로 희생이라는 것을 모르는 인간인데, 그녀가 유일하게 헌신적으로 살았던 때는 요코를 일곱 살까지 키우던 시기였다. 요코가 병들었을 때에는 잠도 자지 않고 간병했을 정도로 엄마라는 사랑에 대한 사명의 길을 열심히 걸었었다. 그런데 어느 날 요코의 비밀을 기록한 게이조의 짧은 편지를 읽게 되었을 때, 그 편지는 악령과 같이 그녀에게 씌어 그날부터 그녀를 엄마가 아닌 자로, 악마와 같은 자로 만들어 버렸다. 그러나 요코가 자살을 시도해 혼수상태에 빠지고, 출생을 둘러싼 진실이 밝혀졌을 때, 그녀에게 씌었던 악령이 떨어져 나가고, 나쓰에는 엄마로 되돌아오게 된다.

자기만을 사랑하는 사람은 아직 진정으로 살기 시작한 것이 아니지 않을까? 자기를 내던져서 누군가를 사랑하지 않으면 그 인생은 아직 시작되지 않은 것이다. 엄마라는 사랑의 사명을 받았지만 아름다움이라는 우상에 사로잡혀 있던 나쓰에는, 그것이 아주 특별한 선물이었음에도 자기의 죄와 남편의 죄 때문에 그것을 몇 번이나 잃어버린 불쌍한 여자였다.

고운 것도 거짓되고 아름다운 것도 헛되나
오직 여호와를 경외하는 여자는 칭찬을 받을 것이라.

_ 잠언 31장 30절

9.

무라이 야스오와
마쓰자키 유카코

뒤틀린 사랑의 행방

〈다방 지로루〉
결핵이 치유된 무라이는 여기에서 나쓰에와 재회한다.

게이조에 대한 동경과 질투

무라이 야스오(村井靖夫)는 다카기 유지로(高木雄二郎)의 친척으로 게이조의 병원에 고용된 안과 의사다. 무라이라는 인물의 내막은 이런 설정 안에 이미 절반 정도는 결정되어 있다고 할 수 있다. 다카기는 쓰가와(津川) 교수의 딸 나쓰에를 두고 게이조와 경쟁했던 남자다. 무라이는 그런 다카기의 '친척'답게 나쓰에에 대한 마음과 더불어 게이조에 대한 질투를 가지고 있었다. 무라이는 가족도 없고 뿌리도 갖고 있지 않은 경력 불명의 인간이다. 그래서 져야 할 무거운 짐도 없지만 사명도 없고, 청년다운 꿈도 없으며, 단지 허용되지 않는 어두운 연애의 열정으로 살아갈 뿐인 남자였다.

《폭풍의 언덕》에 매료된 요코가 게이조에게 입양된 아이였던 것처럼, 게이조에게 건짐받은 또 한 사람의 히스클리프, 그는 무라이 야스오였다. 그리고 또 한 사람, 가라후토(樺太)에서 귀환한 사람으로 부모의 은혜를 입지 못했던 마쓰자키 유카코(松崎由香子) 역시 게이조에게 '건짐받은 아이'였다. 무라이는 그런 처지의 유사함으로 유카코 안에 있는 외로움의 어둠을 게이조 이상으로 너무나 잘 알게 되었다. 그것은 훗날 무라이를 악마로 만드는 비극의 씨앗이 된다.

천재적인 실력을 갖고 있으면서 외모도 수려한 안과 의사 무라이 야스오. 그러나 그는 자기의 존재 가치를 스스로는 찾아낼 수 없는 인간이었다. 사람은 누군가를 사랑하는 것과 누군가에게 사랑받는 것, 또는 꿈을 이루거나 중요한 사명을 감당하기 위해 노력하는 것으로 자신의 존재 가치를 발견하기도 한다. 그러나 인생의 튼튼한 지반과 뿌리를 가지지 못한 무라이는 자기 인생을 스스로 세워 갈 수 없었다.

그런 인간은 히스클리프가 그랬던 것처럼 자기를 건져 준 사람의 인생에 뿌리내리려 하거나 그 사람의 인생에서 소중한 것을 가로채려 하기도 하는데, 무라이에게 게이조는 포치나 절구를 갖고 있는 정직한 할아버지였던 셈이다.[14] 나쓰에는 무라이가 '관심을 갖는 것조차 꺼려 할 정도로 범하기 어려운' 존재였다. 그러나 나쓰에의 눈에 탄 먼지가 박혀서 그녀가 그의 환자가 되는 의외의 상황에, 손에 닿을 것 같은 사람이 되어 버렸다.

> 무라이는 시선을 나쓰에 위로 돌렸다. 남자치고는 너무 아름다운 검은 눈동자였다. 그런 눈이 간혹 허무에 빠진 듯 어두워질 때가 있었다. 그 어두운 그늘에 나쓰에는 끌려드는 것을 느꼈다.
>
> _《빙점》 '적'

무라이가 허무의 그늘 안에 있는 것은 자기 자신에 대한 절망 때문이다. 자기 자신 안에서 인생을 지탱하고 살게 해 줄 수 있는 좋은 것, 생명 있는 것을 찾을 수 없었다. 그렇기 때문에 격렬한 사랑에의 배고픔과 목마름, 참 생명을 향한 깊은 사모(思慕)로 괴로워하지만, 무라이는 그것을 잘못된

---

14 일본 옛날 이야기의 하나. 정직한 할아버지가 신기한 강아지(포치)의 도움으로 보물을 얻기도 하고, 고목(枯木)에 꽃이 피게 하기도 하여, 다이묘(大名)에게서 상을 받는다는 이야기. 출처:프라임사전.

형태로 채울 수 밖에 없었다. 나쓰에 편에서는 무라이를 향한 집착은 없었다. 남자들로부터의 뜨거운 찬사(讚辭)와 시선을 원할 뿐인 나쓰에에게 연애 놀이의 상대가 멋있는 남자라면 누구라도 좋았다.

그러나 무라이에게 나쓰에는, '미인이라면 아무라도 좋다'는 식의 대상이 아니었다. 무라이가 나쓰에처럼 '아무라도 상관없는' 이성에게 사랑받는 것으로 자기 가치를 발견할 수 있는 남자였다면 문제는 간단했을지도 모르지만, 그가 바란 것은 '아무나'가 아니라 원장 쓰지구치 게이조의 아내였다. 본래 손이 닿을 수 없는 원장의 아내인 나쓰에의 마음을 얻는 것으로 게이조의 것을 빼앗고 싶었다. 그래서 나쓰에가 아무리 아름다워도 게이조의 아내가 아니었다면, 혹은 나쓰에와 게이조 사이에 사랑이 없다는 것을 명확히 알았다면, 무라이는 나쓰에를 원하지 않았을 것이다.

그의 근본에 있는 것은 게이조에 대한 존경과 동경과 질투였다. 그래서일까, 무라이에게 다가가려는 많은 여자들이 있었지만, 무라이가 마음에 둔 사람은 나쓰에와 마쓰자키 유카코뿐이었다. 게이조를 신처럼 사모하는 유카코를 범하는 것 역시 게이조에 대한 복잡한 열등감의 보상 행동이기도 했다.

나쓰에는 물론, 누구 하나 무라이를 진정으로 사랑하는 사람이 없었다는 것, 그것이 무라이 인생의 최대 비극이었다. 오직 마쓰자키 유카코만이 무라이를 거절하거나 나무라거나 또는 싫어하는 형태로, 진정한 사랑이라고는 할 수 없을지 모르지만 적어도 다른 사람들에게는 없는 강렬하고 절박한 사랑의 다른 모습으로 그를 대했다.

인간 불신
혼담이 있을 때에 신상명세서의 사진을 본다든지 프로필을 읽는다든지

하는 것은, 기본적으로 인간에 대한 신뢰라는 기반 위에 있는 행동이다. 그렇지 않다면 개별적으로 전달된 상세한 정보 등은 아무런 의미도 없는 것이다. 예를 들어 곤충의 계보를 보면, 곤충의 사진이 붙어 있고 그 생육 (生育)과 혈통이 쓰여 있다. "아비는 광대노린재(Scutelleridae), 어미는 알락하늘소(Anoplophora malasiaca), 아사히카와시 가구라의 주베쓰 강가에 있는 잎에서 태어나 쑥쑥 자랐습니다. 특기는 날기이고 취미는…" 등이 쓰여 있지만 정보일 뿐 특별한 의미는 없다. '곤충 따위'라는 생각이 처음부터 있다면, 읽는다 해도 특별한 것이 없는 것이다. 무라이 야스오에게는 인간 자체에 대한 불신이 있었다. '인간 따위 어차피'라는 생각이 있었다.

> "사진 따위 봐서 뭐합니까? 그 여성에 대해 뭘 알겠어요? 만나 봐도 몰라요. 3개월이나 반년 정도 사귄다 해도 서로 속일 수 있으니까요. 좋은 것만 보여 주려고 할 테니까요. (중략) 결혼해 보지 않으면 몰라요. 아니 결혼해서 몇십 년 지나도 몰라요. 인간이란 그런 면이 있지 않나요?" (중략)
>
> 다카기가 어이없다는 얼굴로 게이조를 보았다. 게이조는 뜻하지 않게 무라이의 상처를 건드린 것 같은 생각이 들었다.
>
> _《빙점》 '눈벌레'

이 장면에는 혼담이라는 시약(試藥)을 통해 인간 그 자체에 상처 받은 무라이의 내면이 검출되고 있다. 인간은 모두 뜻밖의 것을 숨기고 있고 믿을 만한 확실한 존재가 아니라는 무라이의 인간관이 드러난다. 인간에의 불신은 관계에 대한 불신을 낳고 사랑에 대한 불신을 낳는다. 아마 자기 자신 안의 외로움밖에는 믿을 것이 없는, 그리고 거기에서 타오르는 어두운 집착 이외에 진짜 따위는 없는 것이다. 전후 홋타 아야코가 했던 약혼에도 이와 동일한 깊은 인간 불신의 상처가 드러난다. '결혼 상대 따위'는 아무라도 좋다고 여겼던 그녀는 경솔할 정도로 아주 간단하게 결혼 약속을 했던 것이다.

다카기는 무라이의 결혼관에 대해 "인간을 조롱하는 이야기다."라고 말했다. 그런 생각으로 결혼하는 것은 '인간을 조롱하는 것'이라고 말하는 다카기에게 무라이는 "다카기 씨의 소개라면 결혼한다."라고 응수한다. 무라이의 결혼은 도야마루호 사고로부터 9개월 후인 1955년 6월로 정해졌다. 무라이의 결혼 상대인 사키코(咲子)는 "자기 사진도 보지 않은" 무라이에게서 남자다움을 느꼈을지도 모른다. 신상명세서를 일일이 세심하게 체크하는 남자보다 무엇이든 받아들여 줄 것 같은 포용력, 또는 어떤 것이든지 자기라는 존재만을 사랑해 줄 것 같은 결의를 기대했던 것일까? 그러나 그것은 완전히 오산이었다.

> 무라이의 결혼 방식은 결혼에 대한 어떤 결의도 보이지 않았다. 결혼 피로연 때도 무라이는 축사를 들으면서 흰 카네이션을 무릎 위에서 빙빙 계속 돌리고 있었다. 중매인인 게이조는 무라이의 옆에서 뭔가 견디지 못하는 듯한 무라이의 심정을 느끼고 있었다.
>
> _《빙점》 '행방'

결혼이라는 것이 어느 정도는 모험이라 해도 거기에 사랑하겠다는 결의만은 필요하다. 결의가 없는 불신 위에 지어진 결혼, 그것은 그야말로 '희망이 없는 결혼'이라고 불릴 수밖에 없다. 미우라 아야코는 《빙점》의 '행방'이라는 장에서 꽃을 교묘하게 사용하고 있다. 카네이션의 꽃말은 '열정'인데, 이것은 무라이를 나타낸다. 의사로서 뛰어난 재능과 세상의 영예를 가

졌으면서도 정작 자기 안의 열정만은 거부당하는 남자. 그 비운에 저항하여 성실하게 사는 것도, 정직하게 자신의 열정을 표현하는 것도 할 수 없어, 주눅 들고 내팽개쳐진 남자의 마음. 그 때문에 거듭 죄를 지어 가는 자신에게서 느끼는 절망감과 죄책감은 서서히 뼈를 갉아먹히는 듯한 극심한 고통이었다. 그런 자신을 스스로 제어하지 못하는 연약함에 견딜 수 없어 하는 무라이의 마음이 빙빙 도는 카네이션에 나타나 있다.

라일락 남매 사랑

결혼 후 어느 날 무라이는 술에 취한 채로 쓰지구치 가를 찾아와 마쓰자키 유카코의 실종에 대해 게이조를 추궁하면서 그때까지의 일을 폭로한다. 게이조의 행복을 바랐던 마쓰자키 유카코. 나쓰에에게서 손을 떼라고 무라이에게 간청한다. 그러나 무라이는 게이조 원장을 위해서라면 목숨도 아끼지 않겠다는 유카코의 진심을 역이용한다. 나쓰에에게서 손을 떼는 대신에 유카코에게 몸을 달라고 요구한다. 그러면 포기하겠다고.

"마쓰자키는 격렬하게 나를 증오했습니다. 그만큼 원장님에 대해서는 이 세상 것이 아닌 것 같은 동경과 사랑을 갖고 있었던 것 같았어요. 제가 도야(洞爺)에서 돌아오는 것을 알고 매우 불안했던 모양입니다. 어지간히 병원에서 도망치고 싶었던 것 같은데 원장님의 얼굴을 하루에 한 번이라도 보는 것이 유일한 즐거움이었기에 유카코는 그만둘 수 없었을 것입니다.

도야에서 돌아온 저는 마쓰자키를 꽤 쫓아다녔어요. 그러나 그녀도 나이가 나이인 만큼 철이 들어서 항상 이 핑계 저 핑계를 대며 교묘히 빠져나갔습니다. 제가 결혼을 하게 되었다고 말하자 무척 기뻐하더군요. 결혼 선물까지 가져왔다니까요. 제 결혼을 가장 기뻐하는 게 자기라고 하면서요. 그러고는 라일락 꽃을 아주 많이 꽂꽂이해 주었다니까요. 아, 그래요. 사모님이 결혼 선물을 가지고 오셨던 바로 그날이었지요. 원장님의 아이를 갖고 싶다, 원장님의 아이를 낳고 싶다, 그것만이 소원이라고 말하더군요. 하지만 원장님을 마주하고는 도저히 그 말을 할 수 없어서 전화를 걸었는데, 원장님은 바보 같은 소리 말라면서 전화를 뚝 하고 끊어 버렸다고 얼마나 경멸당했는지 모른다고 느껴 죽어 버리고 싶다고 했어요. 그렇게 말하며 거실에서 라일락 꽃을 꽂고 있었어요. 저는 그렇게 얘기하는 유카코에게 점점 마음이 흔들려 결국 또다시 잘못을 범해 버리고 말았어요." (중략)

"마쓰자키는 필사적으로 저항했어요. 그러나 이전의 익숙함이 두 사람에게 있었기 때문에 유카코는 이젠 원장님도 만날 수 없다면서 돌아갔습니다. 다음 날 병원에 나와 아마 책상 서랍도 깨끗이 치웠나 봅니다. 그 뒤로 돌아오지 않는 거예요."

무라이는 이야기를 마치자 멍하니 허공을 바라보았다.

"마쓰자키와 결혼했다면 좋았을 것을."

중얼거리듯 게이조가 말했다.

"원장님!"

무라이는 게이조를 노려보았다.

"원장님은 지금 제 이야기를 듣고도 어떻게 그런 말을 할 수 있어요? 실은 저도 한 번 말한 적이 있었지요. 그런데 일언지하에 거절당했어요. 원장님은 젊은 여성이 결심하고 용기를 내어 전화를 걸었는데, 어떻게 그런 식으로 전화를 딱 끊어 버릴 수 있죠? 그 아가씨는 죽었어요. 원장님같이 나무토막에서 태어난 것 같은 남자는 남자가 아닙니다. 그녀의 심정을 어째서 이해해 주지 못했나요? 저도 가해자지만 원장님은 더 지독해요. 아니 제가 더 나쁠지도 모르죠. 아무튼 유카코는 이제 돌아오지 않아요. 죽었어요. 그녀는 그렇게 바보 같은 여자예요."

무라이는 훌쩍 일어나 중얼거렸다.

"지금까지 저를 싫어한 여자는 유카코뿐이었어요."

_《빙점》'행방'

무라이의 결혼식 열흘 전, 나쓰에는 결혼 선물을 가지고 무라이의 집을 방문한다. 신발장과 도코노마(床の間)¹⁵에 보라색 라일락 꽃이 풍성하게 꽂혀 있었는데, 원래 무라이의 집에는 도코노마에 족자도 없고 벽이나 기둥에 아무것도 없었다. 그것은 믿을 만한 무엇을 아무것도 가지지 않은 무라이 마음 깊은 곳의 공동(空洞)을 보여 주고 있다. 그런 허무의 공동에 유카코는 라일락을 풍성하게 꽂아 주었다. 그러나 무라이는 그날 유카코를 범했던 것이다.

라일락의 꽃말은 '사랑의 움틈'이다. 유카코는 무라이가 원장의 아내를 포기하고 결혼할 마음이 생겼음을 기뻐했을 것이다. 그래서 열흘 후에 결혼한다는 무라이에게 "진정한 사랑이 싹트기를" 바라는 단순한 기도를 하지 않았을까? 무라이의 아내가 되는 여인 '사키코(咲子)'라는 이름도 그런 의미로 보면 통하는 것이 있다.

그러나 서구에서는 예로부터 라일락은 방으로 가져오면 안 되는 꽃으로, 약혼자에게 보내면 약혼 파기를 의미하는 것이었다고 한다. 어쩌면 꽂혀 있는 라일락 꽃은 표면상으로는 무라이의 결혼을 축복하는 것 같지만 실은 약혼의 파기를 바라는 유카코의 마음이었는지도 모른다. 유카코가 무라이를 좋아한다는 것이 아니다. 비록 무라이의 사랑이 자기중심적이

---

15 일본 건축에서, 객실인 다다미방의 정면에, 바닥을 한 층 높여 만들어 놓은 곳. 벽에는 족자를 걸고, 바닥에 도자기·꽃병 등을 장식해 두는 곳. 출처:프라임사전.

고 제멋대로 폭주하는 사랑이지만, 또 그것이 성취 불가능한 사랑임을 알고 있지만, "사랑도 열정도 없는 결혼 따위"를 위해 한 사람을 진지하게 사랑하는 삶을 왜 버리는가? 유카코의 라일락은 그런 물음이지 않았을까?

보라색 라일락이 많이 담긴 꽃을 선물한 유카코를 범한 무라이는 유카코가 실종된 것을 알았을 때, 그녀는 틀림없이 죽었을 것이라고 생각했다. 유카코를 짓밟아 버린 발바닥으로 유카코의 고통을 느낀 것일까? 허무한 인간이기에 순결하고 진지한 것을 능욕하고픈 욕망을 가지고 있는 무라이. 불가능함을 알면서도 그 사랑에 몸을 바치는 어리석고 순수한 유카코의 영혼을 질투하고, 그것에 상처 입힌 것에 대해 죄책감을 느끼면서도 그런 순수한 영혼을 자기 것으로 만들고 싶어하는 어리석음에 빠지기도 한다. 무라이가 유카코에게 했던 청혼 속에 한 차례 그런 복잡한 마음이 있지 않았을까?

유카코가 실종되었을 때, 무라이는 연속해서 사흘 동안 유카코를 찾으러 사무실에 간다. 이것은 말하자면, 이제야 유카코를 진심으로 원하고 있는 무라이의 마음이 아니었을까? 그래서 나쓰에가 결혼 선물을 가지고 무라이를 방문한 날, 무라이는 이미 유카코에게 마음을 빼앗겨 그렇게도 사모했던 나쓰에에게 관심도 갖지 않게 되었던 것이다.

무라이는 게이조를 책망했다. 그러나 그것은 사실 그 자신이 유카코에게 했던 행동에 대한 죄책감과 동정심과 상실감에 대한 가책이었다. 게이조를 향한 진지한 열정이 외면당한 유카코의 마음을 가장 잘 이해하는 자로서, 그리고 여전히 그 열정을 품고 그녀가 죽음을 선택했다는 생각에 떠밀려서, 무라이는 격렬하게 게이조를 다그친 것이다. "왜 알아주지 않는 거야?"라고 하는 게이조를 향한 물음은 그때까지 숨겨 왔던 무라이 자신의 소리이다. '유카코나 내가 왜 죽지 않으면 안 되는지 모른단 말인가? 불가능하다 해도 구하지 않고는 견딜 수 없는 자의 마음의 외로움을 왜 모르는가?'라는 외침이기도 하다.

마지막으로 무라이가 던진 "지금까지 나를 싫어했던 여자는 유카코뿐이었다."라는 말은 나쓰에에게는 아픈 말이었을 것이다. 무라이를 싫어한 유카코는 유일하게 올바른 눈으로, 무라이를 한 인간으로서 평가해 준 사람이었다. '유카코에 비하면 너는 진정한 사랑도 없고, 껍데기만 보는, 몸가짐이 헤픈 다른 많은 여자들과 같다.'는 멸시로 들렸음에 틀림없다. 무라이는 마쓰자키 유카코 탓에 상처투성이가 되었지만 어떤 면에서는 좀 더 성장하게 된 것이라고 할 수 있다.

마쓰자키 유카코, 부딪쳐 가는 외로움

스스로는 의식하지 못하지만 마쓰자키 유카코는 동성에게든 나이든 사무장에게든 옆에 기대듯이 바싹 달라붙어 걷는 버릇이 있다고 쓰여 있다. 게이조는 그것을 보고 '선천적인 창녀가 아닐까'라고 생각한 적도 있었지만, '화장도 안 한 맨얼굴의 유카코는 언제나 비누로 말끔히 씻은 것 같은 청결감이 있었다.'고 생각하기도 한다. 비누로 깨끗하게 씻은 것 같은 유카코의 맨얼굴은 유혹을 위해 화장하는 것과는 전혀 반대로, 벌거숭이처럼 그대로의 순수한 마음, 여자든 남자든 상관없이 인간에게 다가가고 싶어 하는 마음, 그리고 기대지 않고는 견딜 수 없는, 타인의 살결을 자기의 살결로 그대로 느끼고 싶어 하는 그녀의 외로움을 나타내고 있다.

어느 날 아침, 말굽 제작소 앞에서 눈도 깜박이지 않고 가만히 불을 응시하다가 버스를 놓쳐서 걷기 시작한 게이조에게 유카코가 다가와 물었다.

"불꽃은 왜 아름다울까요?"

"원장님, 불꽃은 왜 저렇게 예쁠까요?"

"다음 순간 곧 없어져 버리는 것은 저렇게도 아름다운 걸까요?"

_《빙점》'동요(動搖)'

유카코는 불꽃에 대해 반복해서 묻는다. 불꽃은 따뜻하기도 뜨겁기도 하지만 그것을 아름다운 것, 덧없는 것으로 파악한 그녀는 그 아름다움의 이유를 게이조에게, 그리고 자기 자신에게도 묻고 있다. 그것은 자기 마음 안에 있는 불꽃에 대한, 그 의미에 대한 물음이다. 유카코는 자기도 절반밖에 모르는 그 마음을 게이조에게 터뜨리려 하고 있다. 화재 예방 포스터의 표어 같지만, 작아도 뭐든지 태워 버리는 불꽃의 위험과 나누기 어렵게 섞여 버린 정열적인 사랑, 진지한 사랑의 욕구와 물음이 거기에서 시작되고 있었다. 그러므로 물으려고 했던 '불꽃'이란, 사랑하는 마음이기도 하고, 유카코의 생명 자체이기도 했다. 그러나 다행인지 불행인지 여자의 마음을 모르는 벽창호 같은 순진함을 가진 게이조는 그것에 답해 주지 못했다.

귀환자

미우라 아야코는 《빙점》에서 주변 인물의 이력을 중요하게 적고 있다. 사이시 쓰치오의 이력이 상세하게 적혀 있는 것은 이미 보았지만, 마쓰자키 유카코에 대해서도 상당히 자세하게 적고 있다. 《빙점》은 보편적인 인간의 죄와 한 가정에서 벌어지는 애증을 묘사한 소설인 동시에 다른 한편으로는 미우라 아야코 자신도 체험한 '전후(戰後)'를 그린 문학이다. 나쓰에나 게이조나 다쓰코에게도 그 모습이 있는데, 게이조보다 조금 아래 세대인 마쓰자키 유카코나 그 다음 세대인 기타하라 구니오(北原邦雄)를 타지에서 온 귀환자로 설정하고 있다.

유카코는 가라후토(樺太)에서의 귀환자이며, 부모는 아마 가라후토에서 죽었을 것이다. 《속·빙점》에는 왓카나이(稚內) 언덕을 방문한 게이조가, 1945년 8월 가라후토의 마오카(真岡)에서 자결한 전화 교환원 처녀 9명을 기리는 비(碑)에서 '마쓰자키 미도리'라는 이름을 발견하고 유카코와 관련이 있는 사람일지도 모른다고 생각하는 장면이 그려져 있다. 실제로 그 진위는 밝혀지지 않았는데, 《덴포쿠 벌판(天北原野)》의 후반에 그려진 것과 같은 지옥을 유카코가 통과해 왔다는 것은 어느 정도 짐작할 수 있다. 미우라 아야코가 《빙점》을 쓴 시점에서 그렇게까지 구체적으로 상정(想定)하고 있었다고는 말할 수 없지만, 그래도 작가는 유카코를 버려 두고 쓰지 않았다. 가라후토 전쟁에서 깊이 상처 받은 영혼의 어둠과 고통을 생각하면서 썼다고 생각한다. 그래서 미우라 아야코는 《속·빙점》에서도 유카코를 계속 묘사하는데, 유카코의 눈이 먼 것으로 설정하고, 게이조와 재회시키고, 다쓰코의 보호를 받게 하면서 그녀를 구원으로 이끌어 가려 하고 있다는 생각이 들게 한다.

귀환자. 그것은 버려졌다는 상처를 갖고 있는 사람, 또는 사랑을 강탈당한 사람이라고 해도 좋을지 모르겠다. 만주나 가라후토, 지시마(千島) 등 외지에 있던 민간인은 조국에게 버려지고, 군대에게 버려져서 재산과 육친을 빼앗겼다. 고향과 가족이라는 뿌리를 빼앗긴 사람은 표류하는 영혼이 된다. 《해령(海嶺)》의 표류민 이와기치(岩吉)가 부모에게 버려지고 조국에게 버려지다 비로소 '결코 버리지 않는 자'를 만나게 되는 것처럼, 유카코도 아마 표류하는 외로움 가운데 게이조를 만난 것이리라.

유카코는 쓰지구치 병원에서 처음 근무하는 날, 사무장에게 이끌려 원장실에 인사하러 갔다. 일찍이 부모와 사별했다는 유카코의 이야기를 들은 게이조는 온화한 표정으로 고개를 끄덕이며 "고생 많았겠네. 가엾게도…."라고 말하며 그 자리에서 월급을 30퍼센트 올려 주라고 사무장에게 지시한다. 사무장이 납득이 가지 않는 얼굴로 "다른 사람과의 형평성도 있으니"라고 하자, "부모 중 한쪽이라도 있으면 적어도 주거는 걱정 없지. 이 사람은 거처에서부터 먹는 것까지 신경 쓰지 않으면 안 되네. 주거 수당이든 어떤 명목으로든지 급료를 올려 주게."라고 말한다.

이런 게이조의 친절하고 부드러운 마음에서, 나는 미우라 아야코를 보는 듯한 느낌을 받았다. "고생 많았겠네. 가엾게도." 이것은 동시대를 살았던 미우라 아야코 자신에게 하는 말 같다. 가혹한 고난을 통과해 온 외로운 사람에게는 이런 말 한마디가 단단히 닫혀 있던 마음이 열리게 하고, 격려가 되며, 살아가게 하는 따뜻함이 된다. 기울어져 가는 도야마루호 안에서 구명복 끈이 끊어졌다고 울고 있는 여성에게 선교사는 "그거 참 곤란하게 됐네요. 내 것을 드릴게요."라고 말했는데, "고생 많았겠네. 가엾게도."라고 말하는 게이조도 그처럼 '곁으로 달려가는' 마음을 갖고 있었다. 그래서 유카코는 지금까지 경험한 적이 없는 '이 세상 사람이 아닌 것 같은' 자애로운 사랑을 게이조를 통해 느낀 것이다. 전쟁과 귀환을 체험하며 가혹한 파도 가운데, 그야말로 '이 세상 것 같지 않은' 무서운 허무감의 어둠에 발을 물린 영혼이 겨우 찾아낸 빛이었을 것이다. 유카코의 외로움과 동족(同族) 오빠인 무라이는 이렇게 증언한다.

"오빠와 둘이 의지할 곳도 없는 가라후토에서 귀환되어 온 그 아가씨에게는 그것이 무척 뼈에 사무치게 고마웠던 것 같아요. 그것을 저에게 말하면서도 눈물을 흘렸다니까요." (중략)

"마쓰자키는 격렬하게 저를 증오했었어요. 그런 만큼 원장님에 대해서는 이 세상 것이 아닌 것 같은 동경과 사랑을 갖고 있는 것 같았어요."

_ 《빙점》 '행방'

아이를 낳고 싶다

무라이의 결혼이 약 1개월 후로 결정된 1955년 5월 10일경, 유카코는 게이조에게 한 통의 전화를 한다. '만일 사모님이 받으면 결혼하고, 원장님이 받으면 평생 독신으로 살기로, 그렇게 내기를 걸고…'라는 생각으로 말이다. 그리고 게이조가 전화를 받자 기뻐하며 "원장님을 생각하며 평생 독신으로 살아도 좋다고 신이 허락해 주시는 것 같아 기쁩니다."라고 말했다.

이날 유카코는 현실적인 판단력을 거의 잃고 있었다. 자유롭고 일방적이면서 때론 절박하고 진지하기도 했던 유카코. 사람이 스스로에게 내기를 하는 데는 망설임 속에서 반드시 결단을 내려야 하거나, 무언가에 매달리려는 마음이 있다. 친오빠가 결혼하고, '또 한 사람의 오빠'이기도 한 무라이가 결혼하기로 결정했다. 거기에 거의 부모와도 같았던 사무장에게서 "원장실 앞에서 서성거리는 모습이 이상하니까 빨리 결혼해 버려라."라는 말까지 듣게 되자, 유카코는 막다른 곳에 몰린 기분이 되어 있었음에 틀림없다.

유카코는 결혼하려는 무라이의 마음속을 손바닥 들여다보듯이 알고 있었다. 어느 길을 선택해도 행복 따위는 있을 수 없는 갈림길을 앞에 둔 체념과 자포자기. 그런 무라이와 같은 마음에 반쯤 이끌려 '내기'(혹은 점[占]이라고 해야 할까)를 해 버리려는 마음과 그것에 저항하는 마음이 유카코에게 있었다.

무라이는 그 갈림길에서 사회적으로는 어떤 비난도 받을 일이 없었다.

사랑도 희망도 없는 결혼의 길을 선택하는 무라이와는 반대로, 유카코는 비사회적(非社會的)이지만 게이조를 그리면서 평생 독신으로 지내는 길을 선택하고 그것을 스스로 기뻐하고 있는 것이다. 게이조 이외의 누구에게도 자신의 마음과 인생을 내어 주지 않겠다는 결심. 그것은 안쪽으로 틀어박혀 가는 순수함으로서, 이기적인 사랑에 대한 스스로의 헌신이기에 사회적으로는 인정받을 수 없고, 현실적으로는 어떤 가능성도 없는, 자기를 매장하는 것과 같은 선택이다. 그러나 유카코는 그 선택으로 게이조를 사랑하는 자신을 지킨 것이다.

유카코는 전화 상대편인 게이조에게 "저, 부탁입니다. 원장님의 아이를 낳고 싶어요."라고 한다. 놀란 게이조는 "바보 같으니라고."라고 하며 얼떨결에 수화기를 놓아 버린다. 게이조의 아이를 낳고 싶다는 유카코는, 게이조의 육체를 탐하거나 현실적인 성행위를 바라며 요구하고 있는 것이 아니다. 유카코는 이미 무라이로부터 게이조를 지키기 위해 자신의 몸마저 희생했기에, 그녀가 바란 것은 육체적이거나 성적인 것이 아니었을 것이다.

게이조라는 그 인격의 생명을 자신의 몸에 받아서 '잃어버려서는 안 되는 고귀한 것'으로 남기고 키워 가는 것, 그것이 유카코가 원하는 것이었다고 생각한다. 스스로 성모 마리아가 되어 하나님의 아들을 낳고 싶은 망상에 빠진 여자라고 해도 좋을지 모른다. 그러나 유카코의 두 가지 분열을 보면 인격적인 성과 육체적인 성이 있음을 잘 알 수 있다.

나쓰에는 유카코와 완전히 정반대의 여자였다. 그녀는 루리코를 낳은 후 가벼운 늑막염을 앓았는데, 도오루와 루리코가 있으면 더 이상 아이는 필요 없다는 생각에, 반대하는 게이조와 상의도 없이 피임 수술을 받았다. 자녀들을 자기의 소유 재산으로밖에 생각하지 않기에 루리코가 죽은 다음에는 누구의 아이라도 좋으니 새로운 아이를 갖고 싶다는 말을 하기도 한다. 게이조의 아이를 낳은 아내라는 자각이 나쓰에에게는 없었다.

한 인격으로서 진지한 요구를 해 온 유카코가 게이조에게는 매력적으로 느껴질 수도 있었는데, 그래서인지 "유카코와 함께라면 죽을 수 있을지도 몰라."라는 생각을 하기도 한다. 유카코가 실종된 때는 1955년 6월 중순인데, 같은 시기인 1955년 6월 18일은 미우라 미쓰요가 아사히카와시 9조 12초메에 있는 홋타 가의 아야코를 처음 문병했던 날이다. 그것은 마에카와 다다시를 향한 사랑만을 품고 죽으려 했던 홋타 아야코에게 다른 길이 주어진 날이었다. 미우라 아야코가 이 시기를 의식하지 않고 썼을 리가 없다. 그렇다면 실종된 마쓰자키 유카코, 그녀에게도 다른 길이 시작될지 모르는 것이다.

10.

요코

청순함과 외로움의 길

〈도오루와 요코가 다녔던 아사히카와 시립 가구라 초등학교〉
당시와 같은 장소이다.

스미코에서 요코로

미우라 아야코는 자서전《돌멩이의 노래》에서 '요코(陽子)'라는 이름에 대해 동생 "요코에의 석별의 정은 그 후 오랫동안 내 마음 밑바닥에 있어서 그 생각이 나중에《빙점》의 주인공으로 요코라는 이름을 붙이게 했다."라고 쓰고 있는데, 이것은 앞에서 이미 언급했으므로 여기서는 작품 안의 기술(記述)부터 생각해 보자.

요코의 친아버지는 나카가와 미쓰오(中川光夫)다. 그와 미쓰이 게이코(三井恵子) 사이에서 태어난 아기는 원래 나카가와 성(姓)이 되어야 했다. 그러나 아기가 태어나기 전, 나카가와가 갑자기 죽게 되어 태어난 아기는 보육원에 맡겨진다. 성은 없는 채로 '스미코(澄子)'라는 이름이 되었다. 이것은 게이코가 지은 이름이라고 추측된다. 그 후 '요코'가 되는 경위는 '9월의 바람' 장에 나와 있다.

게이조와 나쓰에 부부는 친구 다카기에게 아이를 받으러 함께 갔다. 나쓰에가 "스미코 짱이에요? 귀여운 이름이지만 그래도 우리가 이름을 짓지 않을래요?"라고 게이조에게 말을 걸었지만, 게이조는 "스미코도 좋은데."라고 차갑게 대답한다. 나쓰에가 "루리코라고 지으면 안 돼요?"라고 제안하자 게이조는 "당치도 않은 소리요."라며 일축해 버린다. 나쓰에가 "게이코(啓子)는 어때요? 당신 이름의 '게이(啓)'를 넣어서"라고 한 번

더 제안하자, 게이조는 사이시의 딸에게 자기의 이름 따위를 넣어 붙이고 싶지 않아 반대한다. "그럼 태양(太陽: 일본어 발음은 '다이요')의 '요(陽)'로 '요코(陽子)'는 어때요? 내가 어릴 적부터 좋아하던 이름인데요. 뭔가 밝고 친근감이 있고…"라는 나쓰에의 제안에 의해 결국 '요코'라는 이름이 탄생하게 되었다.

구약 성경의 창세기를 보면, 이름을 짓는 행위는 아담이 하나님께 부여받아 최초로 했던 일이다. 아담은 동물들에게 이름을 지어 주었다. 이름을 짓는다는 것은 그 존재를 다른 존재와 구별하고 그것 이외의 존재가 아니게 하는 행위인데, 그것은 또한 그 존재를 특별하게, 둘도 없이 소중한 것으로 사랑하기 시작하는 것이기도 하다. 그리고 이름 지어진 자는 그 이름에 따라 그런 존재가 되어 간다.

아내가 함께 아이의 이름을 짓자고 해도, 사랑할 수 없는 이유를 마음에 숨기고 있는 남편은 기쁘게 응할 수가 없었다. 게이조에게 그 아기는 이미 '루리코를 죽인 범인 사이시의 아이'라는 이름이 있고, 그 이름은 다른 어떤 이름으로도 덮어 가릴 수 없는 것이었다. 게이조는 '원수를 사랑한다'고 말로는 외치지만 결코 사랑할 수 없었다.

스미코, 루리코, 게이코, 그리고 사이시의 딸. 이 네 개의 이름 모두가 요코 속에 침전물처럼 존재하며 그녀의 심층부를 형성하고, 요코의 인생을 예언하고 있다. 먼저, 스미코(澄子)로서의 요코. 아마 친모 게이코(惠子)는 불륜이라는 죄로 더럽혀진 불결한 자신을 바라보며, 아이 이름에 소망을 담아 짓기라도 한 것일까? 맑은(澄) 눈동자를 가진 아이는 그 눈으로 바르게 세상을 주시하면서 성장한다. 그러나 결국에는 자신과 타인의 죄를 그 맑은 눈동자로 분명히 비추게 된다.

또 루리코로서의 요코는 머지않아 루리코의 자리에 앉은 자가 되어, 어려서 소외당하고 부모에게 버려져 살해당한 루리코의 외로움을 맛보고 짊어지게 된다. 또한 게이조의 일부를 체질로 갖게 되는 게이코(啓子)로서의 요코는, 결국 인간 마음속의 죄에 대한 번민과 구원을 갈구하는 고민을 체험하게 된다. 그리고 사이시의 딸로서의 요코는, '타자를 불행에 빠지게 하는 존재'라는 스스로의 죄의식에 얼어붙어 자기 목숨을 끊으려 한다.

그러나 나쓰에에게 요코는 본래 "밝고 친근감 있는" 사람이어야 했다. 나쓰에와 요코. 그것은 여름(夏)의 윤기 흐르는 녹색의 가지(枝)에 반짝이는 햇빛. 태양(陽) 빛은 녹색 가지(枝)의 산뜻한 아름다움을 돋보이게 하고 거기에 약동(躍動)한다. 그런 생명의 하모니가 연주되어야 하지 않았을까?

그리고 실제로 나쓰에가 게이조의 서재에서 요코에 관한 비밀을 알게 되던 그날까지, 나쓰에는 요코로 말미암아 행복했고, 요코는 나쓰에의 사랑 안에 길러져 행복했다. 그러나 그 행복에 게이조의 나쓰에에 대한 질투, 증오, 복수라는 검고 어두운 그늘이 덮쳐 왔을 때, 운명의 축은 크게 회전해 이 찬란하던 '행복도(幸福図)'는 순식간에 무너져 버린다.

더욱이 요코라는 이름은 나쓰에가 지어 준 것임에도, 친부모인 미쓰오와 게이코가 서로 사랑하여 생긴 아이다운 이름이기도 하다. 요코는 사람들의 마음을 밝게 비추는 존재이면서 동시에 사람들의 죄를 비춰 드러내는 존재이기도 하다. 앞서 말한 것같이 '쓰지구치(辻口)'라는 성(姓)은 '십자가로 가는 길의 입구'라는 의미인데, 그 입구란 이 이야기를 통해서 요코가 알아 가는 죄와 외로움이고, 그 결과로 일어난 요코의 자살(미수)로 말미암아 드러나는 주변 인물들의 죄의 자각이다.

다리를 건너는 날의 외로움

초등학교 1학년이 된 요코는 학교에서 "와타나베 미사오 선생님"에게 배우고, "미와, 마사코 상(한국어 '씨'에 해당하는 호칭)'과 함께 앉았다. 앞 자리에는 '사사이, 이쿠, 요네쓰, 도요코 상"이 나란히 있었다고 쓰여 있는데, 이 이름들은 홋타 아야코가 초등학교 1학년 때의 선생님과 급우들 이름임을 그녀의 자서전《풀의 노래》에서 확인할 수 있다.

《빙점》에서 요코가 우유 배달하는 이야기 등을 보았을 때, 요코는 아야코 자신의 소녀 시절의 투영인 것이 분명하다. 그리고 그것은 표면적인 수준뿐만 아니라 인물 조형의 깊은 곳에서도 이루어지고 있다. 그래서일까 응모작《빙점》의 심사 위원인〈아사히 신문〉의 몬마 요시히사(門馬義久) 씨가《빙점》을 읽은 후, 본인 여부 확인을 위해 아사히카와를 방문해 미우라 아야코를 처음 만났을 때, '요코다!'라고 생각했던 것이다.

무서울 정도로 빛나는 눈초리, 적극적이고 긍정적인 인간 관계, 목표 없이는 살아갈 수 없을 듯한 삶에의 진지함 등에서 양자 사이의 친근성을 볼 수 있고, 또한 참 사랑을 만나지 않고는 살아 갈 수 없는 영혼의 외로움에 대한 체험도 같다. 결국 작가는 요코를 자기의 분신으로서, 자신이 겪었던 패전 후의 절망과 외로움에까지 데리고 가려 하는 것이다.

'요코는 천성적으로 공포나 악의라는 것을 가지지 않고 태어난 것 같은' 소녀였다. 어떤 아이가 던진 돌을 넣어 만든 눈 뭉치에 맞아 타박상으로 아파하면서도, 그 아이가 이전에 친절하게 대해 준 것을 생각하며 누구에게 맞았는지를 말하려 하지 않는 아이였다. '사람의 미움을 짊어지고 태어났으면서, 어쩜 이렇게 희한한 아이일까?'라고 게이조는 생각했다. 그러나 '자신이 끝까지 믿고 의지해 왔던 엄마 나쓰에가 한 번도 보이지 않던 무서운 모습'으로 목을 조른 그날, 요코는 혼자서 집을 나가게 된다.

'엄마는 왜 나를 죽이려고 했을까?'

그것을 요코는 도저히 알 수 없었다. 알 리가 없었다. 요코는 나쓰에의 모든 것을 좋아했다. (중략) 특히 "요코 짱"이라고 불러 줄 때의 다소 낮지만 부드러운 목소리가 뭐라 말할 수 없이 좋았다. 나쓰에만 있어 준다면 외로울 것도, 두려울 것도 없었다. (중략)

그런 나쓰에가 요코의 목을 졸랐다. 그때 뭔가에 홀린 듯한 나쓰에의 얼굴이 너무나 무서웠다. 자신이 믿고 있던, 의지하고 있던 엄마 나쓰에가 한 번도 보인 적이 없는 무서운 모습을 보였을 때, 요코의 마음에도 다른 면이 생겨났던 것이다. (중략) 죽는다는 것이 어떤 것인지 잘 모르면서 살해당하는 공포를 요코는 알게 된 것이다.

_《빙점》'다리'

사이시가 루리코에게 했던 것과 같이 나쓰에는 요코의 목을 졸랐다. 그리고 엄마를 끝까지 믿었던 루리코를 배신하고 밖으로 내쫓은 것같이, 그날 요코 역시 밖으로 내쫓고 있다. 나쓰에는 무의식에서도 이미 '눈에는 눈'이라는 복수를 시작하였다. 루리코가 당했던 고통과 외로움을 요코에게 주려는 것이다. 요코는 그날 인간이라는 것에 대한 정체 모를 공포, 누군가에게 살해당하는 공포를 알게 된다. 요코는 이렇게 나쓰에에게 루리코화되어, 외로움에 살해당한 루리코의 길을 걸어가게 되었던 것이다.

요코는 가구라 농협 앞에서 버스를 탔다. 아사히카와로 가려면 다리를 하나 건너야 했다. 버스가 그 다리 위를 지날 때 요코는 세상에 태어나서 처음으로 '외로움'이라는 것을 알았다. 지금까지 혼자서 아사히카와 시내에 나가 본 적이 없었다. 다리 아래의 겨울 강물은 검게 흐르고 있었다. 버스 창문에 이마를 대고 요코는 바깥을 내다보았다. 다리 아래 사무라이 마을의 어느 집 창문에 붉은 천이 드리워져 있었다. 그것이 왠지 요코에게는 쓸쓸했다. '저 붉은 것은 무엇일까? 머플러인가?'라고 생각했다.

_ 《빙점》 '다리'

요코는 이날 그녀의 인생에서 하나의 다리, 외로움의 다리를 건넜다. 그대로 사랑받고 그대로 안심하고 살아가도 좋았을 낙원에서 갑자기 추방된 것이다. 차가운 강바람을 맨몸으로 맞으며 검은 '겨울 강' 옆에 위태롭게 매달려 있는 '붉은 천', 그것은 바로 요코 자신이고, 얼어붙을 듯한 고독과 적막 안에 매달려 있는 그녀의 생명 그 자체였다.

이런 느낌은 '눈벌레' 장에 있는 마에카와 다다시의 단가, "망망 천지를 떠도는 실존과 같은 자신을 생각하며 수술받는 밤"과도 비슷하다. 모든 것으로부터 버림받고 공중에 매달린 것 같은, 의지할 것 하나 없이 떠도는 위험과 말하기 힘들 정도의 외로움, 그것은 훗타 아야코가 패전 후에 빠졌던 외로움과도 비슷하다.

검은 강은 이상하게도 아야코의 마지막 소설 《총구》의 첫 장 '흐르는 검은 강'에서도 볼 수가 있다. 《총구》에서의 '검은 강'은 탄광 마을 때문에 더러워진 물의 검음이기도 하고, 어두운 시대의 흐름이기도 한데, 《빙점》에서의 '검은 강'은 어린 영혼을 삼키고 흘러가려는 인간의 죄의 흐름이라고도 할 수 있을까? 외로움이라는 것은 모든 사람들이 젊은 날에 한두 번은 빠지게 되는 감정이지만, 출생의 비밀이 밝혀지던 날 요코의 외로움은 한층 더 근원적인 강력함으로 그녀를 엄습해 마음을 얼어붙게 했다. '어머니는 왜 요코를 죽이려고 했을까?' 부지불식간에도 이 물음의 답을 찾으려는 것은 이후 요코의 길이 되어 갔다. 그리고 드디어 이 물음의 답을 만난 날, 요코는 더 이상 살아갈 수 없을 정도로 완전히 얼어 버리는 외로움에 다다른다.

가출한 요코가 나쓰에의 친구인 전통 무용 선생 후지오 다쓰코(藤尾辰子)의 집에 찾아간 것은 다행이었다. 다쓰코는 이 작품에서 도오루를 제외하고 유일하게 요코를 지켜 줄 수 있는 존재다. 그때 다쓰코는 지친 요코에게 말한다. "사람은 약간 정도의 싫은 것은 참지 않으면 안 돼. 그렇지 않으면 점점 갈 곳이 없어지게 돼. 그러다가 사람은 자살하기도 한단다." 요코가 왜 가출했는지 모르기 때문에 다쓰코는 이렇게 말한 것이지만, 이것은 마치 '있을 곳이 없어졌을 때, 그 외로움 가운데 너는 자살하고 말거야'라는 예언처럼 들리기도 한다. 이 말을 받아들인 요코는 '인내'하는 강함, 아무리 괴로워도 '절대 비뚤어지지 않는다'라는 '오기' 속에, 이 죽을 정도의 '외로움'을 가슴속에 묻고 숨기는 길을 선택한다. 사랑받고 싶어하는 극심한 갈증을 품고 있지만, 참고 살아가는 청순한 길을 이날부터 요코는 걸어가게 된다.

빨간 옷

'흰 옷' 장에는, 학예회 때 반 친구들과 똑같이 입고 무대에서 춤추기 위한 흰 옷을 나쓰에가 만들어 주지 않아서, 요코 혼자만 빨간 옷을 입게 되는 사건이 적혀 있다. 나쓰에는 심술을 부리며 '모두가 남편 잘못이다.'라고 속으로 투덜거렸고, 나쓰에가 주문했다는 흰 옷을 시내로 찾으러 간 도오루는 나쓰에의 심술을 눈치채고 분노를 느낀다.

학교에 가는 도중에 도오루가 말했다.

"안 됐구나 요코. 빨간 옷 때문에 창피하지?"

도오루는 오늘 아침이 되니 또 갑자기 요코 때문에 걱정이 되었다.

"이 빨간 옷도 예뻐. 학예회에 나가서 열심히 춤추는 게 즐거운 걸."

요코는 기쁜 것 같았다.

_《빙점》'흰 옷'

　　남편을 비난하는 아내, 엄마를 몰아세우는 아들, 그리고 그 결과를 받아들이는 요코. 요코의 빨간 옷은, 나쓰에에게 목 졸려 가출한 요코가 주베쓰강을 건널 때 사무라이 마을 집 창문에서 본 붉은 천과 같이, 엄마의 사랑이라는 비호(庇護) 없이 차가운 바람을 맨몸으로 맞으며 공중에 매달려 있는 요코의 목숨 상태를 나타내고 있다. 그러나 요코는 이런 수치스러울 빨간 옷을 입고서도 누구보다 열심히 춤추는 생명이기도 했다. 그랬기 때문에 요코는 오히려 그날, 그 무대에서 누구보다도 빛나는 생명이었다.

　　그리고 그 빨강을 십자가에 달리시기 위해 끌려 나올 때 입혀졌던 예수 그리스도의 빨간색 겉옷과 연관시키고 있다. 비웃음과 조롱을 당하고 범죄자로 '구경거리'가 되어 처형당해 가면서도 그런 치욕을 아랑곳하지 않고 끝까지 사랑의 생명이셨던 예수 그리스도의 이미지가 이런 요코에게 겹쳐지고 있다. 또 이 요코의 빨간 옷은 게이조가 본 '다코'가 입고 있던 훈도시의 색과도 같은데, 그것은 '다코'였던 사이시의 고독한 생명의 색이기도 했다. 루리코의 대역이자 사이시의 딸로서 요코는 이 빨간 '생명의 외로움'을 체험해 가는 것이다.

우유 배달과 답사

　　초등학교 4학년이 된 요코는 나쓰에가 급식비를 주지 않아 곤란했던 적도 있어 우유 배달 아르바이트를 시작했다. 아야코는 겨울에 우유병을 손에 들고 눈길을 걸어가는 요코를 묘사하고 있는데, 겨울이 되면 나도 눈

쌓인 가구라 지역을 걸어가면서 우유 배달했던 요코를 상상한다.

후쿠오카(福岡)에서 아사히카와로 이주하고 받았던 충격 중 하나는, 겨울에는 자전거를 탈 수 없다는 것이었다. 서일본에서는 계절에 따라 사용할 수 없는 교통수단이라든지, 겨울에는 들어갈 수 없는 길이라든지, 갈 수 없는 장소라든지 하는 것이 기본적으로 없었는데, 이곳에서는 그 계절이 오면 인간이 아무리 발버둥쳐도 할 수 없는 것들이 있다. 사람들은 그것을 받아들이고 그런 조건 안에서 한 발씩 걸어가며 살아갈 수밖에 없게 된다. 첫해에는 무릎까지 눈이 쌓인 제방을 수백 미터 걷다가 발을 뺄 수 없을 정도로 기진맥진하여 하마터면 쓰러질 뻔했다. 인간의 연약함과 한계 앞에서 무엇이든 다 할 수 있는 자로 살고 싶어 하는 전능욕(全能欲)을 가진 죄성을 깨닫고, 나는 새하얀 길을 한 걸음씩 밖에는 걸을 수 없는 고마움을 알았다. 그리고 길고 가혹한 겨울 동안 멀리 있는 봄을 믿고 기다리는 것, 기다리면서 자라가는 것도 조금이나마 배웠다.

인간의 삶, 그 어려움과 따스함 그리고 그 마음까지, 사람을 생각하고 여러 가지를 상상하면서 혼자 조용히 무거운 우유병을 들고 새하얀 길을 걸어가는 요코를 《빙점》은 그리고 있다. 미우라 아야코는 "흰색은 인간의 마음을 깨끗하게 해 주고, 인간의 근원적인 면을 다시 보게 하는 계기를 준다"('예술과 풍토 홋카이도 편'《언덕 위의 해후》수록)고 쓰고 있는데 요코도, 홋타 아야코도 그렇게 눈 내린 아침, 우유를 배달하는 가운데 인간을 주시하면서 인간이란 존재에 대한 청순한 사랑을 키워 가고 있지 않았을까?

눈보라 치던 어느 날, 우유를 배달하던 요코는 우연히 엿듣게 된 우유 보급소 부부의 대화를 통해 자신이 입양된 아이임을 알게 된다.

'데려다 키운 아이는 아냐!' 하고 마음속으로 생각해 봤지만 소용이 없었다. 게이조도, 나쓰에도, 도오루도 갑자기 먼 사람들처럼 생각되었다. 요코는 외톨이가 된 것 같은 외로움에 입술을 깨물고 눈물을 참았다. 우유 보급소 아저씨와 아줌마에게 눈물을 보이기 싫었다.

_《빙점》'눈보라'

이렇게 요코는 외로움을 맛보아 가지 않으면 안 되었다. 요코는 중학교 졸업식에서 답사(答辭)를 읽게 되는데, 단 위에 오른 요코가 펼친 답사는 백지로 몰래 바뀌어 있었다. 사방이 쥐 죽은 듯이 조용한 가운데, 요코는 '인생에는 생각지도 못한 일이 있어도 구름 위에는 언제나 태양이 빛나고 있다'라는 말을 가슴에 담고, 심술에도 지지 않고 살아가고 싶다고 말하며 보기 좋게 극복하였다.

요코는 정중하게 인사했다. 우레와 같은 박수가 터졌다. 나쓰에는 어지러움을 느꼈다. 박수를 받고 있는 요코가 너무 미웠다. (중략) 그러나 박수를 받으며 단상에서 내려오는 요코의 마음은 복잡했다. 직감적으로 요코는 나쓰에가 한 짓임을 알았다. 급우들이 바꿔치기 할 리가 없었다. 요코는 학교에 온 뒤로 답사에서 한 번도 손을 떼지 않았기 때문이다. (중략)

'친엄마라면 결코 이런 짓을 하지 않아.'

세상의 모든 것으로부터 버림받은 것 같은 깊고 잠잠한 외로움이었다.

_《빙점》'답사'

빨간 옷을 입고 춤을 추었을 때와 같이, 고난을 물리치고 약동하는 요코의 생명이 빛나는 것을 보면서, 사람들은 감동하고 나쓰에는 질투한다. 그러나 이렇게 해서 요코의 외로움은 다시금 좀 더 깊어져 간다. 외로움을 알아 가는 것. 그것이 요코의 인생이고 성장 과정이었다. 나쓰에의 심술에 이끌려 '이리도 사랑받지 못하는 나는 누구일까?'라는 물음을 찾아 자신을 아는 것을 향해, 가장 깊은 외로움의 구렁을 향해 요코는 걸어나갔다.

어떤 괴로움을 무릅쓰고라도

"아무리 괴롭더라도 비뚤어지지 않겠다는 굳센 마음으로 살아왔습니다." 요코의 유서에 나오는 이 말은 야야코의 자서전 《이 질그릇에도》에 남편 미우라 미쓰요의 여동생 세이코(誠子)의 말로 나오는 구절이다.

> 이 여동생이, 어느 날 나에게 이렇게 말했다.
> "언니, 나는 어떤 괴로움을 당해도 비뚤어지지 않으려는 마음으로 살아왔어요."
> 나는 그 말에 크게 감동했고, 후에 소설 《빙점》을 쓸 때, 이 말을 주인공 요코에게 말하게 했다.
>
> _ 《이 질그릇에도》

세이코 씨는 한 살도 되기 전에 아버지를 결핵으로 여의고, 엄마와도 떨어져 큰오빠 겐에쓰 씨와 함께 조부모 댁에 맡겨졌었다. 미우라 아야코는 "그 말에 크게 감동했다."라고 썼는데, 그것은 어리고 가난하고 외로웠지만, 강한 의지로 스스로를 통제해서 필사적으로 타락하지 않겠다는 결의에 대한 감동일 것이다. 어리광이 허용되지 않고, 참고 견디지 않는다면 아무도 구해 주지 않을 것을 알고 있는 어린 영혼이 자신의 고난을 거의 필사적으로 살아 내는 것. 고난 가운데 사람이 해야 할 가장 소중한 일은 '그럼에도 불구하고 올바르게 산다'는 것이고, 인간 영혼의 고귀함이 거기에 있다면, 그것을 《이류 지대》의 후쿠코(福子)와 다쿠이치(拓一), 《적 목상자》의 히사요(久代)에게서도 찾아볼 수 있는데, 여기에서 그 원점(原點)을 볼 수 있을지도 모른다. 이 요코의 유언으로 인용된 구절을 말한 것 이외에도 세이코 씨는 정말로 요코 같은 청순하고 다정한 사람이었다고, 아야코는 여러 차례 말하고 있다. 세이코 씨는 후쿠시마 제일 원자력 발전소 사고 탓에 도미오카(富岡) 마을로부터 피난해 온 이와키시에서 몇 해 전에 돌아가셨다고 들었다.

청순함을 구하는 것과 사랑을 구하는 것

요코는 사랑받지 못해도 '올바르게 살아가는 자', '청순한 마음의 소유자'로 있으려 했던 소녀였다. 아름다움이나 능력이나 지위나 재산이나 명예로 자신의 가치를 확인하려 했던 나쓰에나 게이조처럼, 사람들은 착함이나 깨끗함이나 올바름 등으로도 자기의 가치를 정하고 싶어 하는 존재다. 그러나 그것도 결국 끝없이 지속되는 괴롭고 허무한 투쟁이 된다.

청순함을 구하는 한편으로, 요코 안에는 사랑에 대한 목마름이 숨겨져 있었다. 그 욕구는 《폭풍의 언덕》을 읽고 기타하라를 만남으로 분출되기 시작했다. 둘도 없이 소중한 존재로서 서로 사랑함으로 '소중한 존재'가 되기를 강력하게 원하는 요코는 목숨을 거는 진지한 사랑을 요구하게 된다. 모 아니면 도(all or nothing), 요코의 사랑은 배신을 절대로 허락하지 않는다. 그래서 나쓰에의 심술에 찬 말 때문에 기타하라에게 애인이 있다고 오해했을 때, 기타하라가 보낸 모든 편지를 불태워 버렸던 것이다.

청순한 자기인가? 아니면 둘도 없이 소중한 존재로 격렬하게 사랑하고 사랑받는 자기인가? '질투'나 '용서 못하는 마음'에 대한 망설임이 요코에게 시작된다. 그것은 어른으로 가는, 또는 인간으로 가는 계단이었는데, 요코는 사랑의 괴로움을 헤치고 들어가지 않았다. 실은 요코는 상처 받지 않는 소녀였다. "기타하라 씨가 나를 배신했어도 나는 기타하라 씨를 배신하지 않았다."라는 자기 의(自己義)이기도 했던 '외로운 청순함'으로 요코는 돌아가는 것이다. 이것이 요코의 본질적인 죄이다. 청순함이라는 자기 의에 갇혀 있는 자는 진정한 사랑을 알 수가 없다. 그래서 이런 청순함이라는 자기 의는 나쓰에의 말에 따라 완전히 파괴되지 않으면 안 되었다. 그렇게 껍질이 깨어지고 자기가 타인과의 관계 안에서 어떤 사람인가를 고통스럽게 알게 될 때, 요코는 비로소 '용서'를 구하고 도오루의 사랑도 깨닫게 되는 것이다.

11.
요코의 유서
'용서'에 대한 희구의 시작

〈눈 내린 견본림〉
죽으려고 정한 아침, 요코는 이 제방 위에서 뒤돌아보았다.

요코의 시간과 아야코의 시간

《빙점》이야기의 시간은 루리코가 살해당한 1946년 7월 21일부터 시작해 요코가 자살하는 1964년 1월 15일, 정확히는 그 이틀 후인 17일 아침에 끝나는데, 이 시간 구성을 작가 인생의 시간과 겹쳐 보면 흥미로운 일치가 드러난다.

1946년 7월 21일은, 그해 3월에 절망과 허무감 끝에 교사를 사직한 홋타 아야코가 결핵에 걸려 결핵 요양소 백운장(白雲莊)에 입소한 6월 1일에서 한 달가량이 지난 시기이고, 13년에 이르는 요양 생활이 시작된 직후였다. 한편 마지막 부분의 1964년 1월은, 전년 12월 31일에《빙점》응모 원고를 완성해서 발송한 직후의 시기에 해당한다. 즉《빙점》에서 루리코의 죽음부터 요코 자살까지의 17년 반은, 자서전으로 말하면《길은 여기에》및《이 질그릇에도》와 거의 겹쳐져 있는 것이다.

다시 말해, 순진무구한 군국 소녀가 패전으로 말미암아 외로움의 구렁에서 죽고, 그와 동시에 방황을 시작한 영혼이 결국에는 하나님께서 정해놓으신 '있어야 할 곳'에 서기까지의 기간이다. 그렇게 보면 루리코의 죽음과 요코가 죄를 인정하기까지의 여정은 작가 자신의 이야기와 상당 부분 겹친다. 그리고 유서를 쓰고 집을 나간 요코의 생명이 순백의 눈 위에 던져진 그날,《빙점》역시 작가의 손을 떠나 '심사'라는 하나님의 손 위에 던져져 그 운명을 기다리고 있었던 것이다.

깨어지는 자기 의(自己義)

아담이 그랬고 쓰지구치 부부가 그랬던 것처럼, 그들의 딸인 요코도 하나님께 순종하지 않고 자기에게 순종하고, 자신의 죄를 인정하지 않고 하나님 앞에 고개를 숙이지 않는 인간이었다. "하나님의 의를 모르고 자기 의를 세우려고 힘써 하나님의 의에 복종하지 아니하였느니라"라고 로마서 10장 3절에서 말하고 있는 그대로이다.

요코는 실제로 순진무구한 소녀다. 의식적으로 죄를 지은 적이 없고, 자기를 엄격하게 돌아보며 청순하게 살아왔다. 그러나 자기에게 엄격하고 올바르게 살아가는 것과 죄가 없다는 것은 차원이 다르다. 아니, 오히려 자기를 엄격하게 관리하며 타인에게 결코 손가락질당할 일이 없는 사람이, 그래서 자기의 시선으로밖에 세상을 보지 못한다면, 그리고 그것에 따라 자기를 옳다고 판단한다면, 거기에는 큰 함정이 있다. '루리코를 죽인 범인의 딸'이라는 말에 죄 없는 자신이 살인자의 피를 갖게 된 자였음을 알게 되자, 일곱 살 때 목이 졸렸던 날부터 10년간의 여러 가지 기억이 자기 안에서 그 이면에 있었던 진정한 의미를 말하기 시작한다. 요코는 사랑하는 가족이 긴 시간 동안 겪은 불행의 원인이 그 집에 있어서는 안 될 자신이었음을 알게 된 후, 발뺌 따위 할 수 없을 정도로 쌓인 증거와 "오랫동안 너 때문에 내가 얼마나 괴로웠는지 모른다."라는 엄마의 말 앞에 망연히 서서 이제는 "나는 깨끗해."라고 말할 수 없게 된 것이다.

살아가며 자기 스스로 엄격하게 지키기만 하면 유지될 것 같았던 요코의 '결백성'이라는 지주(支柱)는, 맥없이 밑바닥부터 무너져 버렸고, 정체성을 잃어버린 마음은 얼어붙었다. 틀림없다고 믿고 있던 것이 무너질 때,

"자신을 속이지 않고 엄격하게 응시한 인간"일수록, 홋타 아야코의 전후(戰後)와 같이, 돛대를 잃어버린 《해령(海嶺)》의 호준마루(宝順丸)처럼, 마음이 얼어 버린 채 위험한 표류가 시작되는 것이다. 그리고 자기의 시선보다도 확실한 하나님의 시선 아래에 자기를 두고 하나님께 발견될 때까지는 표류가 끝나지 않는다.

요코 유서의 신학

응모 작품을 요코의 유서에서부터 쓰기 시작했다는 사실은 이미 언급했다. 그래서, 이 유서가 《빙점》의 중심에 있고, 이 유서를 향해 모든 이야기가 정리되고 배치되어 있다고도 말할 수 있다. 당연히 《빙점》의 테마인 '원죄'도 여기에 써야만 했다. 작가는 스스로 이렇게 적고 있다.

> 요코의 유서에, 나는 원죄를 언급해 보았다. 물론 요코는 아직 고등학생 소녀이다. 원죄의 깊은 사상에는 이르지 않았지만 그 맹아(萌芽)를 유서 가운데서 볼 수는 있다.
>
> _ 소설 《빙점》을 언급하며

요코는 살인범의 딸임을 알게 된 것을 계기로, 자기 안에 죄의 가능성이 있음을 알아차려 원죄를 깨닫기 시작했다. 그러나 그녀는 하나님을 모르기에 원죄의 본뜻인 '하나님 쪽을 향하려 하지 않는 성질'이라는 사고에까지 이르지는 못한다. 진정한 원죄 의식에서 보면 요코는 아직 맹아 상태에 지나지 않는다고 말할 수밖에 없다. 그러나 분명히 맹아였으나 원죄에 접하고도 있다. 그것은 탐색하는 직감으로서는 '미워해야 할 것', 감성으로서는 '빙점'의 외로움, 그리고 인식으로서는 '핏속에 흐르는 죄'이다.

요코의 유서는 부모(쓰지구치 부부) 앞으로, 기타하라 앞으로, 도오루 앞으로 보낸 세 통인데, 압도적으로 긴 부모 앞으로 보낸 유서를 중심으로 살펴보자.

'루리코 언니를 죽인 증오받아야 할 자'

그러나 제가 루리코 언니를 죽인 증오받아야 할 자의 딸인 것을 알게 된 지금은, 어머니가 제게 심술궂게 하신 것도 결코 원망하지 않습니다.

_ 《빙점》 '유서'

여기에서 작가는 요코를 '루리코 언니를 죽인 증오받아야 할 자의 딸'이라고 쓰고 있다. '살인범의 딸'도 아니고 '사이시 쓰치오의 딸'도 아닌 '증오받아야 할 자의 딸'. 이 '증오받아야 할 자'는 누구인가? 단순히 생각하면 루리코를 죽인 살인범 사이시 쓰치오이지만, '증오받아야 할 자'라는 의미가 '루리코 언니를 죽였기' 때문에 '증오받아야 할 자'라고 한다면, 그것은 본질적으로는 무엇일까?

이미 몇 번이나 반복해서 말한 것처럼 루리코를 죽인 첫째 원인은 사랑이 상실된 외로움이다. 요코가 자살하려고 했던 날은 1964년 1월 15일로, 실은 루리코(1943년생)가 살아 있었다면 성인식을 맞는 날이었다. 그리고 이날, 요코는 17년 전 루리코가 살해당한 날에, 루리코가 따라 걸어갔던 같은 길을 통과해서 루리코가 살해당했던 곳과 같은 강변에서 자살을 기도한다. 이런 소름 끼칠 정도로 무서운 일치는 우연이 아니다. 물론 장소의 일치는 요코 자신이 의식적으로 루리코가 살해당한 장소에서 죽으려고 했기 때문인데, 좀 더 깊은 의미로서 요코의 자살이 루리코가 떠안게 된 문제의 완성적 귀결임을 보여 주고 있다. 어린 루리코가 경험한 죽음에 이르는 '외로움'은, 엄마의 사랑에 배신을 당하고 추방을 당해 "더 이상 이 집에 있을 수 없어서…."라고 했던 있을 곳이 없는 외로움이었다. 그런데 그것은 17년을 지나 만기가 되기라도 한 것처럼 루리코의 성인식 날에 다시 "이 집에서는 결코 사랑받을 수 없는" 외로움으로 나타나서, 동굴처럼 요코의 안쪽에서부터 가득 채워져 생명을 빨아들여 갔다. "루리코 언니를 죽인 증오받아야 할 자"의 첫째 원인인 '사랑받지 못하는 외로움'이 결국 요코를 죽이는 것이었다.

그리고 둘째 원인은, 고난에 시달려서 루리코를 사랑할 수 없었던 사이시 쓰치오의 연약함이다. 사이시는 가혹한 고난으로 외로움의 깊은 밑바닥에 서 있었기 때문에 "엄마, 엄마!"라고 소리치는 루리코의 외로움을 떠받쳐 주지 못하고, 오히려 외로움을 호소하며 소리 내는 목을 조를 수밖에 없었다. 사이시는 사랑을 상실한 것 이상으로 사랑 그 자체로부터 상실되어 방황하는 자였다. 사랑으로부터 상실되었기 때문에 생긴 깊은 외로움이야말로 사이시를 '사랑할 수 없는 자'로 만들었던 것이다.

사이시는 자기가 의도하지 않은 데서 오는 수많은 고난 탓에 몹시 지친 나머지 어린아이를 목 졸라 죽이게 되지만, 요코 역시 아무것도 모른 채 이 집에 입양되어 엄마에게 의도하지 않은 상처를 주었다는 것으로 괴로워했다. 올바르게 살려고 했으나 운명의 소용돌이 속에서 가해자가 되어 버린 자의 외로움에 사이시와 요코는 얼어붙었다. 그것은 또한 그런 무서운 자신을 사랑할 수 없다는 외로움도 된다. 사이시와 요코는 '사랑받지 못하는 외로움'과 함께, 타인과 자신까지도 '사랑할 수 없는 외로움'을 갖고 있다. 즉 '루리코 언니를 죽인 증오받아야 할 자'의 둘째 원인은 '사랑할 수 없는 외로움'이다. 이것 또한 요코를 죽이는 것이었다.

이렇게 '루리코의 대역'이며 '사이시의 딸'인 요코는, 루리코의 '사랑받지 못한 외로움'과 사이시의 '사랑할 수 없는 외로움(상처 입히는 외로움)'이라는 양쪽의 외로움을 짊어지고서 비에이강에 죽으러 가게 된다. 그것은 바꿔 말하면 '루리코의 대역'인 요코가 '사이시의 딸'인 요코에게 살해당하기 위해 나가는 것이기도 하다.

그러나 요코가 쓴 이 '증오받아야 할 자의 딸'이라는 말은, 아담과 하와의 성질을 똑같이 지닌 쓰지구치 부부의 환부(患部)를 찌르는 것이다. 만일 아담과 하와가 증오받아야 할 자라면, 자기중심으로 살고 자신의 죄를 인정하지 않으며 책임을 전가하고 서로 판단하고 용서하지 않으며 서로 복수하는 자들이었던 게이조와 나쓰에 또한 "루리코 언니를 죽인 증오받아야 할 자"이다. 그리고 그들은 사이시와 함께 "루리코 언니를 죽인 증오받아야 할 자"일 뿐만 아니라, 제2의 루리코인 요코마저 자살로 내몰아 죽인 '증오받아야 할 자'들인 것이다. 그리고 '증오받아야 할 자'인 그들의 본질에는 '자기중심'이라는 죄가 있다. 그리고 요코 또한 죄 있는 자신을 용서할 수 없다는 자기중심 때문에 자기 자신을 죽이는 자가 된다. 스스로를 '루리코 언니를 죽인 증오받아야 할 자의 딸'이라고 칭했던 요코는, 그런 '증오받아야 할 자'를 자기 안에서 탐색하고 있었던 것이다.

'빙점'

요코는 게이조와 나쓰에 앞으로 남긴 유서 안에 몇 번이나 반복해서 '빙점'의 감촉을 묘사하고 있다. "몹시 땅이 흔들리는", "따라서 설 곳을 잃은" 느낌이고, 그것 때문에 "살아갈 희망을 잃고" 마음이 "얼어 버리는" 느낌이다. 이런 느낌이 《길은 여기에》에 쓰여 있는 대로 패전 후 홋타 아야코 자신의 근원적인 경험이었음은 틀림없고, 《빙점》이 전후 소설이라는 견해를 낳는 연유이지만, 한편으로 이것은 시대를 넘어 인간이 자기 자신 안의 '죄'를 직면하게 될 때에 경험하는 한계 상황의 감각이기도 하다.

> 제 마음은 얼어붙어 버렸습니다. 요코의 빙점은 '너는 죄인의 자식이다.'라는
> 데 있었던 것입니다. (중략) 저는 이제 살아갈 힘이 없어졌습니다. 얼어붙어 버
> 렸습니다.
>
> _《빙점》 '유서'

이 단락 바로 앞에 있는 "한결같이 힘껏 살아온 요코의 마음에도 빙점이 있었다."라는 문장을 읽으면, '빙점'='죄'라고 읽고 싶어지지만, "요코의 빙점은 '너는 죄인의 자식이다'라는 데 있었던 것입니다."라고 하는 이상, '빙점'='죄'라고 읽을 수는 없다. '빙점', 즉 '마음의 동결(凍結)'의 원인이 요코의 경우는 '죄'에 있다는 것이다.

얼어 버리는 것 따위는 없을 거라고 생각했던 마음, 밝게 살아온 요코의 마음, '살해당해도 살아간다'라고 생각해 왔던 요코의 그런 마음에도 '빙점'이 있었다. 그래서 살아가는 것을 밑바닥부터 무너뜨리는 그와 같은 절망감을 미우라 아야코는 '마음의 동결', 즉 '빙점'으로 표현한 것이다. 진정한 죄의 자각이라는 것은, 일단 깨닫게 되면 결코 그 이전으로 되돌아갈 수 없는 것이다.

나쓰에게 출생의 비밀을 들었을 때, 기타하라는 요코가 범인의 딸이 아니라는 사실이 밝혀진다면 문제는 해결된다고 생각해서 요코의 출생 사실에 대한 진위를 추구하지만, 요코는 '내 안에 잠자고 있던 것이 문득 눈을 뜬' 이상, 범인의 딸이든 아니든 똑같다고 말하고 있다. 그때 눈을 뜬 '너는 죄인이다'라는 사나운 짐승은, 사람을 사랑하는 힘 따위는 간

단히 짓밟아 부서뜨리고 가차 없이 요코의 마음의 생명을 모두 먹어 치워 버렸다.

출생의 비밀을 알게 된 요코가 나쓰에를 바라보는 눈은 미움의 눈이 아니라 "슬플 정도로 외로운 눈"이었다고 쓰여 있다. 그리고 자살을 결심하고 들어간 견본림에서도, 눈 위에 죽어 있는 까마귀를 보고서 눈 아래의 까마귀를 생각한 요코는 "외롭다….'고 무심코 중얼거렸는데, 미즈타니 아키오(水谷昭夫) 씨는 이런 요코의 외로움이 본질적으로 나쓰메 소세키(夏目漱石)의 그것과 이어져 있음을 지적한다. 소세키의 소설《마음》역시 '외로움'에 끌려 자살하는 선생을 그리고 있는데, "이 외로움이야말로 인간의 원죄에서 유래하는 감각이다('불타는 꽃이지만')"라고 적고 있다. 나는 이것이 매우 뛰어난 분석이라고 생각한다. 그렇다면, 왜 사람들은 원죄로 말미암아 외로워질까?

이미 살펴본 것처럼 원죄가 본질적으로 '인간이 하나님을 떠나 있는 것'이라면, 그 '외로움'도 '인간이 하나님을 떠나 있는 것'에서 오는 외로움이다. 그것을《빙점》에서는 다음 네 종류의 외로움으로 분류할 수 있겠다.

첫 번째는 '사는 목적이 없는 외로움'이다. 하나님께 등을 돌리고 있어서 살아가는 길도, 의미도, 사명도 몰랐던 패전 후의 아야코와 죽으려고 하는 요코에게서 볼 수 있는 외로움이다.

두 번째는 '사랑받지 못하는 외로움'이다. 이미 살펴보았듯이 집에 있을 수 없게 된 루리코와 요코 그리고 마사키 지로에게서 이것이 명백히 드러나는데, 하나님께 사랑받고 있는 것을 모르기 때문에 빠지는 외로움이다.

세 번째는 '사랑할 수 없는 외로움'이다. 이것도 이미 살펴보았듯이 사이시, 게이조, 요코 등에게서 나타나고 있다. 이는 사랑의 본체이고 공급원인 하나님을 떠나 진정으로 사랑받은 경험을 갖지 못했기에 사랑할 수 없게 되는 외로움이다.

그리고 네 번째는 뒤에 언급하겠지만 '죄의 해결을 찾지 못하는 외로움'이다. 하나님 쪽을 향하지 않기 때문에 '용서한다'라고 말해 주는 것을 찾을 수 없는 것이다. 자살하려고 하는 요코, 사이시, 그리고 다카기에게서도 볼 수 있다.

이렇게 보면, 요코가 모든 종류의 '외로움'을 다 가지고 있음을 알 수 있다. 이것은 모든 인간이 하나님 쪽을 향하지 않고 하나님에게서 분리되어 있기 때문에 일어나며, 마지막 형태인 '자기를 사랑할 수 없는 외로움'으로 집약되어 갈 때 치명적이 될 수 있는 위험한 외로움이다. 그리고 이런 원죄로부터 일어나는 외로움으로 말미암아 마음의 생명이 얼어붙는 것을 '빙점'이라고 부르는 것이다.

따라서 다시 정리해 보면, 이렇게도 말할 수 있다.

하나님에게서 떠나 있어서 사는 목적을 모를 때,

인간은 자신의 존재 가치를 잃어버려 얼어붙는다.

하나님에게서 떠나 있어서 사랑받고 있다는 것을 모를 때,

인간은 자신의 존재 가치를 잃어버려 얼어붙는다.

하나님에게서 떠나 있어서 사랑할 수 없을 때,

인간은 자신의 존재 가치를 잃어버려 얼어붙는다.

하나님에게서 떠나 있어서 죄 용서받는 것을 모를 때,

인간은 자신의 존재 가치를 잃어버려 얼어붙는다.

핏속을 흐르는 죄

요코는 유서 안에 "아빠 엄마, 루리코 언니를 죽인 아버지를 제발 용서해 주세요."라고 간청하며 "요코는 이제 루리코 언니가 제 아버지에게 살

해당한 강변에서 약을 먹을 거예요."라고 알리고 있다. 실제로는 사실이 아닐지도 모르는 사이시와의 부녀 관계를 확인해 보지도 않고 자각적으로 받아들이고 있는 요코. 그것은 아마 사이시의 친딸이 아니라는 것이 밝혀진다 해도 요코가 쓰지구치 가에서 사이시의 딸로 여겨져 키워진 것은 바뀌지 않을 사실이었기 때문이다.

게다가 또 하나, '핏속을 흐르는 죄'라는 자각이 요코로 하여금 그렇게 말하게 하고 있다. '핏속을 흐르는 죄'는 단순히 사이시가 루리코를 죽였다라는 사실만을 가리키고 있는 것은 아니다. 그렇다고 한다면 사이시의 딸인지 아닌지가 매우 중요하며, 사이시의 딸이 아니라면 핏속에 죄 따위가 흐르지 않는다고 주장할 수도 있을 것이다. 요코는 오히려 이 사이시의 딸일지도 모른다는 것을 통해서 좀 더 근원적인 것을 알아차린 것이다. 그것은 가령 자신이 사이시의 딸이 아니어도, 또 자기는 죄를 짓지 않았어도, 자기를 낳아 준 부모와 또 그 부모를 거슬러 올라가면 그 혈통 안에는 살인한 사람, 도적질한 사람, 간음한 사람들이 틀림없이 있을 거라는 깨달음이다. 몇십 대, 몇백 대를 거슬러 올라가면 아마 인간이 범한 온갖 죄의 피가 그 혈통 안에 들어 있을 것이고, 자신은 그 자손이므로, 내 안에도 죄의 피가 흐르고 있고 죄를 범할 가능성이 있다는 것이다.

그리고 더 거슬러 올라가면 어디에 다다를까? 그 근본 원류는 아담의 죄의 피이다. 아담의 죄, 하나님의 말씀을 거부하고, 하나님의 사랑을 등지고, 하나님의 얼굴을 피했던 아담의 원죄의 피에 다다르는 것이다. 씻기 어렵고, 존재 그 자체이며, 생 그 자체와 깊이 결부된 본질로서의 자기중심적인 죄. 아담의 후예인 이상 그 죄를 범할 가능성을 분명히 핏속에 지니고 있는 것이다. 아마 요코는 아담을 모를 것이지만, 분명히 자기 안의 죄의 가능성을 깨달았던 것이다. 그리고 그런 자각에 다다랐을 때 요코는 오히려 "사이시는 내 아버지다."라고 선택하고 있는 것처럼 보인다. 그리고 더 나아가 "아빠 엄마, 루리코 언니를 죽인 아버지를 제발 용서해 주세요."라고 말하며 '루리코 언니가 제 아버지에게 살해당한 강변에서 약을 먹을' 결심을 하는 것이다. 여기에는 '아버지의 죄를 자신의 죽음으로 조금이나마 대속할 수 있다면'이라는 생각이 있다. 이미 요코에게 아버지의 죄는 본질적으로 자신의 죄이기도 했던 것이다.

그리고 그것은 순진무구한(해야 할) 자가 아담 이래의 죄를 짊어지고 죽는다는 형태를 취함으로써, 그리스도의 모습을 조금이나마 반영하고 있다. 자연재해, 부모의 죽음, 빈곤, 차별, 억압, 전쟁, 배우자의 죽음, 무심코 범한 끔찍한 죄라는 고난을 하나도 빠짐없이 짊어지고 사랑의 상실감 속에서 죽은 사이시 쓰치오. 그리고 원죄에서 오는 외로움을 모두 끌어안은 채 아버지 사이시의 죄까지도 짊어지고 대속의 죽음을 택하는 요코! 미우라 아야코는 이 이야기 안에서 가장 얼어 버린 이 두 사람 옆에, 즉 죄 있는 자로서 죽으려고 했던 이 두 사람 옆에, 스스로 죄 있는 자로서 죽음을 택해 모든 죄를 대속한 그리스도의 모습을 부각시키려는 것처럼 보인다. 그리고 여기까지 왔을 때, '사이시'라는 성이 '사이시(祭司: 제사)'라는 그리스도의 직능(희생 제물을 드려 속죄하다)을 이면에 포함하고 있음이 '사이시의 딸'인 요코에 의해 드러나게 된다.

"요코의 빙점은 '너는 죄인의 자식이다'라는 데에 있었던 것입니다."라는 말은, 사이시의 딸이 아닌 사람에게는 관계없는 말일까? 여기에서 작가는 '너는 범인의 자식이다'라고 쓰지 않고, "너는 죄인의 자식이다" 라고 썼다. '죄인의 자식'에서 '의'는 읽는 법에 따라 소유격이기도 하고 동격이기도 하다. 죄인에게서 태어난 자식, 혹은 죄를 범할 성질을 갖고 있는 자식이다. 요코가 목숨 걸고 계승하고 있는 것, "너는 죄인의 자식이다"라는 자각은 이미 '죄인의 자식'인 모든 사람의 마음에 나타나야 할 자각이라고 작가는 이야기하고 있는 것이다. 요코가 자신이 정말 사이시의 자식인지 아닌지를 확인하지도 않고 받아들인 것으로 그것은 증명되어 있다. 아담의 자손이라면 누구의 자식이든 상관없이 '죄인의 자식'이다.

'용서'의 희구 __ 인격에 대한 깨달음

요코는 본래 죄에 대해서는 그 가능성조차도 인정하고 싶지 않은 '초결백 욕구 소녀'였다. 그래서 이렇게 말한다.

> 제 안의 죄의 가능성을 발견한 저는 살아갈 희망을 잃어버렸습니다.
>
> _ 《빙점》 '유서'

야스퍼스(Karl Theodor Jaspers, 1883~1969)는 우리가 넘어갈 수도, 변화시킬 수도 없는 '한계 상황'으로 죽음, 고통, 경쟁, 죄 네 가지를 들고, 이런 한계 상황에서 절망과 상실이야말로 인간을 초월자(신)에게 눈을 돌리게 하고, 본래의 자기 자신에게로 회생(回生)하는 계기를 준다고 말한다. 하나님을 아는 것에 이르지 못했기에 완전한 형태는 아니지만, 죄와 마주한 요코에게서도 그것을 볼 수 있다.

스스로는 어찌할 수 없는 '한계 상황' 안에서는 자기 이외의 존재를 찾는 것밖에 할 수 있는 것이 없다.

> 저는 지금까지 타인으로부터 이렇게까지 용서를 받고 싶다고 생각해 본 적이 없었습니다. 그렇지만 지금 '용서'가 필요합니다. 아버지께, 어머니께, 세상 모든 사람들에게, 제 핏속에 흐르는 죄를 분명히 '용서한다'라고 말해 줄 권위 있

는 존재가 필요합니다.

_ 《빙점》 '유서'

'용서받지 않으면 안 되는 인간'이라는 의식이 없던 자가, 용서받는 것 이
외에는 해결 방법이 없다는 걸 아는 것은 큰 복이다. 스스로 회복할 수 있
다든지 해결할 수 있음이 불가능하다는 것을 영혼의 심지가 타들어가는
정도의 고통으로 느끼고, 스스로는 아무 데도 기어올라 갈 만한 가능성도
없다는 것을 아는 것은 행복이다. 자기 자신 안에 구원의 가능성이 아직
있다고 생각하는 한 방황은 계속되기 때문이다. '용서'라는 것을 깨닫는
것은 복이다. 왜냐하면 그것은 인격에 대한 깨달음이기 때문이다. 용서받
는 것은 죄의 책임을 짊어진 인격적 존재에게만 필요하고, 용서하는 것 또
한 인격적 존재에게만 가능한 것이다.

  "이렇게 타인에게 용서받고 싶다고 생각한 적"이 없었다는 것은 자기의
죄를 깨닫지 못한 것뿐만 아니라, 죄가 있었다고 해도 그것을 다른 인격과
의 관계에서 생각한 적이 없었다는 것을 의미한다. 자기 자신을 인격적 존
재로, 책임 있는 존재로 파악하지 않으면 '타인에게 용서받고 싶다'는 생
각은 있을 수 없는 일이다. 그리고 자의식에만 갇혀 있다면 실패나 미숙함
등이 있어도 죄는 성립하지 않는다. 자신만 깨끗하면 된다고 생각하는 요
코에게 본질적인 관계는, 자신의 행위나 마음가짐을 스스로 점검하는 '자
기 자신'이라는 관계만 존재한다. 타인과의 인격적인 관계에서의 과오는
단 한 가지, 기타하라와의 사이에서 일어난 오해뿐이었다.

  그러나 요코는 이 유서를 쓰는 중에 분명히 죄를 자각하고, 그래서 '용
서'라는 것을 깨달을 수밖에 없었을 때 말했다. "난 더 이상 사람들 앞에서
얼굴을 들 수가 없어요. 아무리 작은 아이 앞에서라도…." 이런 자각도 사

실 패전 후의 홋타 아야코 자신의 것이었다.

> 먹물로 칠해진 교과서와 같이 나의 자랑과 자신(自信)은 밑바닥부터 무너져 버
> 렸다. 열심히 한 만큼 가르친 학생들 앞에서 얼굴을 들 수 없는 마음이었다.
>
> _ '나는 왜 《빙점》을 썼는가?'

얼굴은 물체가 아니다. 자신의 얼굴도, 타인의 얼굴도, 그것은 인격의 앞
면이고 드러남이다. 그리고 얼굴의 중심은 시선이다. 가령 그 사람이 눈을
감고 있다고 해도 상관없다. 지그시 눈을 감은 얼굴에서도 시선을 느낄 수
있다. 여기에서 아야코도, 요코도 인격적인 시선들 앞에서 견딜 수 없는
존재로서 죄 있는 자신을 느끼고 있다.

요코는 "나같이 죄 안에서 태어난 자가 죽기에는 너무 아까운 청명한
아침입니다."라고 말하고 있는데, 이는 마음의 중심을 덮고 있던 껍질
이 깨어져 '순수'하고 '겸손한 마음'이 되었을 때, 닫혀 있던 자신이 열리
고 세상이 달라진 모습으로 보이기 시작한 것이다. 그것은 마치 처음으
로 세상을 만난 것 같은 선명함이었을지도 모른다. 그리고 그때 그녀는
자신에 의해서가 아니라, 다른 사람에 의해서 그것이 깨달아진다는 것을
처음으로 알게 된다.

요코는 겸손한 마음 안에서 좋은 기분을 느끼고 있다. '겸손'이란 결국
인격을 대하는 태도인 것이다. 하나님을 모르는 요코에게 운명이나 자연
이 상대였다고 해도, 혹은 누구라는 상대가 없다고 해도, 다른 인격의 시
선 앞으로 나가려고 하는 근본적인 분명한 변화가 요코 안에서 시작되고
있다.

살아져 가는 신비

간신히 스트로브 잣나무 숲을 빠져나가자 제방이 나왔다. 요코는 기어오르듯 올라갔다. 제방에 올라서 뒤돌아보니 요코의 발자국이 눈 위에 계속되고 있었다. 똑바로 걸었다고 생각했는데 비뚤어져 있는 발자국. 요코는 다시는 돌아가지 않을 길을 돌아보았다.

_《빙점》'죽음'

타인의 '사랑의 시선' 덕분에 넘어지지 않았다고는 생각지도 못하고, 자기 혼자서 살고 있다고 생각하며, 누구에게 어떤 공격을 받더라도 홀로 살아갈 수 있다고 생각하는 것은 오만이다. 요코는 기타하라와의 사이에서 생긴 오해를 푸는 것 정도 이외에는 정말로 용서받을 필요 따위를 생각해 본 적이 없었지만, 수면제를 먹음으로써 그 생각이 잘못되었음을 스스로 증명한다. 제방 위에서 뒤돌아봤을 때 보였던 '똑바로 걸었다고 생각했는데 비뚤어져 있는 발자국'은 그녀가 걸었던 인생 행보의 '빗나간' 성질을 보여 주고 있다.

죽으러 가는 길 위에서 요코는, 지금까지 자신의 걸음이 똑바르지 않았음을 깨달았다. 홋타 아야코는 마에카와 다다시에게서 사랑을 받고 처음으로 자신의 길이 비뚤어지고 구부러져 있다는 것을 알게 된다. 아야코는 "원죄의 사상으로 이끌어 준 죽은 당신의 뜨거운 눈동자를 그리워하며"라는 단가(短歌)를 읊기도 했는데, 요코의 경우는 뜨거운 사랑 때문이 아닌 죄를 깨달았기 때문이었다. 그런 점에서 죄를 깨닫는 것이 사랑받는 것에 필적할 만한 것임을 알 수 있다. 죄를 깨닫게 해 주는 것, 그것은 사랑의 얼굴을 하고 있지 않지만 실은 사랑일지도 모른다.

인간은 용서받지 않으면 안 되는 존재임을 알게 된 요코는, 그때까지 자신을 감싸고 있던 껍질을 부수고 '용서'를 베푸는 인격인 누군가를 찾기 시작한다. 그러나 그녀는 "용서한다"라고 말해 주는 권위 있는 누군가를 찾아내지 못했다. 결국, 자신의 죽음으로 속죄할 수 있기를 바라면서 수면제를 삼키고 새하얀 눈 위에 몸을 눕힌다.

용서를 베푸는 인격을 찾지 못한 인간은 비참하다. 용서가 없다면 아마도 죽는 것밖에는 답이 없을 것이다. 자살하지 않더라도 그대로 방치하면 영혼은 죽어간다. 왜 그럴까? 죄 있는 그대로 살아가는 것은 매우 고통스럽기 때문이다. 아무리 경찰을 따돌리고 도망칠 수 있다 하더라도 빠져나갈 수 없는 족쇄 같은 것이 있다. 자수하든지, 목을 매든지, 개인적으로 피해자에게 보상을 하든지 무엇이든 하지 않고서는 끝나지 않는다.

그러나 '용서'는 용서하는 권위를 가진 인격에게만 가능하고, 최종적으로 하나님만이 그런 권위를 갖고 있다. 그래서 하나님이라는 사랑과 용서의 인격에 등을 돌리고, 용서받지 않고도 살아갈 수 있다고 생각하는 마음, 하나님에 대해 마음을 닫은 인간의 기질이야말로 '근본적인 빗나감=원죄'라고, 미우라 아야코는 말하려는 것이다.

안타깝게도 새하얀 눈 위에 자신의 전부, 목숨까지도 내던지는 요코에게는 순백(純白)에 대한 동경, 순화된 것에 대한, 하지만 가망이 없는 희구(希求)만이 있을 뿐이다.

요코는 조용히 눈 위에 앉았다. 눈은 아침 햇살에 반짝이면서 희미한 분홍빛을 띠고 있었다.

'이렇게 아름다운 눈 속에서 죽을 수 있다니.'

요코는 눈을 꽁꽁 뭉쳐 그것을 강물에 담갔다가 입에 넣고 함께 칼모틴

(Calmotine: 수면제)을 삼켰다. 몇 번이나 눈을 강물에 적셔 약을 삼켰다.

'얼마나 고통스러워야 죽는 걸까?'

만약 고통을 통해 죄가 없어지는 거라면 아무리 고통스러워도 좋다고 생각하면서 요코는 눈 위에 드러누웠다.

_ 《빙점》 '죽음'

요코는 죽으려고 했는데, 결과적으로는 죽을 수 없었다. '용서'를 구하면서도 죄를 없애는 방법을 찾아내지 못한 채 눈 위에 몸을 내던졌지만, 결과적으로 그것은 자기의 의지를 뛰어넘는 존재의 손에 자기 자신을 맡기고 있는 것이었다. 요코가 빠져 있던 사흘 밤낮의 혼수상태, 그것은 하나님의 시간이었다. 십자가에서 죽은 예수 그리스도가 부활하기까지 무덤 안에 있었던 것과 같은 사흘 밤낮이라는 시간, 용서와 청결함을 향해 내던져진 요코의 생명은 표류하는 호준마루호나 홍수 위의 노아의 방주 같이 하나님의 손 안에 있었던 것이다. 그때 요코는 스스로 자기 생명을 어떻게 할 수가 없었고, 의사인 게이조조차도 손을 쓸 수가 없었다.

《시오카리 고개》의 배경이 된 나가노 마사오(長野政雄) 순직 사건은 저녁에 일어났는데, 미우라 아야코는 소설에서 그 시간을 낮으로 바꿔 설정해 새하얀 눈을 강조했다. 순백의 눈과 그 위로 튀는 새빨간 피를 선명하게 대조하고 싶었기 때문인데, 순백의 눈 위에 내던져진 생명이라는 구도는 《빙점》의 요코와 같다. 《시오카리 고개》에서는 눈 쌓인 철로에 내던져진 나가노 노부오(永野信夫)의 생명이 하나님의 손에 쥐어질 때 하나의 기적이 일어나게 되었다. 멈출 리가 없었던 객차가 멈춘 것처럼, 스스로에게 절망했던 소녀가 다른 사람이 되어 되살아난 것이다.

크나큰 의지

죽으려고 했는데 살아난 사건은, 1962년 7월, 기타하라 구니오가 샤리(斜里)에서 요코 앞으로 보낸 첫 편지에 나온다. 샤리 바다에서 자살하려고 했다가 죽지 못했던 여성에 대한 이야기이다. 이것은 《길은 여기에》 등에 적혀 있는 것처럼 홋타 아야코 자신의 자살 미수를 투영한 것이라고 생각되는데, 약혼자 니시나카 이치로(西中一郎)에게 구조된 내용이 쓰여 있는 《길은 여기에》에서와 달리 편지에서는 "죽으려고 바다에 들어갔는데 파도가 그녀를 해변으로 옮겨 주었어요. 바닷가에 기절해 있던 그 여성은 목숨을 건졌습니다."라고 쓰여 있다.

1961년, 미우라 아야코가 성인으로서 발표한 최초의 소설 《어두운 여정에 길을 잃고》(아사히카와 로쿠조교회의 월보 〈소리(声)〉)에 적힌 자살 미수는 《빙점》에서와 같이 바다에서 투신 자살을 시도한 것인데, 파도에 의해 밀려와 죽지 않았다고 되어 있다. 즉 이 자살 미수 사건에 대해서는, 자살을 음독한 것으로 쓴 《태양은 두 번 다시 지지 않고》를 제외하면 투신 자살을 파도가 막았다는 이야기의 전개가 옛 형식임을 알 수 있다. 사실이 어떤지는 결정적인 증거나 증언이 없는 이상 판명하기 어렵지만, 《어두운 여정에 길을 잃고》에는 "어쨌든 나를 죽지 못하게 한 것은 인간이 아니었다.", "죽으려는 내 의지를 막고 나를 살리려 했던 한 커다란 존재의 의지와 힘을 느끼게" 되어서 "그것을 찾아가자"는 "나의 구도(求道)가 시작되었던 것이다."라고 기술되어 있다.

《어두운 여정에 길을 잃고》에서의 이런 기술은 "누군가의 의지"나 "크나큰 존재의 의지"라는 말을 포함하는 기타하라 편지의 그것과 매우 흡사하다. 기타하라는 "죽으려고 해도 죽을 수 없는 때가 있다는 것"을 '의미 깊게', '엄숙한 것'으로 받아들여 '크나큰 존재의 의지'를 느끼고 이미 '진실로 경외해야 할 존재'를 향한 구도자가 되어 있는데, 이 "사람을 살리려는" 신비한 "크나큰 존재의 의지", 그 "크나큰 존재"란, 발견되고 이름 붙여지기 이전의 하나님인 것이다.

언젠가 미우라 아야코가 이런 것을 말한 적이 있다고 타인에게 들었다.

"인간은 하나님에서 주어진 무대가 끝날 때까지는, 그 역할을 계속 연기(演技)하지 않으면 안 돼요. 스스로 자기 마음대로 그만두면 안 돼요. 자기 역할의 연기가 끝날 때까지는 결코 도중에 무대에서 내려와서도 안 되고 내려올 수도 없어요."

자기의 의지와 힘이 아니라 살아 가게 하는 것. 그것은 그녀 자신의 경험에서 얻은 것인데, 《빙점》에서 요코를 통해 무언 중에 들려주고 있는 것이다.

《빙점》을 읽고 자살한 소녀

그런데, 죽고 싶어 한 요코를 죽게 내버려 두지 않았던 어른들을 비난하면서 자살한 한 소녀가 있었다.

내 소설 《빙점》에서 요코라는 소녀가 음독 자살을 한다. 그러나 삼 일 후에 가까스로 목숨을 건지지 않을까 하는 대목에서 소설이 끝나고 있다. 이 소설을 읽고 있던 어느 우수(優秀)한 한 소녀가 "어른들은 모두 자기 맘대로야. 죽겠다는 요코를 살려 내고 말이야."라고 화가 나 있었다. 그리고 연재가 끝난 다음 날, 그녀는 바다에 뛰어들어 자살해 버린 사건이 있었다. (중략) 나는 이 소녀의 사진을 서재의 벽에 붙여 놓고 있다. 볼 때마다 나는 '왜 죽었을까?'라고 생각한다.

_《모레의 바람》 '살아져 가고 있는 생명'

그 소녀는 요코의 기분을 잘 알았을지도 모른다. 그러나 이제 막 타인의 인격을 향해 용서를 구하며 열리기 시작한 요코의 마음은 몰랐을 것이다. 그녀는 닫힌 상태 그대로였다. 닫힌 사람은 생명이라는 것을 한 개인의 소유물로 여겨 누구든 자기 마음대로 해도 된다는 착각을 한다. 그러나 타인과 관계없는 자기만의 생명이라는 것은 없다. 자기 혼자서 자기 생명을 살아가고 있는 것도 아니다. '생명'이라는 것 자체를 단독 생물의 개체에 속해 있는 물체처럼 생각하기 쉽지만, 그런 것은 아닐 것이다.

'죽으려고 했던 요코를 살려 낸' 어른들에게 아무리 분노를 느꼈다고 해도, 그녀는 왜 자살을 했을까? 작가를 경멸한다면 그래도 괜찮다고 생각한다. 거기에는 매우 큰 비약이 있다. 다른 이유가 있어 죽었는데, 애당초 요코에게 바싹 달라붙어 읽었던 이유가 이미 자살하려는 마음이 있었기 때문이었는지, 그래서 죽지 않는 결말이 싫어서였을지도 모른다는 생각이 든다.

진상이 어쨌든, 읽는 사람에게 살아갈 희망을 주려고 쓴 소설 때문에 도리어 죽은 사람이 있었다는 것은, 미우라 아야코에게 큰 충격이었을 것이다. 그래도 그녀는 이 소녀의 사진을 서재의 벽에 붙여 놓고 항상 보고 있었다. 한 사람이 자신의 소설을 읽고 죽었다. 그것을 자신의 책임으로 깊게 받아들이려 했다. 이런 소녀를 살리는 말을 쓰도록 하자. 그 후에 미우라 아야코는 늘 '사람을 살리는 문학'을 쓰는 것을 사명으로 가슴 깊이 새기면서 글을 써 나갔다.

12.
다카기와 다쓰코
저마다의 '빙점' 이야기

〈후지타 댁〉
거실에서 본 복도, 침실과 툇마루(앞에서부터)

라이벌·질투·영지(領地) 획득 작전

'무라이일까? 다카기일까?'

　그가 외출 중에 방문한 손님이라고 하면 이 두 사람밖에 없는 것이 확실하다. 다카기 유지로는 산부인과 의사로 삿포로에 있는 종합 병원에서 근무하고 있다. 학생 시절부터 게이조와 친한 친구이다. 다카기는 학생 시절 나쓰에와 결혼하고 싶다고 나쓰에의 아버지에게 요청했다. 나쓰에의 아버지 쓰가와 교수는 '내과의 신'이라 불리는, 게이조와 다카기의 학생 시절 은사였다.

　"나쓰에의 혼처는 생각 중이네."라며 거절당한 다카기는 "그게 누굽니까? 쓰지구치예요? 그 녀석이라면 제가 포기합니다. 하지만 다른 녀석이라면 절대 포기하지 않습니다."라며 큰소리로 고함쳤다고 게이조는 나쓰에에게서도, 다카기 본인에게서도 들었다.

_《빙점》 '적'

친구 사이인 두 명의 남자가 은사의 딸을 얻기 위해 싸우는 모습은, 나쓰메 소세키의 소설《마음》에서 딸을 둘러싸고 전개되는 선생님과 K의 이야기와 비슷하고, 《빙점》에서 전개되는 요코를 둘러싼 도오루와 기타하라 구니오의 관계로도 이어진다. 삼각관계에서 벌어지는 사랑과 질투는 구약 성경의 창세기 이야기에서부터 전해지는 인간의 죄의 근원과 관련되는 기본 구도 중 하나이다.

"무라이? 다카기?"라고 게이조가 중얼거리는 것처럼 다카기는 무라이에 필적하는 인물이다. 게이조가 부재중인 집에 들어올 수 있는 인물, 즉 나쓰에에게 접근할 수 있는 인물로, 게다가 나쓰에를 사모했던 경력이 있기에 충분히 그럴 동기가 있는 남자이다. 그리고 게이조에 대한 질투라는 점에서는 무라이 이상의 것을 숨기고 있다고 해도 이상하지 않고, 지금도 독신으로 지내는 것은 나쓰에를 단념하지 않고 있기 때문이라고도 해석할 수 있기 때문이다. 단지 다카기의 경우는 게이조의 친구이기도 하고, 무라이와는 다른 "이목구비가 큼직한 호방하고 활달한 형의 남자"라는 이미지로 쓰지구치 부부에게 접근하고 있었다.

다카기는 나쓰에에게 무라이처럼 직접적으로 접근하지 않았다. 게이조의 친한 친구이기도 하고, 또한 게이조의 실력을 인정하고 존경하는 마음을 품고 있기 때문이기도 하지만, 게이조에게 경계심을 주지 않는 것이 중요하다는 것을 알고 있기 때문이기도 하다. 다카기는 쓰가와 교수에게 "쓰지구치예요? 그 녀석이라면 제가 포기합니다. 하지만 다른 녀석이라면 절대 포기하지 않습니다."라고 큰소리를 쳤다. 그것은 다카기 본래의 호탕하고 거리낌이 없는 좋은 성격에서 나온 것이었는데, 쓰가와 교수와 나눈 이 이야기를 게이조에게 스스럼없이 말하기도 한다.

거기에는 친구이기 때문이라는 것과 함께 '마음으로 항복하고 인정하고 있어.'라는 안심시키려는 의도와 '너를 지원 사격해 준 거야. 고맙게 생각해.'라는 의미도 절반은 있는 것이다. 숨김없는 자기 성격을 다카기 자신이 잘 이용하고 있다고도 볼 수 있다. 그래서 다카기는 나쓰에를 만나러 방문하기 전, 먼저 게이조의 병원에 가서 "지금부터 자네 '쇠네(Schöne, 독일어의 미인)'인 '프라우(frau, 독일어의 아내)'를 설득하러 갈 건데 괜찮지?"라고 농담을 해서 안심시킨다. 농담에 대해서는 쉽게 화낼 수 없다는 것을 알고 있어서 '온전한 거짓말이 아닌 농담'으로 진지(陳地)를 획득해 가는 작전인 것이다.

다카기는 또 나쓰에게 친밀감을 만들어 가면서 경계심을 주지 않고 접근해 가는 방법을 알고 있었다. "손금을 봐 줄게요."라고 말하며 손을 잡고 "으음, 이 선이 미인선이다.", "이 선이 결혼선. 쓰지구치와 헤어지는 게 좋다고 나와 있네."라고 하기도 한다. 언제든지 농담에 지나지 않는다는 도피처를 만들어 두고, 본심을 조금씩 섞는 수법으로 말을 걸며 다가갔다. 다카기는 나쓰에게 "여러 남자가 마음에 두고 있는 프라우를 가진 쓰지구치도 편하지 않을 거야."라고 말하는데, 이 '여러 남자' 안에 무라이는 물론 자신도 들어 있다고 말하고 있는 것이다.

내 아이를 키우게 하다

나쓰에가 루리코를 대신할 아이를 입양하고 싶다는 말을 꺼냈을 때, 다카기는 나쓰에게서 피임 수술을 해 더 이상 아이를 낳을 수 없다고 들었기에 '놀라서 짙은 눈썹을 치켜올리고, 무언가 생각하는 것처럼 어두워진 정원에 시선을 던지고' 있었다.

여기에는 상당히 복잡한 것이 있다. 자신이 줄곧 마음에 둔 여성이 이미 아이를 낳는 성(性)으로서는 가능성이 없어졌음을 알게 된 단순한 충격. 그것은 꿰뚫어 보면, 이 사람에게 결코 자신의 아이를 낳게 할 수 없다는 상실감이다. 그러나 또한 뒤집어 보면, 육체관계를 가져도 임신이라는 증거를 남길 위험이 사라졌다는 것이기도 하다. 그리고 다카기에게 중요한 것은 이 여자에게 아이를 줄 수 있는 사람은 유아원과 관련 있는 자기밖에 없다는 사실이다. 순간적으로 다카기는 사이시가 남긴 아이와 그 아이를 받고 싶다고 제안할지 모르는 게이조를 생각했을 것이다. 결국 그 무서운 운명 조작의 실마리가 자기 손 안에 있음을 깨닫는다.

창작 노트에는 "다카기(악역)"라고 쓰여 있고, "독신—나쓰에를 잊지 못함/나쓰에와 인연을 이어 두고 싶음/남동생의 아이를 키우게 하고 싶음/자기 아이를 키우게 하고 싶은 욕망/낳게 하고 싶음"이라고 되어 있다. 실제로 《빙점》에 묘사된 다카기는 그렇게까지 악역은 아니지만, 만약 그때 다카기에게 엄마가 없는 숨겨 놓은 아이라도 있었다면, 그는 나쓰에에게 그 아이를 키우게 하지 않았을까? 자기의 아이를 낳게 할 수 없다면 자신의 아이를 키우게 하고 싶은 욕구에서 말이다. 자기 자신 또는 자신의 대체물로 그 사람의 인생을 점령하고 싶다고, 남자는 또는 인간은 그렇게 생각하는 존재인지도 모른다. 결과적으로 다카기는 게이조가 바라는 사이시의 아이가 아닌 다른 아이를 나쓰에에게 키우게 했다. 자신만이 그 진실을 알고 있었다.

낙태 수술에 대한 죄책감

다카기는 작품 서두 가까운 부분에 이런 식으로 소개되어 있다.

다카기는 (중략) 어쩐 일인지 전문이 아닌 유아원의 촉탁 의사로 일하면서 "나에겐 결혼 안 해도 아이들만은 억수로 많다고"라며 충분히 즐겁게 살고 있다.

_《빙점》 '적'

여기에 나오는 '어쩐 일인지'라는 표현은 깊은 이유나 사정 있음을 암시하고 있다고 읽을 필요가 있다. 그것은 다카기 자신의 마음속에 반쯤 숨겨진 어쩔 수 없는 본질적인 무엇이 있다는 것이고, 그것이 다카기의 전문(專門) 이외의 일인 유아원 촉탁직(囑託職)을 맡게 하고 있다는 것이다.

패전 직후의 일본을 상징하듯이 "미국 씨"와 친하게 되어 "슈완겟"(임신한 매춘부)을 돌봐 주고 선물로 받은 많은 초콜릿을, 분명 그 씁쓸함을 주체하지 못하면서 쓰지구치 가에 가지고 온 다카기가 말한다.

> "기어서라도 달아날 수 있다면 몰라도 말야. 배속에 들어 있어 달아나지도, 숨지도 못하는 것을 죽이고 있지. 달이 찬 중절 아기는 곡반(膿盆)에 올려져 홍얼홍얼 중얼거리듯 울고 있다니까. 아무 죄도 없는 것을. 어엿한 살인이야."
>
> _《빙점》 '초콜릿'

다카기는 산부인과 의사로서 손을 더럽힐 수밖에 없었던 낙태 수술에 고통당하고 있었다. 때론 가능하다면 요코(스미코)와 같이 낙태하지 않고 낳게 해 유아원에서 보살피게 하고 싶은 생각도 있었을 것이다. 다카기는 그나마 속죄의 방편으로서 유아원을 돕고 있는 것이다. 이 서두에 가까운 장면은 1946년인데, 1954년의 장면에서도 낙태에 대해 다카기는 이렇게 말하고 있다.

> "나도 수십 명, 수백 명이나 배 속의 아기를 죽인 거야. 달아나지도 숨지도 못하는 태아를 말이야. 그 정도로 죽였으면 귀신으로 둔갑해서 나올 것 같은데 가엾게도 그러지도 못하고. 법률에 위반되는 것도 아니라서 경찰에도 붙잡히지 않아."
>
> 다카기는 스스로를 비웃었다.
>
> "그야 범죄자가 아니니까."

"쳇! 내 말을 못 알아듣는 놈이고만. 법에 저촉되지 않으면 뭘 해도 좋다는 거야? 전쟁 중에 이런 일을 했다면 모두 감옥에 갔겠지? 의사도, 모친도. 그 시대였으면 나는 전과 몇백 범이야."

_《빙점》'눈벌레'

다카기는 패전 후 8년간, 낙태 수술을 계속해 왔다. 그 손으로 수많은 태아를 죽여 왔기에 낙태 수술이 살인이라는 것은 분명하게 알고 있던 것이다. 그러나 마음에 가책을 받으면서도 법으로는 정죄(定罪)받지도 않고, 처벌받지도 않는 것이 그를 괴롭히고 있었다. 죄가 죄로서 정죄받지 않는 것의 두려움 속에서, 낙태당한 태아와 함께 저승에서 떠도는 것처럼, 다카기의 마음은 자기 죄를 죄라고 말해 주는 존재의 부재를 괴로워하고 있는 것이다. 여기에 '살인 기계'가 된 자신을 누군가 멈춰 달라며 고함치고 있는 다카기의 영혼이 있다.

시대의 변화에 따른 가치관의 전환에 따라 그때까지는 있을 수도 없었던, 생각지도 못한 방향으로 폭주를 시작한 자신. 이대로는 안 된다고 알고 있는데도 그것을 아무도 막아 주지 않고, 스스로도 자신을 막을 수 없는 번민은 전후의 홋타 아야코와 같다.

전쟁 중이었던 나라는 국민을 전쟁에 필요한 소모품으로 사용하기 위해 가능하면 아이를 많이 낳게 하려고 낙태를 금했다. 하지만 전쟁이 끝나자 싹 바뀌어 이번에는 인구 증가를 억제하고 경제 성장에 속도를 올리기 위해서 낙태를 허용하는, 오히려 실제로는 낙태로 유도하는 정책을 취했다. 이런 가치관의 전도는 군국 교사였던 홋타 아야코가 교사로 일하며 체험한 것이기도 하다. 생명보다 소중했던 말이 먹물로 칠해져 존재해서는 안 되는 말이 되어 버렸던 날, 젊은 여교사였던 아야코는 실질적으로 더 이상 살아갈 수 없게 되었다. 시대에 따라 변화하는 나라의 체제와 가치관이 죄의 유무까지도 좌우하는, 그것에 떠밀려 살아가야 하는 견딜 수 없는 심정 가운데, 사람들은 보편적이고 불변적인 선악의 기반, 진정한 법을 찾기 시작한다.

죄를 죄로 알기 위해서 먼저 필요한 것은 아픔이다. 마음속에 보여 느끼는 아픔이다. 다카기에게는 그것이 있었지만, 법으로써는 그것을 죄로 확실하게 인식시킬 수 없었다. 그것이 가능한 것은, 예를 들어 "살인하지 말라"라는, 변하지 않는 하나님의 말씀뿐이다. 이런 하나님의 말씀을 구하고, 하나님의 말씀을 만나고, 하나님의 말씀에 비추어 자기의 죄를 깨닫지 못한다면 진정한 해결의 길은 열리지 않는다. 그런데 다카기는 게이조만큼 그것을 진지하게 찾으려 하지 않았다. 그래서 도야마루호 조난에서 살아 돌아와 성경을 읽으려는 게이조에게 "그런 일을 당했다고 새로운 마음으로 살겠다는 따위, 허세 부리는 거야."라고 방해하는 것처럼 말한다.

또 다카기는 무라이의 결혼관에 대해 "인간을 조롱하는 얘기다."라고 말하면서도, 그 문제성을 엄중하게 받아들이지 않고 지인의 여동생 사키코(咲子)를 무라이에게 소개해 주기까지 했다. 약혼한 사키코와 마찬가지로 무라이의 장난스런 생각을 절반 정도는 즐기고 있었던 것일까? 아니면 게이조처럼 내심 진지하게 "이 녀석은 방해물이니 빨리 결혼시켜 처리해 버리고 싶다."라고 생각했던 것일까? 이처럼 신중하지 않은 다카기의 무책임과 음습함을 감춘 계략이 이 이야기에서 비극을 확대하고 있다고 볼 수 있다. 그래서 나쓰에가 다카기야말로 "시치미를 뗀 얼굴로 요코를 자기에게 키우게 한 장본인"이라고 생각하는 것도 당연한 것이다.

두 손을 짚고 엎드려 "미안, 내가 나빴네"

그러나 이런 자의 인생이 그대로 무사히 끝나지는 않는다. 나쓰에가 요코의 출생 비밀을 폭로했을 때, 기타하라는 그것을 사실로 인정하지 않고 삿포로에 가서 다카기를 억지로 데리고 왔다.

> 다카기의 커다란 몸이 입구를 가득 가로막고 서 있었다. 게이조는 무심코 몸
> 을 움츠렸다. 다카기에게 뭐라 야단맞아도 어쩔 수 없다고 생각했다. 그때, 다
> 카기가 앞으로 고꾸라지듯이 앉는 줄로 알았는데 두 손을 짚고 엎드렸다.
> "미안. 내가 나빴네."
>
> _ 《빙점》 '죽음'

그때 다카기는 요코가 사이시의 딸이 아니라는 사실을 밝히는데, "너희 원수를 사랑하라"를 평생의 과제로 삼겠다던 게이조의 말을 믿었던 것이라고 말했다. 이렇게 다카기는 마지막에 머리를 조아려 사과하고, 거짓된 자신의 죄를 자백하지 않으면 안 되었다. 여기서 다카기에게 회생으로 가는 길이 열렸다. 게이조는 "결국 다카기도, 나도, 하나님 앞에 선다는 것을 몰랐다."는 것을 깨닫고, 함께 그 문제를 근본적으로 받아들이려 했다. 그리고 요코의 유서를 읽은 다카기는 '죄에 대해 이렇게 엄중하게 의식하는 인간'이 있음에 놀랐다. 그것은 바로 다카기가 가진 문제의 중심으로, 그가 이제껏 가질 수 없었던 의식이었다. 한 소녀의 운명을 가지고 놀았는데 그 소녀가 그에게 길을 보여 준 것이었다.

다쓰코의 집__ 이상적인 교회?

일본 무용 선생인 후지오 다쓰코(藤尾辰子)는 나쓰에의 친구로 쓰지구치

가의 커뮤니케이션의 위험성을 보고 "이 집은 말하고 싶은 것을 좀 더 서로 말하지 않으면 안 된다."라고 하는데, 그야말로 말하고 싶은 것을 서로 말할 수 있는 장소, 그곳이 다쓰코의 집이었다. 야야코는《길은 여기에》에서 다쓰코 집의 거실에 대해 "이 거실의 분위기는 그때 내 병실의 분위기와도 같았다."라고 썼는데, 다쓰코는 미우라 아야코와 가장 가까운 분신과 같은 인물일 것이다. 독자들 중에는 긴장으로 가득 찬 이 소설 속에서 다쓰코가 나오는 장면만은 안심이 된다고 하는 사람들이 꽤 있다.

다쓰코의 집은 아사히카와 로쿠조교회와 같이 아사히카와시 6조 도오리 10초메에 있었다. 튼튼한 목조 2층 집인데 붓글씨로 "하나야기류(花柳流)[16], 후지오 연구소 굵직하게 쓴 간판이 걸려 있었다. 깨끗하게 청소된 연습실에 똑바로 연결되는 복도가 있다. 다쓰코는 2층의 자기 방에 누구도 들여보내지 않는 야무진 면을 지니고 있지만, 그럼에도 이 집에는 무용과 관계없는 사람도 환대하고, 그 이야기에 귀 기울이며, 느긋하고 자유로운 분위기를 느끼게 해 주는 도량(度量)이 나타나 있었다.

안에는 바둑을 두는 사람, 술을 마시는 사람, 밥을 짓는 사람, 자기 집인지 남의 집인지 알지 못한다. "쌀이 떨어졌네."라고 누군가 말하면 다음 날에 누가 가져왔는지 쌀통은 이미 가득 차 있다.

이 거실에서는 니체도, 피카소도, 사르트르도, 베토벤도 친한 친구처럼 이야기되고 있었다. 연습이 없을 때, 다쓰코는 기둥에 기대어 팔짱을 낀 채 모두의 이야기를 듣고 있다.

다자이 오사무가 죽었을 때, 만난 적도 없는 그를 위해서 이 방에서 조용히 밤샘을 한 적도 있다. 다쓰코는 여기에 모이는 사람들을 '거실의 일당'이라고

---

16 일본 무용의 5대 유파 중 일류파이고, 일본 무용의 최대 유파로 불리고 있다(하나야기류 홈페이지).

불렀다. 술도, 안주도 누가 얼마씩 나눠 내는 것이 아니라 이래저래 모여진 것을 이래저래 먹고 마시는 것이었다.

"발 정도는 깨끗이 씻고 올라와요."라고 다쓰코에게 서슴없는 꾸중을 들으면 칭찬이라도 들은 것처럼 기뻐하거나 수줍어하는 무리들로 철없는 사람들이다. 어쩌다 나쓰에가 요코를 데리고 방문하면 아는 얼굴도, 모르는 얼굴도 즐겁게 박수로 맞아 준다. 그러나 그 뒤로는 별로 신경 쓰지도 않고. (중략)

_《빙점》'다리'

거기에서는 세상의 뛰어난 지성들과 우정 어린 마음으로 관계를 가지면서 호흡할 수 있고, 자유롭게 대화하고, 초대 교회처럼 음식을 함께 나누고, 만난 적도 없는 다자이 오사무(太宰治)를 추도하여 밤샘을 하기도 했다. 그곳은 세상에 대해 함께 아파하는 마음을 가진, 따뜻하고 열린 장소가 되어 있었다. 나쓰에는 이 거실을 싫어했지만 요코는 그곳의 생기 넘치는 느낌이 좋았다.

다쓰코에게는 인간을 보는 눈빛의 날카로움과 따뜻함, 교제의 질을 상쾌하고 풍성하게 하는 깊은 배려와 솔직한 인품이 있었다. 게이조는 다쓰코와 함께 식사하며 즐겁게 박장대소하면서도 그녀가 식기 부딪치는 소리를 조금도 내지 않는 것을 알아채고는 감탄했다. 다쓰코의 무용 연습을 보고 있던 요코는 다쓰코가 춤추기 시작하면 그 몸에 "다른 영혼이 쑥 들어가는 듯한 신비한 인상"을 받았다. 말하자면 다쓰코는 지혜와 사랑을 지닌 인생의 달인이었다.

아야코는 다쓰코의 집 위치를 왜 로쿠조교회 바로 옆으로 설정했을까? 친교의 측면에서, 그곳은 미우라 아야코가 생각하는 이상적인 교회의 모습이었을지도 모른다. 깨끗하게 정돈된 연습실이 예배당이고, 춤추고 대화하는 다쓰코에게 쑥 들어간 것이 하나님의 영이었다면 말이다.

다쓰코의 뜻밖의 역할

나쓰에에게 답사를 바꿔치기 당하고, 다쓰코의 집에 가는 것을 거의 금지당했을 때, 요코는 '둘도 없이 소중한 사람으로 사랑하고, 사랑받고 싶다'는 갈증을 가지고 기타하라를 만나게 되는데, 그것은 다쓰코 집의 따뜻함을 대신할 대체물을 찾는 것이기도 했다.

일곱 살의 요코가 가출해서 찾아왔을 때, 다쓰코는 "약간은 싫은 것이 있어도 견디지 않으면 있을 곳이 없어진다."고 충고했는데, 그것은 요코를 인내하는 길로 내몰아 버렸다. 그래서 나중에 쓰지구치 가에 심각한 위기가 있음을 알게 되었을 때, "몹시 경박하고 뿌리가 얕은, 단지 처세술을 내세우며 살아온 것 같다"는 생각이 들어 견딜 수가 없었다. 또 다쓰코는 게이조에게 "성인군자라는 건 좀 도깨비 같은 부류예요. 대개는 미심쩍은 거예요."라고 말하기도 했는데, 이는 게이조 안에서 오히려 범인의 자식을 맡아서 키워 보자는 욕구를 불러일으키는 말이 되었다.

다쓰코는 결코 나쁘지는 않다. 의도적으로 악을 구하지는 않았기에 그 점에서 죄는 없다. 그러나 새로운 삶을 찾아 교회에 들어가려고 하는 게이조를 결과적으로 만류해 버리는 것도 다쓰코였다. 다쓰코도 '빗나간' 것이다. 자신의 얕음과 어리석음에 대해 생각하는 다쓰코에게, 도오루는 말했다.

"사람과 상의할 수 없을 때는 어디에다 상의하죠?
하나님? 근데 하나님은 어디에 있는지 본 적도 없어서…."

_《빙점》'흰 옷'

다쓰코, 또 한 사람의 '다미'

미우라 문학은 자식이 살해당한 어머니의 이야기로 시작해서, 자식이 살해당한 어머니의 이야기로 끝난다. 그런 관점으로 볼 수 있다. 《빙점》의 나쓰에는 루리코와 요코라는 두 명의 딸을 잃는 어머니이고, 소설 《엄마》의 고바야시 세키는 아들 다키지를 잃는다. 그러나 《빙점》에는 또 한 사람의 자식을 잃은 어머니가 있는데, 그것이 다쓰코이다. 다쓰코는 원래 자산가의 '따님'이었는데, 애인도 자식도 죽음으로 잃은 과거를 가지고 있다. 미우라 아야코가 고바야시 다키지의 어머니 세키와 애인 '다미'의 이야기를 쓸 때, 이 다쓰코를 의식하지 않았다고는 생각할 수 없다.

"나는 말이죠. 아이를 낳은 적이 있어요." (중략)

"그런 얼굴 하지 마세요. 여학교를 졸업하고 잠깐 도쿄에 있을 때, 전쟁 중에 있었던 일이에요. 아이는 태어나자마자 바로 죽었죠. 남자아이였어요." (중략)

"상대는 마르크스주의자였고 뜻을 굽히지 않아 옥사했어요. 《만요슈(万葉集)》[17]같은 책을 읽고 있었어요. 죽기에는 아까운 사람이었죠. 그런 남자를 두 번 다시 만날 수 없게 되었네요."

게이조는 놀랐다. 그 정도의 비밀을 지금까지 누구에게도 말하지 않고 밝게 살아온 다쓰코에게, 게이조는 경탄했다. 다쓰코를 지탱하고 있는 그 남자와의 추억에 게이조는 고개를 숙였다. 자신의 비밀과는 전혀 다른, 다쓰코의 자랑스런 비밀에 게이조는 스스로를 부끄럽게 여겼다.

"누가 물어봐도 별로 곤란한 건 없어요. 그래서 누구에게 말해도 괜찮아요. 그러나 지금까지 너무나 소중해서 이야기하고 싶지 않았어요. 조금 어른이 된

---

17 일본의 고대 시가집

것일까요? 말해 버리고 말았네요."

_《빙점》 '뒷모습'

게이조는 비밀을 밝히는 다쓰코의 조금은 긴장되고 아름다운 표정을 "겨울 태양에 빛나는 수빙(樹氷)과도 닮은 아름다움"이라고 느꼈다. "너무 소중해서 말하고 싶지 않았다. 밤에"라고 할 정도로 소중히 여겼던 비밀. 마음속 깊은 슬픔과 슬픔뿐만이 아닌 청순하고 충만했던 사랑의 추억. 그것이 바로 수빙과 같은 아름다움으로 다쓰코의 중심을 형성하여 지탱하고 있었던 것이다.

이야기의 전반부에서, 아침 출근길에 나란히 걸어가는 게이조와 마쓰자키 유카코를 본 다쓰코는 "그래도 유카코, 묘한 느낌이지만 나쁜 느낌은 아니야."라고 했다. 다쓰코는 유카코의 '묘함'과 함께 유카코 안의 한결같음을 보고 있는 것이다. 나중에 《속 · 빙점》에서, 다쓰코는 유카코의 실종을 성숙하지 못한 비행(非行) 같은 것이라고 비판하면서 실명(失明)한 그녀를 받아들여 보살피고 제자로 삼으려 한다. 그것은 자선 사업이 아니었다. 단지 한 사람을 사랑한 그 사랑 때문에 상실의 슬픔을 알게 된 유카코, 그러나 그런 사랑 때문에 생명의 충만함을 얻은 유카코를, 다쓰코는 그것만을 끌어안고 살아가는 같은 여자로서 엄하면서도 따뜻하게 키우려고 했던 것이 아니었을까?

"요코 짱, 나와라"

다쓰코는 자식을 죽음으로 잃고서, 가장 사랑한 사람을 죽음으로 잃었다는 극도의 슬픔, 그리고 상실의 아픔과 외로움을 알고 있었다.

다쓰코는 심각한 표정으로 유서를 읽었다. 다 읽고는 긴 손가락을 모아 눈꺼풀을 눌렀다. 눈물이 쓱 뺨을 타고 흘러내렸다.

_ 《빙점》 '죽음'

소설 《엄마》에서 고바야시 다키지의 엄마 세키가 최후에 만나는 것은 "예수는 눈물을 흘리셨다"라는 말씀이었고, 이런 나 같은 사람을 위해 '울어 주시는 예수님'의 진실한 마음이었다. 그런데 《빙점》에서는 요코의 비극과 요코를 죽음에까지 몰아넣은 어른들의 죄를 엄중하게 주시하면서도, 요코의 외로움을 아파하고 눈물 흘려 주는 다쓰코가 있다.

"잘 만큼 잤으면 어서 일어나거라. 전혀 다른 인생이 기다리고 있으니까."

다쓰코는 중얼거리듯 말했다. 간호원이 네 시간마다 폐렴 예방 페니실린을 주사했다. 게이조는 흠칫 놀랐다. 주사기에 찔린 요코의 얼굴이 괴로운 듯이 처음으로 일그러진 것이다.

'살아날지도 몰라!'

_ 《빙점》 '죽음'

다쓰코는 요코를 향해 "일어나 나와라"고 부르고 있는데, 이 장면에서는 여섯 살 여동생 요코가 죽은 후 유령이라도 좋으니 보고 싶다는 생각에 집 근처 어둠을 향해 "요코 짱, 나와라!"고 부르고 있었던 홋타 아야코가 떠오른다. "예수는 눈물을 흘리셨다"라는 말씀이 있는 요한복음 11장에서, 죽은 지 나흘이 지난 나사로(그것은 사흘 밤낮이 지났다는 것이다)가 예수로부터 "나오너라!"라고 불려 살아난 것처럼, 사흘 밤낮이라는 하나님의 시간 안에 있던 요코는 이 다쓰코의 목소리를 듣기라도 한 것처럼 '전혀 다른 인생' 안에서 소생해 가고 있었다. 미우라 아야코 자신도 이렇게 쓰고 있다.

> 자살을 시도했던 요코가 살아났을 때, 그녀는 틀림없이 하나님을 향해 갈 것
> 이라는 소망을 담아서 나는 그 소설을 썼다.
>
> _ '나는 왜《빙점》을 썼는가?'

물론 다쓰코는 예수가 아니고, 아야코도 구세주가 아니다. 그러나 다쓰코와 아야코에게는 "요코 짱, 나와라!"라고 부르는 사랑이 있었다. 외로움 가운데 죽을 수밖에 없었던 영혼에 대한 용솟음치는 듯한 사랑이 있었다. 한 줄기 눈물을 흘리는 사랑이 있었다.

"예수는 눈물을 흘리셨다."

이것은 미우라 아야코가 가장 좋아한 성경 구절이고, 그녀의 장례식 때도 읽혀진 구절이다.

13.
마치며

〈견본림, 겨울〉

인간이 인간으로서 인간답게

'인간이 인간으로서 인간답게 사는 것의 어려움과 훌륭함.'

이것이 미우라 아야코 작품의 최대 공약수 테마라고 본다. 그래서 '인간으로서 어떻게 살아가야 하나?'를 묻고 인간다운 인간으로 회복되기 위해 성경의 복음이 필요하다고 생각하는 것이다.

인간이 인간으로서 인간답게 사는 것이 가장 행복하다. 그러나 인간이 인간으로서 인간답게 사는 것을 어렵게 하는 것들이 있다. 미우라 아야코는 그중 하나가 '죄'라고 생각했다. 인간의 마음에서 시작된 죄는 부부, 가정, 모든 인간관계, 나라와의 관계, 그리고 결국에는 인간 자신을 망가뜨려 가기 때문이다.

또, 인간이 인간으로서 인간답게 살아가는 것을 어렵게 하는 것이 하나 더 있는데, 그것은 '고난'이다. 고난은 인간을 넘어뜨리고 때로는 인간으로서 걸어가는 것도 일어서는 것도 불가능하게 한다. 미우라 아야코는 패전으로부터 좌절하고서 투병했던 13년의 기간 동안 이것을 몸으로 체험해 알고 있었다.

죄가 있으면 인간은 내면에서부터 망가지고, 고난이 있으면 인간은 밖으로부터 무너진다. 그것은 물리 법칙처럼 거의 틀림없이 정확하게 일어나는 너무나도 당연한 것이다. 그것은 죄든지 고난이든지 '더 이상 사랑할 수 없다는 외로움'에 이르게 하여, 어떤 사람은 '더 이상 사랑하지 않겠다는 절망'에 발을 들여놓게 되기도 한다. 사람도, 세계와 거기에 있는 생명도, 하나님도, 그리고 자기 자신도 사랑하지 않는 그곳은 정말 지옥과도 같은 곳이다. 그러나 때로는 그 법칙에 반해서 살아가는 사람이 있다. 죄도, 고난도 피할 수 없지만, 더 이상 사랑할 수 없는 상황 속에서 '그럼에도 불구하고 사랑하는' 인간이다. 미우라 아야코는 '그럼에도 불구하고 사랑하고 믿고 하나님께 순종하며 살아가는 기적'을 반복해서 썼다.

《길은 여기에》의 마에카와 다다시나 미우라 미쓰요, 《시오카리 고개》의 나가노 노부오, 전기 소설의 인물들, 그리고 자기 자신의 인생 이야기를 통해 그것을 썼다. 존재 자체가 기적인 것 같은 인물들, 그리고 그런 사람들을 사용해서 기적을 행하시는 하나님을, 그녀는 자신의 작품 안에서 그려 내고 있다.

《시오카리 고개》의 나가노 노부오는 "그리스도의 바보가 되고 싶다."고 말하고 있는데, 그런 인간을 사람들은 때론 '바보'라 부른다. 그러나 하나님은 '그럼에도 불구하고 사랑하고 믿고 순종하려는 바보'를 언제나 찾고 계시고, 그런 인간을 통해서 기적 행하기를 원하신다고 생각한다.

'그럼에도 불구하고 사랑하는' 길은, 유불리를 따지는 것이나 체험에서 오는 추측이나 모멸과 두려움으로 가는 길이 아니다. 오히려 반대로 손해가 보임에도 걸어가는 길이다. 그러나 거기에는 기쁨과 외경(畏敬)과 감사가 있을 것이다.

바보가 되는 행복

나는 14년간 후쿠오카의 전문대·대학교에서 교수로 가르칠 때, 주어진 1년간의 연수로 아사히카와에 와서 미우라 아야코를 연구했다. 연수를 마치고 논문을 써서 후쿠오카의 대학에 돌아가면 정교수 자리가 기다리고 있었다. 그러나 하나님은 나에게 "너도 바보가 되지 않을래? 바보가 되어 나와 함께 일하고 기적을 보고 싶지 않니? 아사히카와에 남아 아야코를 좀 더 연구하고, 미우라 아야코의 마음, 나의 마음을 전하며 다니는 일을 하지 않겠니?"라고 말을 걸어 주셨다. 나는 두렵고 당황했다.

대학 교수는 지위와 명예, 좋은 급여와 안정이 있다. 거기에 젊은 학생들에게 둘러싸여 '선생님, 선생님.'이라고 불리며 지낼 수 있다! 얌전하게 후쿠오카로 돌아가면 교수가 되고, 기독교 정신의 학교여서 이름만이라도 크리스천인 나는 언젠가 학과장이든 학장이든, 거기에 운만 좋으면 총장까지 될지도 모를 일이었다(후쿠오카 사람들에게는 웃음거리가 될까 봐 말하지 못하지만).

내가 망설이고 있을 때 아내가 말했다.

"하나님이 '돌아가지마!'라고 말씀하시지 않아요?"

나는 흠칫했다. 하나님이 아내에게까지 손을 쓰셨단 말인가! 그리고 어느 날 아내가 말했다.

"'내가 생명과 사망과 복과 저주를 네 앞에 두었은즉 너와 네 자손이 살기 위하여 생명을 택하고'(신 30:19)라고 하나님께서 말씀하세요. '나와 함께 간다면 네 힘으로는 도저히 도달할 수 없는 곳까지 갈 수 있다고 하는데, 왜 너는 두려워하며 또 같은 길로 돌아가려고 하느냐? 되돌아가서는 안 된다.'라고 말씀하고 계세요. 사람은 모두 죽어요. 그러나 하나님께서 기뻐하시는 길을 가다 죽는 것과 그렇지 않은 길에서 죽는 것 사이에는 큰 차이가 있다고 생각해요. 굶어 죽게 된다면 함께 죽어요."

나는 아내의 이 말에 저항한다 해도 이미 이길 수 없을 것 같다고 생각했다. 그런데도 꾸물거리고 있는 내 마음에 성경 한 구절이 다가왔다.

"보라 멸시하는 사람들아 너희는 놀라고 멸망하라 내가 너희 때를 당하여 한 일을 행할 것이니 사람이 너희에게 일러 줄지라도 도무지 믿지 못할 일이라 하였느니라"(행 13:41).

정말로 내 마음에 '비웃음'이 있었다. "그런 거 무리 무리!"라고 내 자신에게 말하고 있었다. 그래도 하나님은 그런 나에게 약속의 손을 정면에서 뻗어 주고 계셨다. 나는 하나님께 말했다.

"그렇게까지 말씀하신다면 가겠습니다. 근데 정말이지요? 진짜 믿지 못할 만큼의 일을 해 주시는 거지요? 거짓말이면 용서하지 않습니다!"

그리고 내미신 그 손을 잡았다. 이런 나이지만 '그럼에도 불구하고 사랑하고 믿고 순종하는 자'가 되어 보자고 생각한 것이다. 미우라 아야코를 능숙하게 해설하는 것만으로는 안 되었다. 미우라 아야코를 말하고 있는 나 자신이 '바보가 되는 초대를 거절하면 어떻게 하나? 그것은 사기가 아닌가?'라고도 생각했다.

후쿠오카에서는 "아사히카와의 대학으로 옮기시나요?"라든가 "미우라 아야코 기념 문학관의 직원이 되는 겁니까?"라고 묻는 사람도 있었다. 그러나, 아사히카와에는 실제로는 아무것도 없었다. '문학관 특별 연구원'이라고 해야 이름뿐이었다. 정말로 1엔의 정해진 수입의 보장도 없었다. 우리 집에는 믿음만 있을 뿐이었다. 우리 집에는 도저히 일할 수 없는 아내와 중학 2학년을 필두로 딸이 네 명인데, 어느 날 딸들 중 하나가 "아빠, 우리 노숙자 되는 거야?"라고 불안한 듯 물었다. 지금 생각해 봐도 나는 정말 바보였다고 생각한다. 그로부터 7년여, 가족 전원이 무사히 잘 살아왔다는 생각이 든다.

2006년 내가 홋카이도에 왔을 때 '미우라 아야코 독서회'는 2개 도시에서 4곳이었는데 지금은 30곳 정도나 되었고, 전국 및 해외를 포함하면 100곳 정도가 생겼다. 많은 사람들과 만나 감동하고 격려받으며 살아가고 있다.

'더 이상 사랑하지 않는' 길은 절망으로밖에 가지 않지만, '그럼에도 불구하고 사랑하는' 길은 바보처럼 보여도 희망이 있고 신비한 생명과의 만남이 있는 길이다. 미우라 아야코의 문학이 많은 분들에게 읽혀지기를 바란다. 그리고 이제 《빙점》을 읽은 분들은 더욱 많은 작품을 읽어 주시기를 바란다.

역자 후기

미우라 아야코(三浦綾子)는 일본 문학계에 혜성같이 등장한 작가였다. '미우라 상점'을 운영하던 무명의 주부가 1963년 〈아사히(朝日) 신문〉 일천만엔 현상 소설 모집에 《빙점(氷点)》을 써서 응모했는데, 그 소설이 1964년 7월 10일 최우수 당선작으로 발표되면서 세상에 드러났기 때문이다. 아사히 신문사는 그해 12월 9일부터 다음 해 11월 14일까지 신문 조간에 《빙점》을 연재했다. 연재 종료 다음 날 단행본으로 간행될 만큼 《빙점》은 인기가 있었다. 무명의 주부는 '《빙점》 붐'이라는 사회 현상을 일으키면서 일약 유명 작가가 되었다.

이후 약 35년간 현대 소설, 단편 소설, 자전 소설, 역사 소설, 전기 소설, 에세이, 가집(歌集), 명언집, 강연 및 인터뷰집 등 단독 저서 84권을 저술했다. 남편 미우라 미쓰요(三浦光世)와 다른 저자들과의 공저 등을 합하면 총 100여 권의 작품을 남겼다. 미우라 아야코의 작품들은 텔레비전 드라마, 영화, 연극 등으로 제작되어 보급되기도 했다. 미우라 아야코의 작품 누적 판매 부수는 번역본을 제외하고 약 4,300만 부에 달한다. 소천(召天) 20년이 지난 지금도 꾸준히 판매되며 읽히는 작가가 미우라 아야코이다.

그러나 모두가 선호하고 긍정적인 평가만 했던 것은 아니다. 기독교 문학이라고 비하하고 문학적 가치가 낮은 작품이라고 평가하는 비평가들도 있었다. 기독교를 변증하는 문학, 기독교 사상을 전하는 문학이기에 정통 문학이 될 수 없다고 비판했다. 그런 평가에 미우라 아야코는 이렇게 대응했다. "나의 경우는 호교(護敎)문학일지도 모르고, 선교 문학일지도 모른다. 그것은 문학적으로 사도(邪道: 정식 문학이 아님)일지도 모른다. 그런 것들을 충분히 감안하고 굳이 지금까지 써 오고 있다."

미우라 아야코는 신앙과 문학의 양립에 대한 질문을 받았다. 그럴 때마다 '그리스도를 전하는 것'을 저술 활동의 목적으로 분명히 선언했다.

> 어쨌든 나는 문학을 최고로 하지 않고, 하나님을 최고로 하는 이상, 신자로서 지금 내가 일본에서 하지 않으면 안 되는 일이 그리스도를 전하는 것이라고 생각한다. 그래서 나는 그리스도교 신앙을 가진 문학가가 갖는 '신앙과 문학'의 양립 때문에 고민하는 것은 없다고 말할 수 있다. 지금 나는 단지 그리스도를 전하고 싶을 뿐이다.
>
> _ 미우라 아야코, 《남겨진 말들》에서

미우라 문학은 '선교 문학'이다. 이는 미우라 아야코의 저술 목적을 알고 작품들을 읽어 보면 이해할 수 있다. 미우라 아야코는 단호하게 말했다.

> 나는 이 그리스도의 구원을 13년의 투병 생활 중에 알게 되었다. 그리고 그것이야말로 인간을 진정 살리는 길, 참으로 행복하게 하는 길, 즉 복음이라는 것을 알았다. 나는 그 복음을 전하지 않고는 견딜 수가 없다. 따라서 나는 직접적이든 간접적이든 이 그리스도의 복음을 전하려 쓰고 있는 것이다. 문학적으로는 어쨌든 이 신앙의 토대에 서서 쓰고 있는 것이다. 이런 태도가 문학적으로 문제시된다는 것을 알고 있다. 주인을 가진 문학, 호교 문학이라는 비판이 있다. 확실히 한 가지 신조를 소설 안에서 주장하는 것은 문학적으로는 형식이

좋지 않다는 것이다. 그러나 문학적으로는 어떻든 나는 이런 자세를 바꿀 수는 없다.

_ 미우라 아야코, 《고독의 옆에는》 '나는 왜 쓰는가?'

미우라 아야코는 저술 목적을 '그리스도와 그리스도의 복음을 전하는 것'이라고 분명히 선언했다. 그래서 순수 정통 문학이 아니라는 비판을 받았다. 아사히카와(旭川)에 설립된 '미우라 아야코 기념 문학관'의 학예사 나가토모 아유미(長友あゆみ)는 설명한다. "미우라 아야코가 소설 《빙점》을 전도를 위해 썼다고 공언한 것 때문에 일본 현대 문학계에서 크게 인정받지 못했다." 그녀의 작품에 등장하는 기독교적인 내용들, 즉 원죄, 희생, 용서, 하나님 사랑, 이웃 사랑 등으로 말미암아 문학계의 비판을 받았다.

그러나 미우라 아야코는 그런 비판과 소외에도 굴하지 않았다. 약 35년간 꿋꿋하게 '선교 문학'을 집필했다. '미우라 아야코 독서회' 대표인 모리시타 다쓰에(森下辰衛)는 미우라 아야코에 대해 이렇게 말했다.

50여 년간 일본 전도에 가장 쓰임받은 것은 미우라 아야코임에 틀림없을 것입니다. 어떤 교회든 미우라 아야코의 책을 읽고서 크리스천이 되어 교회에 왔다는 분들이 꼭 있습니다. 백 권 가까운 저서의 총 발행 부수는 4,300만 부. 애독자가 전국 방방곡곡에 있고, 60대 이상 되신 분들 중에 미우라 아야코와 《빙점》의 이름을 모르는 일본인은 없습니다. 이것은 전도지 4,300만 부를 배포한 것과는 다릅니다. 일본인이 읽고 싶어서 구입한, 즉 즐겁게 읽은 숫자입니다. 미우라 문학을 활용한 전도는, 미우라 아야코가 뿌린 씨앗의 수확을 하는 것이라고 말할 수 있습니다. 그리고 미우라 아야코도 그것을 원하고 있습니다.

미우라 아야코가 전하고자 했던 것, 그것은 무엇보다도 하나님의 풍성한 사랑이고, 신앙을 갖고 살아가는 인생의 훌륭함입니다. 미우라 아야코는 작가로서의 길을 걸어가기 시작할 시기에 "나는 전도하기 위해서 쓰고 있습니다."라고 분명히 말했는데, 구체적인 인생 이야기를 통해서 일본인들의 마음에 복음을 전하는 것을 지상 명제로 삼고 글을 썼던 작가였습니다.

미우라 문학은 '선교 문학'이다. 전도하기 위해 집필한 문학이고, 그 목적에 부합한 결과를 이루었기 때문이다. 실제 그 작품을 접한 많은 사람들이 크리스천이 되었다.

미우라 문학은 '양육 문학'이다. 크리스천의 신앙 성장을 위해 집필했기 때문이다. 소설 《시오카리 고개(塩狩峠)》는 일본 기독교단 출판부의 〈신도의 벗(信徒の友)〉이라는 월간지에 연재한 소설이다. 1966년 4월부터 연재된 《시오카리 고개》는 실제 인물 나가노 마사오(長野政雄)를 모델로 한 소설이다. 나가노는 미우라 부부가 속해 있던 아사히카와 로쿠조(六条)교회의 대선배였다. 철도원이었던 나가노는 열차 고장으로 시오카리 고개에서 폭주하기 시작한 객차를 멈추려 했다. 브레이크 고장으로 멈추지 않자 결국 자신의 몸을 선로 위에 던져 목숨을 버리고 승객들을 구한 사람이었다.

미우라 아야코는 나가노의 실제 생애를 바탕으로 《시오카리 고개》를 집필했다. 기독교 월간지 〈신도의 벗〉에 크리스천의 삶을 바탕으로 한 소설을 연재한 것은 크리스천 독자를 대상으로 했기 때문이다. 《시오카리 고개》를 읽는 크리스천 독자들은 실제 인물을 모델로 한 주인공 '나가노 노부오(永野信夫)'를 통해 자신의 삶을 돌아보게 된다. 그래서 크리스천 독자들의 삶에 큰 감동과 도전을 주었다. 아사히카와 로쿠조교회 창립 100주년을 맞아 나가노 마사오의 묘지가 정비되었다. 지금도 해마다 2월 28일이 되면

시오카리 고개에서는 열차 사고의 날에 기념 행사를 갖고 있다.

미우라 문학은 '화해 문학'이다. 미우라 아야코는 에세이집 《나라를 사랑하는 마음》에서 이렇게 고백했다.

내 생애의 전기(転機)는 1952년에 그리스도교에 입신한 것이다. 이 신앙을 주시기 위해, 하나님은 몇 가지 시련과 몇 사람과의 만남을 준비해 주셨다.

패전! 그해 8월 15일까지, 나는 당시 일본인 누구라도 그랬던 것처럼 '현인신'(現人神: 인간의 모습으로 세상에 나타난 신) 천황을 위해서는 목숨을 아까워하지 않는 한 사람이었다. 제2차 세계 대전은 우습게도 일본인에게는 성전(聖戰)이었고 결코 패할 리 없는 전쟁이었다. 교육의 목표는 각 교실에 걸려 있는 포스터 '황국민의 연성(鍊成)'에 집약되어 있었다. 황국민이란, 천황에게 충성스런 국민을 말한다. 당시 초등학교 교사였던 나는 그런 황국민의 연성을 위해 한결같이 청춘의 열정을 불태우고 있었다.

그만큼 패전은 나에게 충격을 주었다. 점령군의 지령에 따라 우리 교사들은 아이들에게 명하여 교과서를 먹물로 지우게 했다. 지금까지 좋다고 해 왔던 교과서의 곳곳을 먹물로 새까맣게 칠할 수밖에 없었던 그때의 슬픔과 굴욕을 뭐라고 표현해야 좋을까? 이후 나는 허무적인 인간으로 전락했다.

자신의 군국주의 교육이 잘못되었음을 양심적으로 반성하고 교사를 사직했다. 교사 사직을 통해 참회를 실천했던 것이다. 이후 마에카와 다다시(前川正)와의 재회를 통해 기독교 신앙을 갖게 되고 1952년 7월 5일에 병상 세례를 받았다.

미우라 아야코는 자전 소설 《돌멩이의 노래》와 《길은 여기에》를 통해 자신의 전쟁 체험을 기술했다. 또 군국주의와 철저한 사상·언론 통제하에 있었던 시대를 비판했다. 그 비판을 소설화한 작품이 《총구(銃口)》였다. 《총구》는 미우라 아야코의 마지막 장편 소설이다. 구보타 교이치(久保田曉一)는 말했다. "《총구》에는 또다시 전쟁과 사상 통제 그리고 인권 억압 사회를 초래하면 안 된다는 작가의 소원이 담겨 있다." 전쟁을 일으킨 일본에 대한 비판과 피해자와 국가에 대한 사죄, 그리고 아시아의 평화를 염원하며 집필한 소설이다.

이 소설 《총구》는 '총구─교사 기타모리 류타(北森龍太)의 청춘'이라는 제목의 연극으로 제작되었다. 2005년 10월 11일부터 11월 20일까지 한국 서울을 비롯한 14개 도시에서 상연되었다. 등장인물 중에 조선인 '김준명'이 등장한다. 소설의 주인공 기타모리 류타의 아버지가 김준명을 구해주고 보살펴 준다. 류타의 아버지는 조선인도 똑같은 인간이라며 집에서 생활하게 하고 조선으로의 귀국을 도와준다. 이후 패전을 맞아 패전병으로 만주에서 일본으로 귀국하는 기타모리 류타가 독립군 장교가 된 김준명에게 구출되어 무사히 귀가하게 된다. 연극을 관람한 관객들은 '훌륭한 연극이었다', '일본의 양심과 교류할 수 있어 좋았다', '아시아의 친구로 함께 살아갈 수 있는 사람이 있다' 등의 소감을 밝혔다. 이처럼 소설 《총구》가 한일 관계를 개선시키는 역할을 수행했다. 한일 간에 가교가 되어 화해를 이루어 냈다. 미우라 문학이 화해 문학이 되었다.

미우라 미쓰요는 영락교회에 특별 강연회 강사로 초대되었다. 조선에게 은혜를 입었음에도 불구하고 일본이 은혜를 원수로 갚은 것과 조선과 한국에 자행한 일에 대해 사죄했다. 연극 후에도 무대에서 일본이 조선, 한국에 행한 일에 대해 사죄했다. 미우라 아야코는 다른 소설과 에세이집에서도 전쟁 사죄, 전쟁 반대, 인권 운동, 평화 운동 등을 강조한다.

미우라 아야코는 기독교 문명 운동가이다. 일본에 새로운 기독교 문명을 일으켰기 때문이다. 미우라 아야코는 선교, 양육, 화해 문학을 통해 기독교 문명 운동을 일으켰다. 미우라 아야코의 선교 문학이 일본에서 가장 효과적인 전도의 도구로 활용되고 있다. 양육 문학을 통해 크리스천의 신앙이 성장하고 성숙하고 있다. 또 한일·중일 관계의 화해를 위해 공헌하고 있다. 이 기독교 문명 운동을 '미우라 아야코 독서회'가 계승하여 활동하고 있다. 현재 전국에 200여 개의 독서회가 운영 중이며 다양한 형태로 활동하고 있다.

모리시타 다쓰에의 《빙점 해동(解凍)》은 미우라 아야코의 소설 《빙점》의 해설서이다. 일본어 원서의 띠지에 이렇게 적혀 있다.

명작 《빙점》을 알기 쉽게 해설하면서 '인간이 인간으로 인간답게 살아가는
것의 어려움과 훌륭함'에 다가가고 있다. 미우라 문학관 특별 연구원에 의한
첫 평론집.

《빙점》이 한국에서 출판된 것은 1965년이다. 이후 많은 역자들에 의해 번역 출판되었고, 55년이 지난 지금까지도 판매되고 있는 장수 베스트셀러이다. 그만큼 독자들에게 감동을 주는 책임에 틀림없다. 그런데 《빙점》에서 미우라 아야코가 말하고자 하는 메시지가 독자들에게 얼마나 전달되었는지 궁금하다. 미우라 아야코 전문가의 이 해설집이 《빙점》의 메시지를 제대로 설명해 주리라 기대한다.

모리시타 다쓰에는 후쿠오카(福岡)에서의 안정적인 교수 직을 뒤로하고 미우라 아야코의 고향인 아사히카와로 이주했다. 미우라 아야코처럼 살기로, 그의 표현대로 '바보'처럼 살기로 결단한 것이다. 그 후 13년이 지난

현재 '미우라 아야코 독서회' 대표와 '미우라 아야코 기념 문학관' 특별 연구원으로 왕성하게 활동하고 있다. 미우라 아야코 최고 전문가로 집필과 강연은 물론, 방송에도 자주 출연하고 있다. 앞으로 《빙점 해동》과 같은 형태로 다른 소설의 해설집도 출판되어 미우라 아야코의 메시지가 바르게 전해지기를 바랄 뿐이다.

특별히 번역본을 꼼꼼하게 읽고 감수를, 그리고 추천사까지 써 주신 한일 문학 번역가 권택명 시인께 진심으로 감사드린다. 덕분에 이 책이 훨씬 신뢰할만한 번역으로 독자들을 만날 수 있게 되었다. 미국 윌리엄 캐리 국제대학 박사 과정에서 역자의 지도 교수인 임윤택 원장의 미우라 아야코를 향한 사랑과 관심이 역자에게 큰 힘과 격려가 되었다. 기독교 출판계의 불황에도 무명의 저자와 역자를 발굴하는 사명감으로 선뜻 이 책의 출판을 수락해 주신 세움북스 강인구 대표에게 심심한 감사를 전한다.

권요섭

게이센(惠泉)그리스도교회 고다이라(小平)채플 담임 목사
미우라 아야코 독서회 운영 위원 및 한국 담당

부록 1
《빙점》 연표

년도	사건: 쓰지구치 가	사건: 기타 인물	사회 · 작가
1915	쓰지구치 게이조 출생	다카기 유지로 출생	
1918		무라이 야스오 · 사이시 쓰치오 출생	
1919	쓰가와 나쓰에 출생	후지오 다쓰코 출생	
1922			미우라 아야코 출생
1923		사이시, 관동 대지진으로 양친을 잃음	9.1 관동 대지진
1932	여름, 게이조, 강변에서 여자아이에게 잘못을 저지름		
1933			고바야시 다키지 학살
1934		사이시, 홋카이도 다코베야에 팔림	
1935			미우라 아야코 여동생 요코 사망
1936	게이조와 나쓰에 약혼. 게이조 《시간와 영원》을 읽음		2·26 사건
1939	게이조와 나쓰에 결혼. 소운쿄 계곡으로 신혼 여행		4월: 미우라 아야코, 우타시나이 가모이 초등학교에 부임
1941	도오루 출생	사이시 입대, 중국에서 부상을 입고 후송	12월: 태평양 전쟁 개전
1943	게이조, 쓰지구치 병원 원장 취임. 루리코 출생	다쓰코의 애인 옥사. 아기도 사망	학도병 출진

1944		무라이, 쓰지구치 병원에서 근무 시작	
1945	게이조, 군의관으로 3개월 텐진(天津)에 감	사이시, 종전 직전에 귀환. 일일 노동자로 아사히카와 시외 가구라초에 거주	8월 15일 패전
1946	2월: 무라이, 나쓰에 눈을 진료. 6월: 무라이, 쓰지구치 가를 방문, 나쓰에에게 다가감	6월: 사이시의 아내 고토, 여아 출산 후 사망. 6월: 요코 출생. 마쓰자키 유카코, 쓰지구치 병원 근무 시작	1.1: 천황 인간 선언 3월: 아야코 사직 6월: 폐결핵 발병
	7.21: 무라이, 쓰지구치 가를 방문, 나쓰에에게 강요	사이시, 루리코를 살해	
	7.22 우체국장, 루리코를 발견		
		8.2: 사이시, 체포. 자백 후, 목매어 자살	
	9월: 나쓰에, 여자아이를 갖고 싶다고 말함		
1946	게이조, 범인의 아이를 입양 결의		
	나쓰에, 마루소 여관에서 요코와 1개월 반 지냄. 10. 27: 게이조, 요코를 입적	무라이, 결핵 발병. 도야에 요양차 감.	
1950	요코, 3세로 글을 읽기 시작. 게이조, "요코짱은, 내 아내"라고 말하는 도오루를 구타		
1951			일본 독립
1952			7월: 아야코 세례
1953	4월: 요코, 가구라 초등학교 입학. 담임 교사: 와타나베 미사오		
	12월 상순: 요코, 이오 후미오가 던진 돌이 든 눈 뭉치에 맞아 타박상 중순: 나쓰에, 게이조의 편지를 읽고 쇼크를 받아 요코의 목을 조름. 요코, 다쓰코의 집에 감	쓰기코 결혼	

1954	3월: 요코, 빨간 옷을 입고 학예회에 나감		제5 후쿠류마루호 사건
	4월: 게이조, 도오루의 작문 '살해당한 여동생'을 읽음		
	다음 날: 나쓰에, 아사히카와에 돌아온 무라이를 역에서 마중	무라이, 복직	5월: 마에카와 다다시 소천
	9.24: 나쓰에, 다방 지로루에서 무라이를 만남. 나쓰에, 무라이를 만나기 위해 게이조와의 교토 여행을 거절		
	9.25: 게이조, 아사히카와를 출발		
1954	9.26: 게이조, 아침 삿포로를 출발하는 도야마루호에 승선 조난. 선교사를 목격 9.27: 오전 1시 라디오에서 도야마루호 승선객 게이조 이름을 들음		
	10.23: 게이조, 후키도 서점에서 구어역(口語訳) 성경 구입 10.24: 요코(2학년), 처음으로 게이조에게 안김	다카기, 낙태 수술하는 자신을 자조함. 무라이에게 결혼을 권함	
1955	4월: 텔레비전을 구입	6월: 무라이 결혼. 마쓰자키, 무라이의 결혼 10일 전에 실종	
1956	4월: 나쓰에, 요코에게 급식비를 주지 않음		
	5월: 요코, 우유 배달을 시작	다쓰코, 게이조에게 과거 고백	
1957	1월: 요코, 입양된 아이임을 알고, 우유 배달을 그만둠. 나쓰에, 게이조에게 요코의 출생을 알고 있다고 말하고 말다툼. 도오루, 몰래 듣고 반발. 입시 시험을 백지로 제출		
1958	4월: 도오루, 도립 아사히카와 서고등학교에 입학		
1959			미쓰요와 결혼
1961	4월: 도오루, 홋카이도 대학 입학		
1962	3월: 나쓰에, 요코의 답사를 백지로 바꿔 치기		
	7월: 요코, 《폭풍의 언덕》을 읽고, 견본림에서 기타하라와 만남. 기타하라가 요코에게 편지. 나쓰에가 빼앗고 주지 않음	다쓰코, 요코를 양자로 받고 싶다고 말함	
	8월말: 도오루와 요코, 소운쿄 계곡을 여행		

1963	1.1: 요코, 기타하라에게 연하장을 보냄 1.7: 기타하라, 요코를 만나기 위해 옴. 　　 이후, 편지 왕래		〈아사히 신문〉 현 상 소설 기사를 봄
	7월: 요코, 도오루가 보내온 기타하라의 사진을 　　 오해	기타하라, 중이염으로 입원	
	7월: 도오루, 여름 방학으로 귀가. 　　 견본림에서 요코에게 마음을 전함		
	9월: 게이조와 요코, 아이누 묘지에 감	마사키 지로, 뛰어내려 자살	
	12월: 요코, 사진의 여성이 기타하라의 여동생임 　　 을 알게 됨 12.21: 요코, 기타하라에게 오해를 사과하는 편 　　 지 씀. 12.24: 기타하라, 요코를 만나러 옴. 　　 도오루, 귀가 후 바로 지가사키에 간다고 　　 쪽지를 남기고 떠남		12. 31: 〈빙점〉 응모 원고 완성
1964	1.1: 나쓰에, 요코의 출생 비밀을 폭로하기로 　　 결심		
	1.14: 기타하라 방문. 나쓰에, 요코의 출생을 　　 폭로		
	1.15: 요코, 유서를 쓰고, 아침에 비에이 강변에 　　 서 수면제를 복용 　　 오전 8시 경: 돌아온 도오루, 요코의 유서를 　　 발견 　　 오전 8시 반 경: 요코가 발견되어 위 세척. 　　 12시 반경: 다카기, 요코의 진짜 출생을 밝 　　 힘. 게이조 등, 요코 주변에서 　　 죄를 의식해 감		
	1.17: 요코, 혼수상태 3일째. 밤, 　　 요코의 맥이 정확히 뜀		

미우라 아야코 전(全) 저작

『氷点』65年11月(朝日新聞社)《빙점》(아사히신분샤)

『ひつじが丘』66年12月(主婦の友社)《양치는 언덕》(슈후노토모샤)

『愛すること信ずること』67年10月(講談社)《사랑하며 믿으며》(고단샤)

『積木の箱』68年5月(朝日新聞社)《적목상자》(아사히신분샤)

『塩狩峠』68年9月(新潮社)《시오카리 고개》(신초샤)

『道ありき』69年1月(主婦の友社)《길은 여기에》(슈후노토모샤)

『病めるときも』69年10月(朝日新聞社)《병들었을 때에도》(아사히신분샤)

『裁きの家』70年5月(集英社)《재판의 집》(슈에이샤)

『この土の器をも』70年12月(主婦の友社)《이 질그릇에도》(슈후노토모샤)

『続氷点』71年5月(朝日新聞社)《속・빙점》(아사히신분샤)

『光あるうちに』71年12月(主婦の友社)《빛이 있는 동안에》(슈후노토모샤)

『生きること思うこと』72年6月(主婦の友社)《살며 생각하며》(슈후노토모샤)

『自我の構図』72年7月(光文社)《자아의 구도》(고분샤)

『帰りこぬ風』72年8月(主婦の友社)《돌아오지 않는 바람》(슈후노토모샤)

『あさっての風』72年11月(角川書店)《모레의 바람》(가도카와쇼텐)

『残像』73年3月(集英社)《잔상》(슈에이샤)

『愛に遠くあれど』73年4月(講談社)《사랑에 멀리 있어도》(고단샤)

『生命に刻まれし愛のかたみ』73年5月(講談社)《생명에 새겨진 사랑의 흔적》(고단샤)

『共に歩めば』73年11月(聖燈社)《함께 걸으면》(세이토샤)

『死の彼方までも』73年12月(光文社)《죽음 저편까지도》(고분샤)

『石ころのうた』74年4月(角川書店)《돌멩이의 노래》(가도카와쇼텐)

『太陽はいつも雲の上に』74年11月(主婦の友社)《태양은 언제나 구름 위에》(슈후노
토모샤)

『旧約聖書入門』74年12月(光文社)《구약 성경 입문》(고분샤)

『細川ガラシャ夫人』75年8月(主婦の友社)《호소카와 가라샤 부인》(슈후노토모샤)

『天北原野 上巻』76年3月(朝日新聞社)《덴포쿠 벌판(상권)》(아사히신분샤)

『石の森』76年4月(集英社)《돌 숲》(슈에이샤)

『天北原野 下巻』76年5月(朝日新聞社)《덴포쿠 벌판(하권)》(아사히신분샤)

『広き迷路』77年3月(主婦の友社)《드넓은 미로》(슈후노토모샤)

『泥流地帯』77年3月(新潮社)《이류지대》(신쵸샤)

『果て遠き丘』77年6月(集英社)《머나먼 언덕》(슈에이샤).

『新約聖書入門』77年12月(光文社)《신약 성경 입문》(고분샤)

『毒麦の季』78年10月(光文社)《독보리 계절》(고분샤)

『天の梯子』78年12月(主婦の友社)《하늘의 사닥다리》(슈후노토모샤)

『続 泥流地帯』79年4月(新潮社)《속·이류지대》(신초샤)

『孤独のとなり』79年4月(角川書店)《고독의 옆에서》(가도카와쇼텐)

『岩に立つ』79年5月(講談社)《바위에 서다》(고단샤)

『千利休とその妻たち』80年3月(主婦の友社)《센리큐와 아내들》(슈후노토모샤)

『海嶺 上·下巻』81年4月(朝日新聞社)《해령 상·하권》(아사히신분샤)

『イエス·キリストの生涯』81年10月(講談社)《예수 그리스도의 생애》(고단샤)

『わたしたちのイエスさま』81年12月(小学館)《우리들의 예수님》(쇼가쿠칸)

『わが青春に出会った本』82年2月(主婦の友社)《내 청춘에 만난 책》(슈후노토모샤).

『青い棘』82年4月(学習研究社)《파란 가시》(가쿠슈켄큐샤)

『水なき雲』83年5月(中央公論社)《물 없는 구름》(츄오고론샤)

『三浦綾子作品集 全18巻』83年5月~84年10月(朝日新聞社)《미우라 아야코 작품집
전18권》(아사히신분샤)

『泉への招待』83年9月(日本基督教団出版局)《샘으로의 초대》(니혼기리스토교단슛
판쿄쿠)

『愛の鬼才』83年10月(新潮社)《사랑의 귀재》(신초샤)

『藍色の便箋』83年12月(小学館)《쪽빛 편지지》(쇼가쿠칸)

『北国日記』84年5月(主婦の友社)《북국 일기》(슈후노토모샤)

『白き冬日』85年4月(学習公論社)《하얀 겨울날》(가쿠슈코론샤)

『ナナカマドの街から』85年11月(北海道新聞社)《나나카마도 마을에서》(홋카이도신
문샤)

『聖書に見る人間の罪』86年3月(光文社)《성경에서 보는 인간의 죄》(고분샤)

『嵐吹く時も』86年8月(主婦の友社)《폭풍이 몰아칠 때도》(슈후노토모샤)

『草のうた』86年12月(角川書店)《풀의 노래》(가도카와쇼텐)

『雪のアルバム』86年12月(小学館)《눈의 앨범》(쇼가쿠칸)

『ちいろば先生物語』87年5月(朝日新聞社)《어린 나귀 목사 이야기》(아사히신분샤)

『夕あり朝あり』87年9月(新潮社)《저녁이 되고 아침이 되니》(신초샤)

『私の赤い手帳から』88年1月(小学館)《내 빨간 수첩에서》(쇼가쿠칸)

『小さな郵便車』88年8月(角川書店)《작은 우편차》(가도카와쇼텐)

『銀色のあしあと』88年11月(いのちのことば社)《은색 발자취》(이노치노고토바샤)

『それでも明日が来る』89年1月(主婦の友社)《그래도 내일은 온다》(슈후노토모샤)

『あのポプラの上が空』89年9月(講談社)《저 포플러 위가 하늘》(고단샤)

『生かされてある日々』89年9月(日本基督教団出版局)《살아가게 된 날들》(니혼기리
스토교단슛판쿄쿠)

『あなたへの囁き』89年11月(角川書店)《당신에게 주는 속삭임》(가도카와쇼텐)

『われ弱ければ』89年12月(小学館)《나는 비록 약하나》(쇼가쿠칸)

『風はいずこより』90年9月(いのちのことば社)《바람은 어디로부터》(이노치노고토
바샤)

『三浦綾子文学アルバム』91年4月(主婦の友社)《미우라 아야코 문학 앨범》(슈후노토
모샤)

『三浦綾子全集 全20巻』91年7月~93年4月(主婦の友社)《미우라 아야코 전집 전 20
권》(슈후노토모샤)

『祈りの風景』91年9月(日本基督教団出版局)《기도의 풍경》(니혼기리스토교단슛판
쿄쿠)

『心のある家』91年12月(講談社)《마음 있는 집》(고단샤)

『母』92年3月(角川書店)《엄마》(가도카와쇼텐)

『夢幾夜』93年1月(角川書店)《꿈꾸는 밤들》(가도카와쇼텐)

『明日のあなたへ』 93年9月(主婦の友社)《내일의 당신께》(슈후노토모샤)

『キリスト教·祈りのかたち』 94年2月(主婦の友社)《그리스도교 · 기도의 형태》(슈후노토모샤)

『銃口 上·下巻』 94年3月(小学館)《총구 상·하권》(쇼가쿠칸)

『この病をも賜ものとして』 94年10月(日本基督教団出版局)《이 병도 선물로》(니혼기리스토쿄단슛판쿄쿠)

『小さな一歩から』 94年11月(講談社)《작은 한 걸음부터》(고단샤)

『希望·明日へ』 95年2月(北海道新聞社)《희망 · 내일로》(홋카이도신분샤)

『新しき鍵』 95年5月(光文社)《새로운 열쇠》(고분샤)

『難病日記』 95年10月(主婦の友社)《난병일기》(슈후노토모샤)

『命ある限り』 96年4月(角川書店)《생명이 있는 한》(가도카와쇼텐)

『愛すること生きること』 97年5月(光文社)《사랑하며 살며》(고분샤)

『さまざまな愛のかたち』 97年11月(ほるぷ出版)《다양한 사랑의 형태》(호루푸슛판)

『言葉の花束』 98年6月(講談社)《언어의 꽃다발》(고단샤)

『雨はあした晴れるだろう』 98年7月(北海道新聞社)《비는 내일이면 개겠지》(홋카이도신분샤)

『ひかりと愛といのち』 98年12月(岩波書店)《빛과 사랑과 생명》(이와나미쇼텐)

『三浦綾子対話集 全4巻』 99年1月~4月(旬報社)《미우라 아야코 대화집 전 4권》(준포샤)

『明日をうたう 命ある限り』 99年12月(角川書店)《내일을 노래해 생명이 있는 한》(가도카와쇼텐)

『遺された言葉』 00年9月(講談社)《남겨진 말씀》(고단샤)

『いとしい時間』 00年10月(小学館)《그리운 시간》(쇼가쿠칸)

『夕映えの旅人』 00年10月(日本基督教団出版局)《석양의 여행객》(니혼기리스토쿄단슛판쿄쿠)

『三浦綾子小説選集 全8巻』 00年12月(主婦の友社)《미우라 아야코 소설 선집 전 8권》(슈후노토모샤)

『人間の原点 苦難を希望に変える言葉』 01年8月(PHP研究所)《인간의 원점 – 고난을 희망으로 바꾸는 말씀》(PHP겐큐조)

『永遠のことば』 01年11月(主婦の友社)《영원한 말씀》(슈후노토모샤)

『忘れてならぬもの』02年2月(日本基督教団出版局)《잊어서는 안 될 것》(니혼기리스토쿄단슛판쿄쿠)

『まっかなまっかな木』02年4月(北海道新聞社)《새빨간 나무》(홋카이도신분샤)

『私にとって書くということ』02年9月(日本基督教団出版局)《나에게 있어 쓰는 것이란》(니혼기리스토쿄단슛판쿄쿠)

『愛と信仰に生きる』03年4月(日本基督教団出版局)《사랑과 신앙으로 산다》(홋카이도신분샤)

『愛つむいで』03年6月(北海道新聞社)《사랑을 잣다》(홋카이도신분샤)

『「氷点」を旅する』04年6月(北海道新聞社)《《빙점》을 여행하다》(홋카이도신분샤)

『生きるということ』04年10月(教文館)《산다는 것》(교분칸)

『したきりすずめのクリスマス』08年12月(ホームスクーリング・ビジョン)《혀 짤린 참새의 크리스마스》(홈스쿨링비전)

『綾子・光世 響き合う言葉』09年4月(北海道新聞社)《아야코 · 미쓰요 서로 공명하는 말씀》(홋카이도신분샤)

『丘の上の邂逅』12年4月(小学館)《언덕 위의 해후》(쇼가쿠칸)

• 2014년 이후 출간 서적

『ごめんなさいといえる』14年4月(小学館)《미안하다고 말할 수 있다》(쇼가쿠칸)

『国を愛する心』16年4月(小学館)《나라를 사랑하는 마음》(쇼가쿠칸)

『三浦綾子366のことば』16年7月(日本基督教団出版局)《미우라 아야코 366일의 말씀》(니혼기리스토쿄단슛판쿄쿠)

『一日の苦労は、その日だけで十分です』18年4月(小学館)《한 날의 괴로움은 그날로 족하니라》(쇼가쿠칸)

『信じ合う 支え合う』18年4月(北海道新聞社)《서로 믿고 의지하며》(홋카이도신분샤)

* 공저 포함.

세움북스는 기독교 가치관으로 교회와 성도를 건강하게 세우는 바른 책을 만들어 갑니다.

세움 문학 02

《빙점》해동 (氷点 解凍)

소설 《빙점》 최고의 해설서

초판 1쇄 발행 2022년 4월 20일
초판 1쇄 발행 2022년 4월 25일

지은이 Ⅰ 모리시타 다쓰에
옮긴이 Ⅰ 권요섭
펴낸이 Ⅰ 강인구

펴낸곳 Ⅰ 세움북스
등 록 Ⅰ 제2014-000144호
주 소 Ⅰ 서울시 서대문구 연희로 160 연희회관 3층 302호
전 화 Ⅰ 02-3144-3500
팩 스 Ⅰ 02-6008-5712
이메일 Ⅰ cdgn@daum.net

교 정 Ⅰ 오현정 김민철 류성민
디자인 Ⅰ 참디자인

ISBN 979-11-91715-03-3 (03230)